W0363013

NOUVEAUTÉS 2014

Un dispositif pédagogique complet
qui vous fait gagner du temps !

Des **outils variés** pour une mise en œuvre **simple** et **efficace**

CAP

Bac Pro

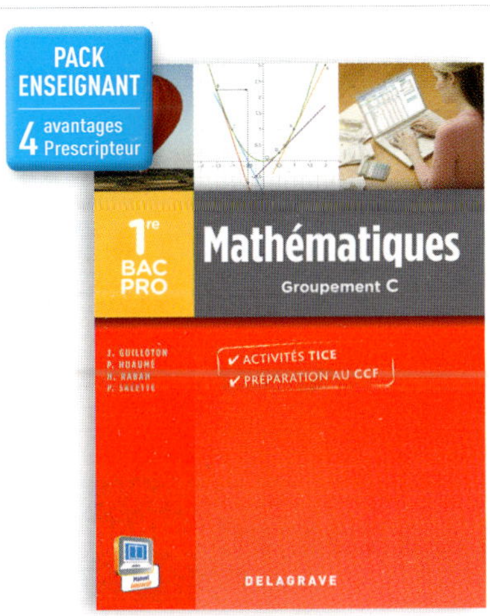

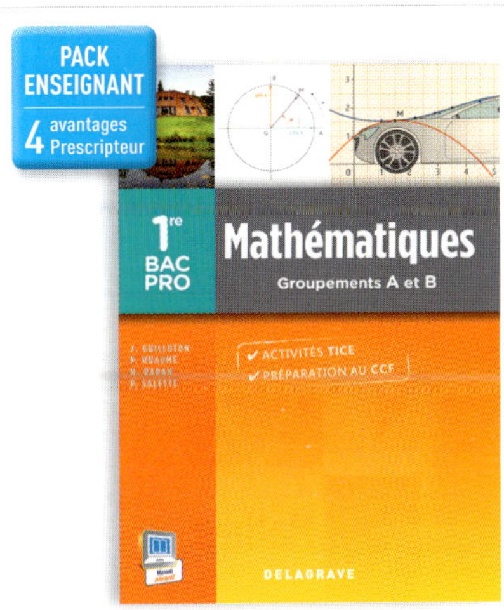

PACK ENSEIGNANT
4 avantages Prescripteur

Avec le PACK ENSEIGNANT
Profitez d'**outils variés**
pour **animer** votre classe
et **personnaliser** votre cours

Voir au **verso** →

9782206100517

CCF

DELAGRAVE

Programme et référentiel de certification en fonction des spécialités de CAP

Le tableau ci-dessous indique, pour chaque groupement de secteur professionnel, les unités qui font partie du programme de formation et qui peuvent faire l'objet d'une évaluation.

	Groupement A	Groupement B	Groupement C
	Productique-Maintenance, Bâtiment-Travaux publics, Électricité-Électronique, Audiovisuel, Industries graphiques	Hygiène-Santé, Chimie et procédés	Tertiaire-Services, Hôtellerie, Alimentation-Restauration
Chapitre 1 : Repérage	X	X	X
Chapitre 2 : Proportionnalité	X	X	X
Chapitre 3 : Fonctions linéaires	X	X	X
Chapitre 4 : Situations du premier degré	X	X	X
Chapitre 5 : Données et représentations statistiques	X	X	X
Chapitre 6 : Calculs statistiques	X	X	X
Chapitre 7 : Notions de chance ou de probabilité	X	X	X
Chapitre 8 : Éléments de géométrie	X	X	
Chapitre 9 : Figures simples – Périmètres et aires	X	X	
Chapitre 10 : Solides usuels	X	X	
Chapitre 11 : Propriétés de Pythagore et de Thalès	X	X	
Chapitre 12 : Relations trigonométriques dans le triangle rectangle	X		
Chapitre 13 : Prix et pourcentage			X
Chapitre 14 : Formation des prix			X
Chapitre 15 : Intérêts simples			X
Chapitres 16 à 20	Domaines de connaissances complémentaires		
Calcul numérique	X	X	X

Maquette intérieure : Frédéric Jély
Mise en pages et infographies : Patrick Desgrez
Iconographie : Sidonie Reboul

ISBN 978-2-206-10004-3

Éditions Delagrave – 5, allée de la 2e DB – 75015 Paris
www.editions-delagrave.fr

Sommaire

Présentation de l'ouvrage

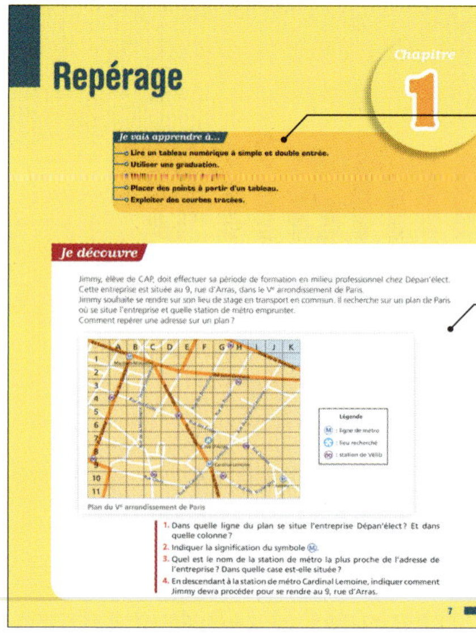

Les capacités du programme visées par le chapitre.

Une activité rapide pour découvrir les notions.

4 activités construites à partir de situations de la vie courante ou professionnelle.

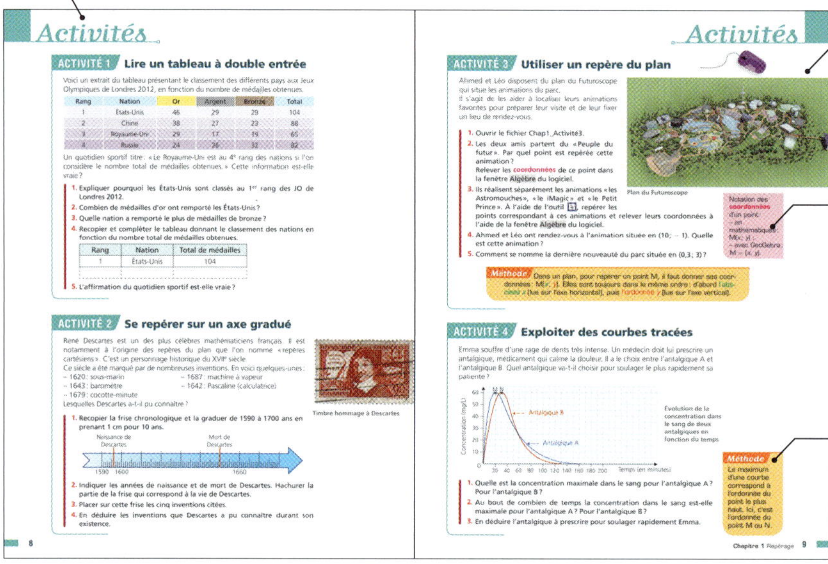

Une activité pour prendre en mains l'outil informatique.

Des aides pour comprendre le vocabulaire des mathématiques.

Des points méthode pour acquérir les savoir-faire.

Les connaissances à retenir.

Des exemples concrets.

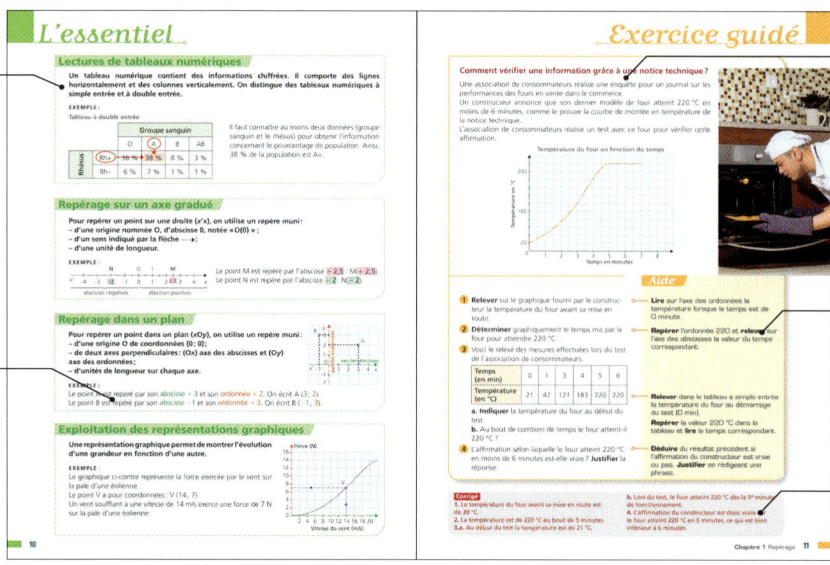

Un entraînement guidé à la résolution de problème.

Des aides pour répondre aux questions.

Le corrigé.

2 pages d'exercices d'application.

Une structure qui reprend une à une les capacités annoncées.

3 niveaux de difficulté.

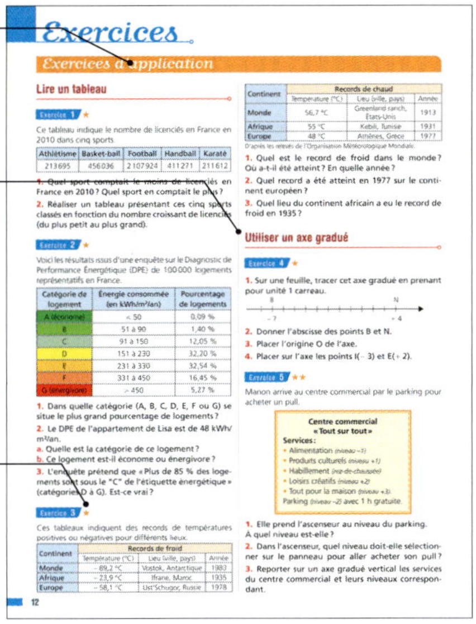
Exercices

Exercices d'application

Lire un tableau

Utiliser un axe gradué

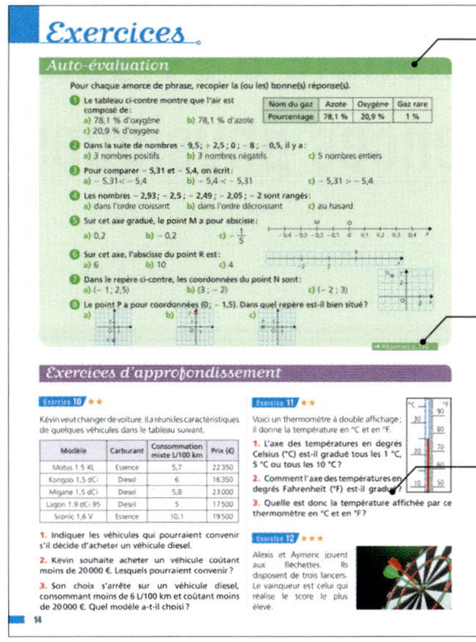
Exercices

Auto-évaluation

Exercices d'approfondissement

Un QCM pour évaluer ses connaissances.

Les réponses sont données en fin d'ouvrage.

Des problèmes pour consolider les capacités et les connaissances.

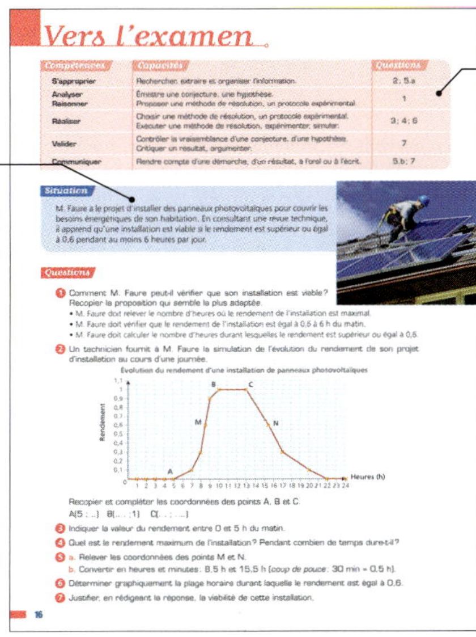
Vers l'examen

Situation

Questions

La grille d'évaluation.

Un problème pour s'entraîner à l'examen ou s'évaluer sur le chapitre.

5 préparations au CCF.

Les domaines couverts du programme.

Une problématique simple.

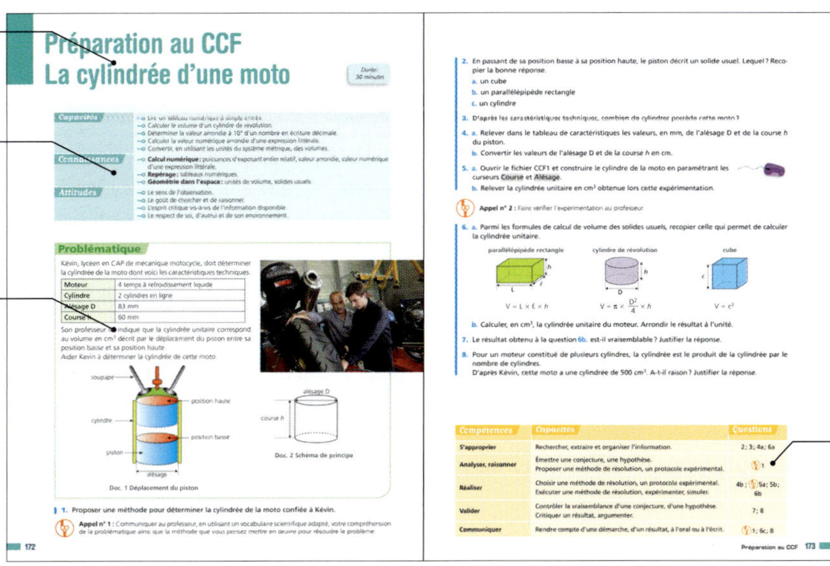
Préparation au CCF

La cylindrée d'une moto

Problématique

La grille d'évaluation.

Grille nationale d'évaluation en mathématiques et en sciences physiques et chimiques

NOM et Prénom :	Diplôme préparé :	Séquence d'évaluation[1] n°

1. Liste des capacités, connaissances et attitudes évaluées

Capacités	
Connaissances	
Attitudes	

2. Évaluation[2]

Compétences[3]	Capacités	Questions	Appréciation du niveau d'acquisition[4]
S'approprier	Rechercher, extraire et organiser l'information.		
Analyser Raisonner	Émettre une conjecture, une hypothèse. Proposer une méthode de résolution, un protocole expérimental.		
Réaliser	Choisir une méthode de résolution, un protocole expérimental. Exécuter une méthode de résolution, expérimenter, simuler.		
Valider	Contrôler la vraisemblance d'une conjecture, d'une hypothèse. Critiquer un résultat, argumenter.		
Communiquer	Rendre compte d'une démarche, d'un résultat, à l'oral ou à l'écrit.		
			/ 10

1. Chaque séquence propose la résolution de problèmes issus du domaine professionnel ou de la vie courante. En mathématiques, elle comporte un ou deux exercices ; la résolution de l'un d'eux nécessite la mise en œuvre de capacités expérimentales.

2. Des appels permettent de s'assurer de la compréhension du problème et d'évaluer le degré de maîtrise de capacités expérimentales et la communication orale. Il y en a au maximum 2 en mathématiques et 3 en sciences physiques et chimiques.
En mathématiques : L'évaluation des capacités expérimentales – émettre une conjecture, expérimenter, simuler, contrôler la vraisemblance d'une conjecture – se fait à travers la réalisation de tâches nécessitant l'utilisation des TIC (logiciel avec ordinateur ou calculatrice).
En sciences physiques et chimiques : L'évaluation porte nécessairement sur des capacités expérimentales. 3 points sur 10 sont consacrés aux questions faisant appel à la compétence « Communiquer ».

3. L'ordre de présentation ne correspond pas à un ordre de mobilisation des compétences. La compétence « Être autonome, Faire preuve d'initiative » est prise en compte au travers de l'ensemble des travaux réalisés. Les appels sont des moments privilégiés pour en apprécier le degré d'acquisition.

4. Le professeur peut utiliser toute forme d'annotation lui permettant d'évaluer l'élève (le candidat) par compétences.

Repérage

Chapitre

1

Je vais apprendre à...

- **Lire un tableau numérique à simple et double entrée.**
- **Utiliser une graduation.**
- **Utiliser un repère du plan.**
- **Placer des points à partir d'un tableau.**
- **Exploiter des courbes tracées.**

Je découvre

Jimmy, élève de CAP, doit effectuer sa période de formation en milieu professionnel chez Dépan'élect. Cette entreprise est située au 9, rue d'Arras, dans le Ve arrondissement de Paris.
Jimmy souhaite se rendre sur son lieu de stage en transport en commun. Il recherche sur un plan de Paris où se situe l'entreprise et quelle station de métro emprunter.
Comment repérer une adresse sur un plan ?

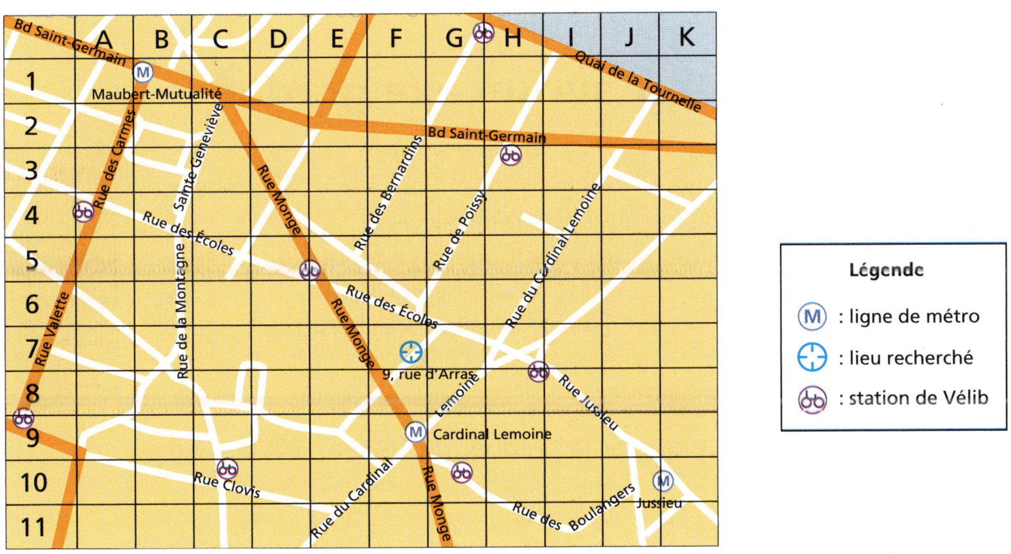

Plan du Ve arrondissement de Paris

1. Dans quelle ligne du plan se situe l'entreprise Dépan'élect ? Et dans quelle colonne ?
2. Indiquer la signification du symbole Ⓜ.
3. Quel est le nom de la station de métro la plus proche de l'adresse de l'entreprise ? Dans quelle case est-elle située ?
4. En descendant à la station de métro Cardinal Lemoine, indiquer comment Jimmy devra procéder pour se rendre au 9, rue d'Arras.

Activités

ACTIVITÉ 1 Lire un tableau à double entrée

Voici un extrait du tableau présentant le classement des différents pays aux Jeux Olympiques de Londres 2012, en fonction du nombre de médailles obtenues.

Rang	Nation	Or	Argent	Bronze	Total
1	États-Unis	46	29	29	104
2	Chine	38	27	23	88
3	Royaume-Uni	29	17	19	65
4	Russie	24	26	32	82

Un quotidien sportif titre : « Le Royaume-Uni est au 4e rang des nations si l'on considère le nombre total de médailles obtenues. » Cette information est-elle vraie ?

1. Expliquer pourquoi les États-Unis sont classés au 1er rang des JO de Londres 2012.
2. Combien de médailles d'or ont remporté les États-Unis ?
3. Quelle nation a remporté le plus de médailles de bronze ?
4. Recopier et compléter le tableau donnant le classement des nations en fonction du nombre total de médailles obtenues.

Rang	Nation	Total de médailles
1	États-Unis	104

5. L'affirmation du quotidien sportif est-elle vraie ?

ACTIVITÉ 2 Se repérer sur un axe gradué

René Descartes est un des plus célèbres mathématiciens français. Il est notamment à l'origine des repères du plan que l'on nomme « repères cartésiens ». C'est un personnage historique du XVIIe siècle.
Ce siècle a été marqué par de nombreuses inventions. En voici quelques-unes :

- 1620 : sous-marin
- 1643 : baromètre
- 1679 : cocotte-minute
- 1687 : machine à vapeur
- 1642 : Pascaline (calculatrice)

Lesquelles Descartes a-t-il pu connaître ?

Timbre hommage à Descartes

1. Recopier la frise chronologique et la graduer de 1590 à 1700 ans en prenant 1 cm pour 10 ans.

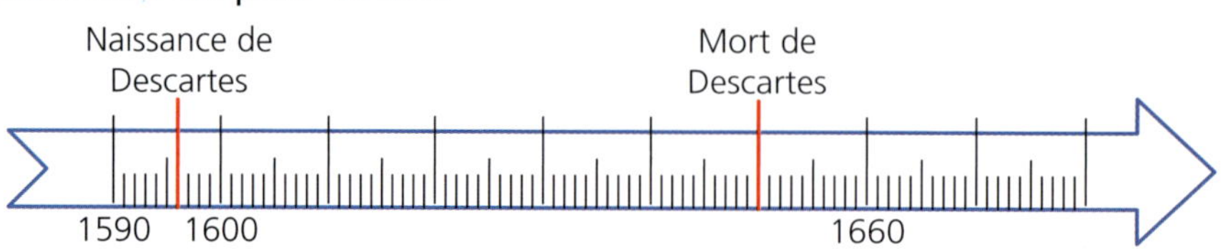

2. Indiquer les années de naissance et de mort de Descartes. Hachurer la partie de la frise qui correspond à la vie de Descartes.
3. Placer sur cette frise les cinq inventions citées.
4. En déduire les inventions que Descartes a pu connaître durant son existence.

ACTIVITÉ 3 Utiliser un repère du plan

Ahmed et Léo disposent du plan du Futuroscope qui situe les animations du parc.
Il s'agit de les aider à localiser leurs animations favorites pour préparer leur visite et de leur fixer un lieu de rendez-vous.

Plan du Futuroscope

1. Ouvrir le fichier Chap1_Activité3.
2. Les deux amis partent du « Peuple du futur ». Par quel point est repérée cette animation ?
   Relever les **coordonnées** de ce point dans la fenêtre Algèbre du logiciel.
3. Ils réalisent séparément les animations « les Astromouches », « le iMagic » et « le Petit Prince ». À l'aide de l'outil [↖], repérer les points correspondant à ces animations et relever leurs coordonnées à l'aide de la fenêtre Algèbre du logiciel.
4. Ahmed et Léo ont rendez-vous à l'animation située en (10 ; – 1). Quelle est cette animation ?
5. Comment se nomme la dernière nouveauté du parc située en (0,3 ; 3) ?

Notation des **coordonnées** d'un point :
– en mathématiques : M(x ; y) ;
– avec GeoGebra : M = (x, y).

Méthode Dans un plan, pour repérer un point M, il faut donner ses coordonnées : M(x ; y). Elles sont toujours dans le même ordre : d'abord l'abscisse x (lue sur l'axe horizontal), puis l'ordonnée y (lue sur l'axe vertical).

ACTIVITÉ 4 Exploiter des courbes tracées

Emma souffre d'une rage de dents très intense. Un médecin doit lui prescrire un antalgique, médicament qui calme la douleur. Il a le choix entre l'antalgique A et l'antalgique B. Quel antalgique va-t-il choisir pour soulager le plus rapidement sa patiente ?

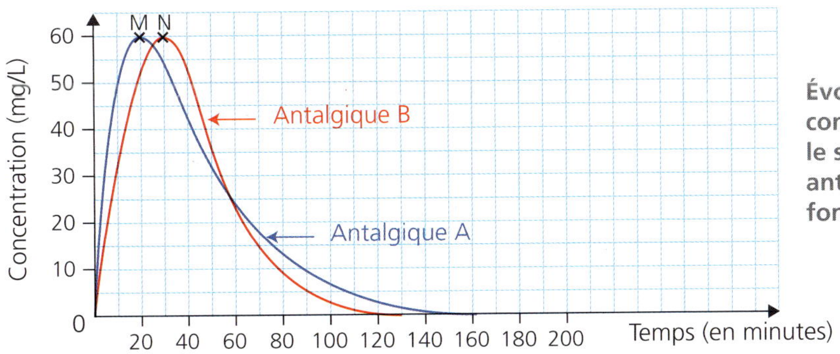

Évolution de la concentration dans le sang de deux antalgiques en fonction du temps

1. Quelle est la concentration maximale dans le sang pour l'antalgique A ? Pour l'antalgique B ?
2. Au bout de combien de temps la concentration dans le sang est-elle maximale pour l'antalgique A ? Pour l'antalgique B ?
3. En déduire l'antalgique à prescrire pour soulager rapidement Emma.

Méthode Le maximum d'une courbe correspond à l'ordonnée du point le plus haut. Ici, c'est l'ordonnée du point M ou N.

L'essentiel

Lectures de tableaux numériques

Un tableau numérique contient des informations chiffrées. Il comporte des lignes horizontalement et des colonnes verticalement. On distingue des tableaux numériques à simple entrée et à double entrée.

EXEMPLE :

Tableau à double entrée

		Groupe sanguin			
		O	A	B	AB
Rhésus	Rh+	36 %	38 %	8 %	3 %
	Rh–	6 %	7 %	1 %	1 %

Il faut connaître au moins deux données (groupe sanguin et le rhésus) pour obtenir l'information concernant le pourcentage de population. Ainsi, 38 % de la population est A+.

Repérage sur un axe gradué

Pour repérer un point sur une droite (*x'x*), on utilise un repère muni :
– d'une origine nommée O, d'abscisse 0, notée « O(0) » ;
– d'un sens indiqué par la flèche ⟶ ;
– d'une unité de longueur.

EXEMPLE :

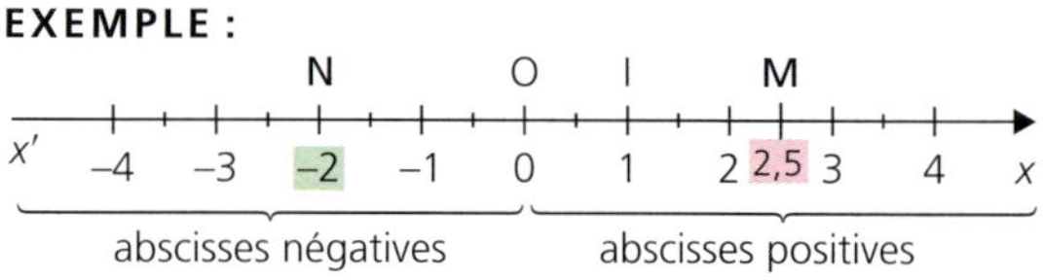

Le point M est repéré par l'abscisse + 2,5 : M(+ 2,5).
Le point N est repéré par l'abscisse – 2 : N(– 2).

Repérage dans un plan

Pour repérer un point dans un plan (*x*O*y*), on utilise un repère muni :
– d'une origine O de coordonnées (0 ; 0) ;
– de deux axes perpendiculaires : (O*x*) axe des abscisses et (O*y*) axe des ordonnées ;
– d'unités de longueur sur chaque axe.

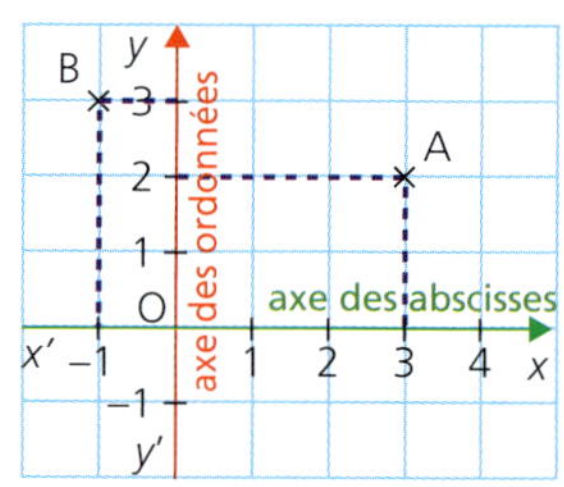

EXEMPLE :

Le point A est repéré par son abscisse + 3 et son ordonnée + 2. On écrit A (3 ; 2).
Le point B est repéré par son abscisse –1 et son ordonnée + 3. On écrit B (–1 ; 3).

Exploitation des représentations graphiques

Une représentation graphique permet de montrer l'évolution d'une grandeur en fonction d'une autre.

EXEMPLE :

Le graphique ci-contre représente la force exercée par le vent sur la pale d'une éolienne.
Le point V a pour coordonnées : V (14 ; 7).
Un vent soufflant à une vitesse de 14 m/s exerce une force de 7 N sur la pale d'une éolienne.

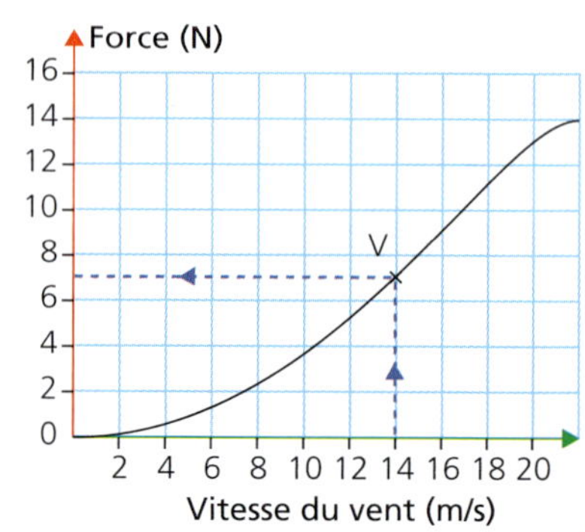

Exercice guidé

Comment vérifier une information grâce à une notice technique ?

Une association de consommateurs réalise une enquête pour un journal sur les performances des fours en vente dans le commerce.
Un constructeur annonce que son dernier modèle de four atteint 220 °C en moins de 6 minutes, comme le prouve la courbe de montée en température de la notice technique.
L'association de consommateurs réalise un test avec ce four pour vérifier cette affirmation.

Température du four en fonction du temps

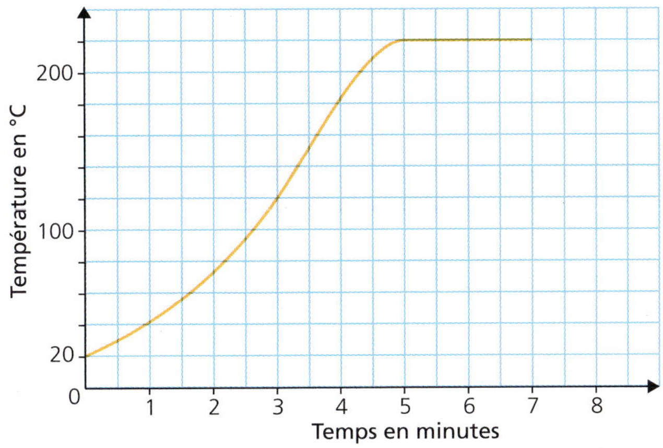

1. **Relever** sur le graphique fourni par le constructeur la température du four avant sa mise en route.
2. **Déterminer** graphiquement le temps mis par le four pour atteindre 220 °C.
3. Voici le relevé des mesures effectuées lors du test de l'association de consommateurs.

Temps (en min)	0	1	3	4	5	6
Température (en °C)	21	42	121	183	220	220

a. Indiquer la température du four au début du test.
b. Au bout de combien de temps le four atteint-il 220 °C ?

4. L'affirmation selon laquelle le four atteint 220 °C en moins de 6 minutes est-elle vraie ? **Justifier** la réponse.

Aide

- **Lire** sur l'axe des ordonnées la température lorsque le temps est de 0 minute.
- **Repérer** l'ordonnée 220 et **relever** sur l'axe des abscisses la valeur du temps correspondant.
- **Relever** dans le tableau à simple entrée la température du four au démarrage du test (0 min).
  Repérer la valeur 220 °C dans le tableau et **lire** le temps correspondant.
- **Déduire** du résultat précédent si l'affirmation du constructeur est vraie ou pas. **Justifier** en rédigeant une phrase.

Corrigé

1. La température du four avant sa mise en route est de 20 °C.
2. La température est de 220 °C au bout de 5 minutes.
3.a. Au début du test la température est de 21 °C.
b. Lors du test, le four atteint 220 °C dès la 5e minute de fonctionnement.
4. L'affirmation du constructeur est donc vraie car le four atteint 220 °C en 5 minutes, ce qui est bien inférieur à 6 minutes.

Exercices

Exercices d'application

Lire un tableau

Exercice 1 ★

Ce tableau indique le nombre de licenciés en France en 2010 dans cinq sports.

Athlétisme	Basket-ball	Football	Handball	Karaté
213 695	456 036	2 107 924	411 271	211 612

1. Quel sport comptait le moins de licenciés en France en 2010 ? Quel sport en comptait le plus ?

2. Réaliser un tableau présentant ces cinq sports classés en fonction du nombre croissant de licenciés (du plus petit au plus grand).

Exercice 2 ★

Voici les résultats issus d'une enquête sur le Diagnostic de Performance Énergétique (DPE) de 100 000 logements représentatifs en France.

Catégorie de logement	Énergie consommée (en kWh/m²/an)	Pourcentage de logements
A (économe)	⩽ 50	0,09 %
B	51 à 90	1,40 %
C	91 à 150	12,05 %
D	151 à 230	32,20 %
E	231 à 330	32,54 %
F	331 à 450	16,45 %
G (énergivore)	> 450	5,27 %

1. Dans quelle catégorie (A, B, C, D, E, F ou G) se situe le plus grand pourcentage de logements ?

2. Le DPE de l'appartement de Lisa est de 48 kWh/m²/an.

a. Quelle est la catégorie de ce logement ?

b. Ce logement est-il économe ou énergivore ?

3. L'enquête prétend que « Plus de 85 % des logements sont sous le "C" de l'étiquette énergétique » (catégories D à G). Est-ce vrai ?

Exercice 3 ★

Ces tableaux indiquent des records de températures positives ou négatives pour différents lieux.

Continent	Records de froid		
	Température (°C)	Lieu (ville, pays)	Année
Monde	– 89,2 °C	Vostok, Antarctique	1983
Afrique	– 23,9 °C	Ifrane, Maroc	1935
Europe	– 58,1 °C	Ust'Schugor, Russie	1978

Continent	Records de chaud		
	Température (°C)	Lieu (ville, pays)	Année
Monde	56,7 °C	Greenland ranch, États-Unis	1913
Afrique	55 °C	Kebili, Tunisie	1931
Europe	48 °C	Athènes, Grèce	1977

D'après les relevés de l'Organisation Météorologique Mondiale.

1. Quel est le record de froid dans le monde ? Où a-t-il été atteint ? En quelle année ?

2. Quel record a été atteint en 1977 sur le continent européen ?

3. Quel lieu du continent africain a eu le record de froid en 1935 ?

Utiliser un axe gradué

Exercice 4 ★

1. Sur une feuille, tracer cet axe gradué en prenant pour unité 1 carreau.

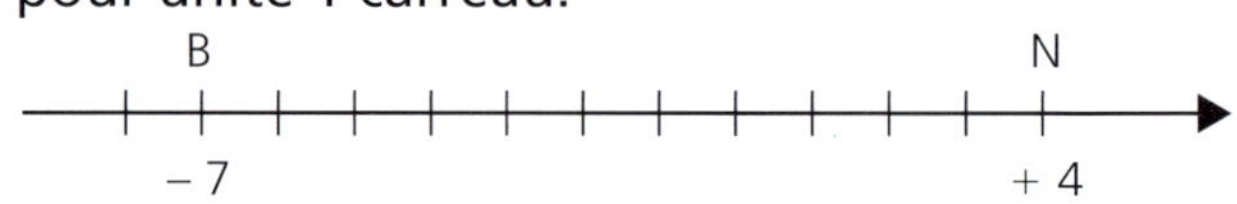

2. Donner l'abscisse des points B et N.

3. Placer l'origine O de l'axe.

4. Placer sur l'axe les points I(– 3) et E(+ 2).

Exercice 5 ★★

Manon arrive au centre commercial par le parking pour acheter un pull.

> **Centre commercial**
> **« Tout sur tout »**
> **Services :**
> - Alimentation *(niveau –1)*
> - Produits culturels *(niveau +1)*
> - Habillement *(rez-de-chaussée)*
> - Loisirs créatifs *(niveau +2)*
> - Tout pour la maison *(niveau +3)*.
>
> Parking *(niveau –2)* avec 1 h gratuite.

1. Elle prend l'ascenseur au niveau du parking. À quel niveau est-elle ?

2. Dans l'ascenseur, quel niveau doit-elle sélectionner sur le panneau pour aller acheter son pull ?

3. Reporter sur un axe gradué vertical les services du centre commercial et leurs niveaux correspondant.

Utiliser un repère

Exercice 6 ★★

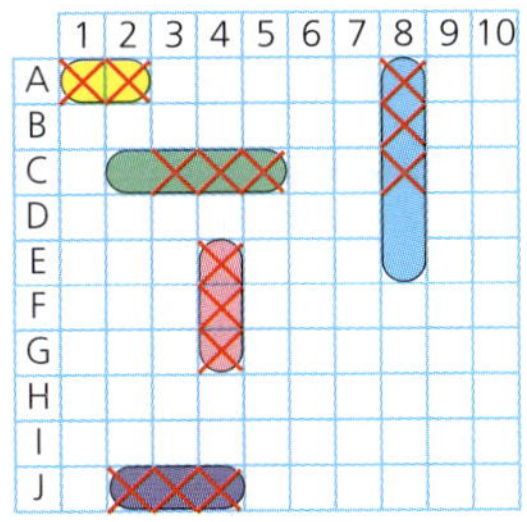

À la bataille navale, deux joueurs doivent placer des « navires » sur une grille tenue secrète et tenter de « toucher » les navires adverses.
Chaque joueur dispose d'une flotte constituée de 5 navires :
- 1 porte-avions (5 cases sur la grille);
- 1 cuirassé (4 cases);
- 1 croiseur (3 cases);
- 1 sous-marin (3 cases);
- 1 destroyer (2 cases).

1. Ci-dessus figure l'état de la grille de Lucas lors d'une partie de jeu. Quelle position doit indiquer Karim, son adversaire, pour couler le cuirassé de Lucas : A2, B2, C2, ou D2 ?

2. Karim annonce E8.

a. Quel bateau a-t-il atteint ?

b. Indiquer une autre position qu'il doit annoncer pour « couler » ce bateau.

Exercice 7 ★★

La légende prétend que René Descartes (mathématicien français) a découvert en 1617 le repère « cartésien » en essayant de localiser une mouche sur les carreaux de sa fenêtre.

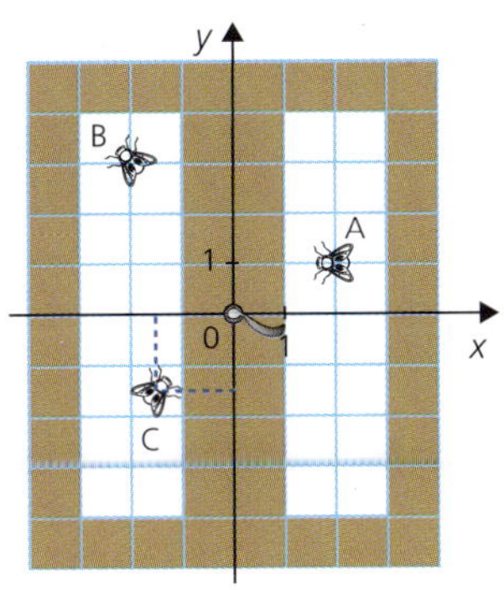

▶ Donner les coordonnées cartésiennes des trois positions successives A, B et C de cette mouche.

Placer des points à partir d'un tableau

Exercice 8 ★★

Dans une station de sport d'hiver, on relève tous les quinze jours la hauteur de neige (en cm). Ces mesures sont réalisées du 15 décembre au 15 février. Le graphique indique les relevés effectués au mois de décembre.

1. Reproduire le repère ci-dessous en prenant en abscisses : 2 cm pour 15 jours, et en ordonnées : 1 cm pour 10 cm.

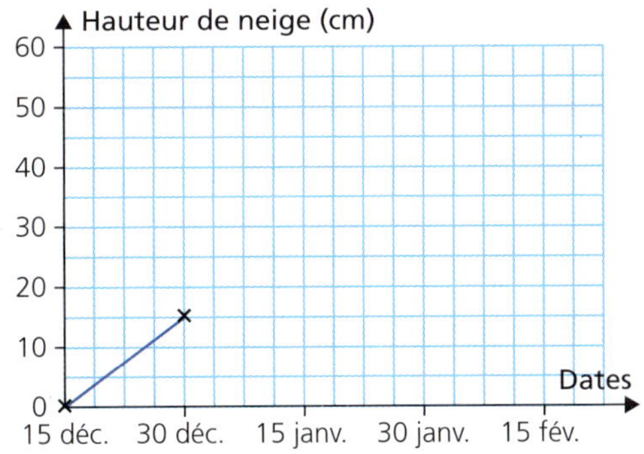

2. Compléter le graphique en utilisant le tableau des mesures effectuées aux mois de janvier et février.

Date	15 janv.	30 janv.	15 fév.
Hauteur en cm	20	55	40

3. Quelle a été la plus importante hauteur de neige relevée dans la station ?

Exploiter des courbes tracées

Exercice 9 ★★

Le débit d'une connexion internet en mégabits par seconde (Mbit/s) varie en fonction de la distance, en km, du modem par rapport au central téléphonique le plus proche.

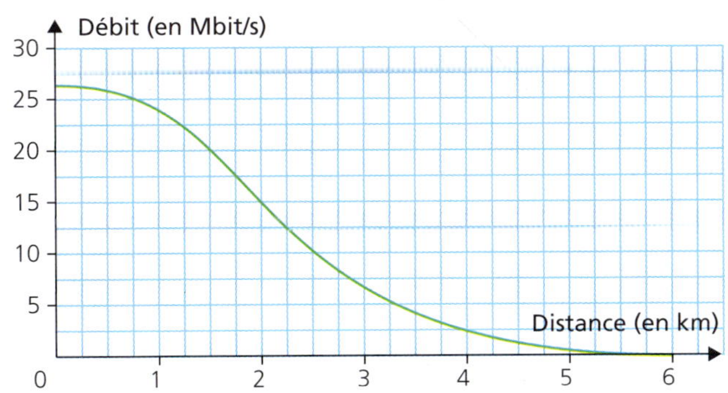

1. Mehdi habite à 2,5 km du central téléphonique. Quel débit de connexion obtient-il ?

2. Ana obtient un débit de 20 Mbits/s. À quelle distance du central téléphonique habite-t-elle ?

3. Pour recevoir la télévision par internet, le débit doit être au moins de 15 Mbits/s. À quelle distance maximale du central doit-on habiter pour recevoir la télévision par internet ?

Exercices

Auto-évaluation

Pour chaque amorce de phrase, recopier la (ou les) bonne(s) réponse(s).

1 Le tableau ci-contre montre que l'air est composé de :

a) 78,1 % d'oxygène b) 78,1 % d'azote c) 20,9 % d'oxygène

Nom du gaz	Azote	Oxygène	Gaz rare
Pourcentage	78,1 %	20,9 %	1 %

2 Dans la suite de nombres – 9,5 ; + 2,5 ; 0 ; – 8 ; – 0,5, il y a :

a) 3 nombres positifs b) 3 nombres négatifs c) 5 nombres entiers

3 Pour comparer – 5,31 et – 5,4, on écrit :

a) – 5,31 < – 5,4 b) – 5,4 < – 5,31 c) – 5,31 > – 5,4

4 Les nombres – 2,93 ; – 2,5 ; – 2,49 ; – 2,05 ; – 2 sont rangés :

a) dans l'ordre croissant b) dans l'ordre décroissant c) au hasard

5 Sur cet axe gradué, le point M a pour abscisse :

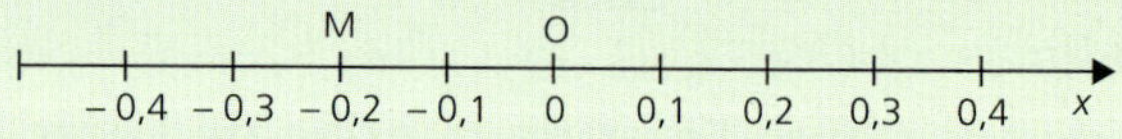

a) 0,2 b) – 0,2 c) $-\dfrac{1}{5}$

6 Sur cet axe, l'abscisse du point R est :

a) 6 b) 10 c) 4

7 Dans le repère ci-contre, les coordonnées du point N sont :

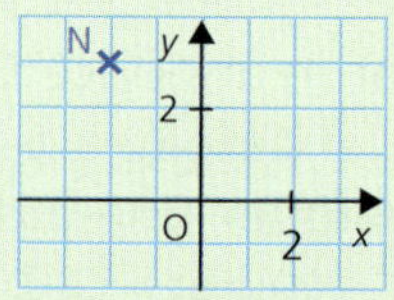

a) (– 1 ; 2,5) b) (3 ; – 2) c) (– 2 ; 3)

8 Le point P a pour coordonnées (0 ; – 3). Dans quel repère est-il bien situé ?

a) 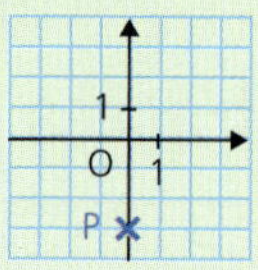

b) 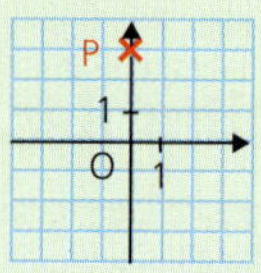

c) 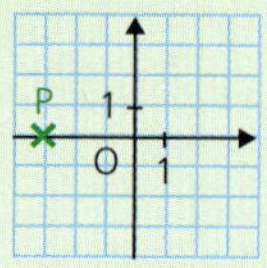

→ Réponses p. 192

Exercices d'approfondissement

Exercice 10 ★★

Kévin veut changer de voiture. Il a réuni les caractéristiques de quelques véhicules dans le tableau suivant.

Modèle	Carburant	Consommation mixte L/100 km	Prix (€)
Motus 1.5 XL	Essence	5,7	22 350
Kongoo 1,5 dCi	Diesel	6	16 350
Migane 1,5 dCi	Diesel	5,8	23 000
Lagon 1.9 dCi 95	Diesel	5	17 500
Sconic 1,6 V	Essence	10,1	19 500

1. Indiquer les véhicules qui pourraient convenir s'il décide d'acheter un véhicule diesel.

2. Kévin souhaite acheter un véhicule coûtant moins de 20 000 €. Lesquels pourraient convenir ?

3. Son choix s'arrête sur un véhicule diesel, consommant moins de 6 L/100 km et coûtant moins de 20 000 €. Quel modèle a-t-il choisi ?

Exercice 11 ★★

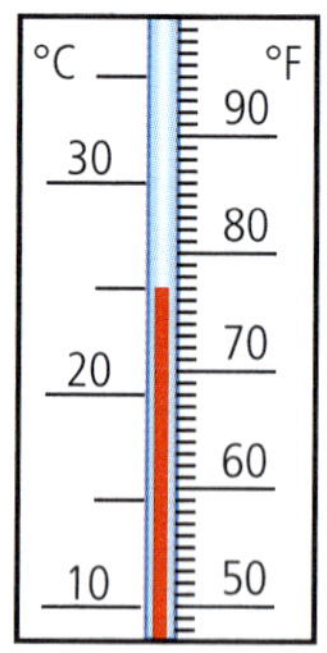

Voici un thermomètre à double affichage ; il donne la température en °C et en °F.

1. L'axe des températures en degrés Celsius (°C) est-il gradué tous les 1 °C, 5 °C ou tous les 10 °C ?

2. Comment l'axe des températures en degrés Fahrenheit (°F) est-il gradué ?

3. Quelle est donc la température affichée par ce thermomètre en °C et en °F ?

Exercice 12 ★★★

Alexis et Aymeric jouent aux fléchettes. Ils disposent de trois lancers. Le vainqueur est celui qui réalise le score le plus élevé.

1. Reproduire ce dessin de cible en prenant 1 cm comme unité.

2. Indiquer les coordonnées A et B des fléchettes d'Alexis.

3. Placer sur votre cible les deux fléchettes d'Alexis et calculer le score obtenu.

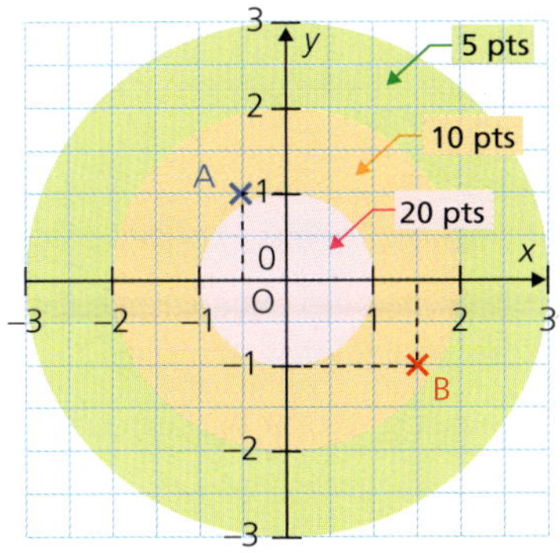

4. Alexis lance sa dernière fléchette qui atteint la cible.

a. Placer sur la cible cette fléchette C pour qu'Alexis obtienne un score de 40 points. Plusieurs choix sont possibles.

b. Indiquer ses coordonnées.

5. Positionner sur la cible les impacts des trois fléchettes d'Aymeric repérées par les points D(– 0,5 ; 0,5), E(1,5 ; 0), F(0 ; – 0,5).

6. Qui est le gagnant de la partie de fléchettes ? Justifier la réponse.

Exercice 13 ★★

La puissance P (kW) d'un moteur en fonction de sa vitesse de rotation N (tr/min) est donnée par le graphique ci-contre.

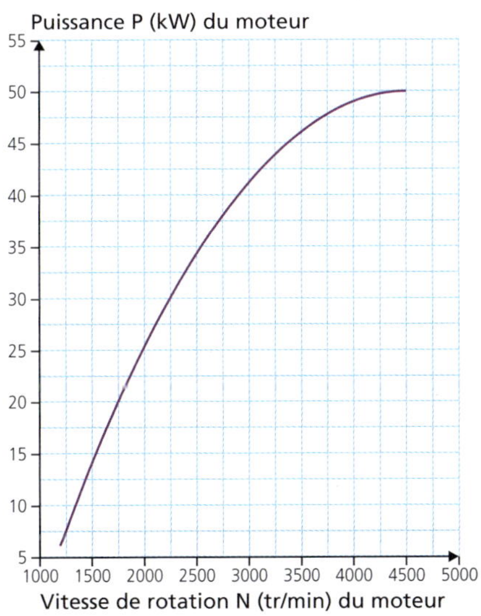

1. Quelle est la puissance maximale, en kW, du moteur ?

2. Pour quelle vitesse de rotation du moteur la puissance maximale est atteinte ?

3. Déterminer graphiquement la puissance P du moteur pour une vitesse de rotation N de 2 000 tr/min.

Exercice 14 ★★★

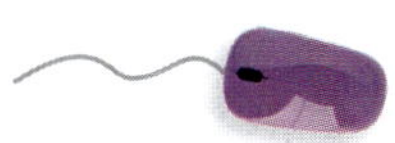

En sortie d'agglomération, sur une route sèche, un automobiliste circule à 60 km/h. Il voit un animal traverser la chaussée. À l'instant où il commence à freiner, 20 mètres séparent l'animal du véhicule.

La distance de freinage D parcourue par une voiture pendant le temps de freinage dépend de la vitesse *v* de cette voiture et de l'état de la chaussée.

Le tableau suivant indique, sur route sèche, les distances D_F de freinage pour cinq vitesses réglementaires.

	A	B	C	D	E	F
1	vitesse en km/h	30	50	90	110	130
2	distance de freinage en m	4,5	12,5	40,5	60,5	84,5

Source : Sécurité Routière

1. Ouvrir un logiciel tableur-grapheur et recopier le tableau dans une feuille de calcul.

2. Construire la représentation graphique correspondant à ce tableau :
– sélectionner les cellules de A1 à F3 ;
– avec Excel, choisir Insertion/Nuage de points ;
– avec Calc, cliquer sur l'outil Diagramme puis choisir XY (dispersion).

3. À partir de la représentation graphique obtenue, déterminer la distance de freinage pour un véhicule circulant à 60 km/h.

4. Le conducteur pourra-t-il éviter l'accident ?

Exercice 15 ★★

Voici un extrait d'article trouvé dans une revue scientifique : « Si l'Homme ne change pas son comportement de pollueur, il n'y aura plus aucun poisson de pêche à l'état sauvage dans les océans. »

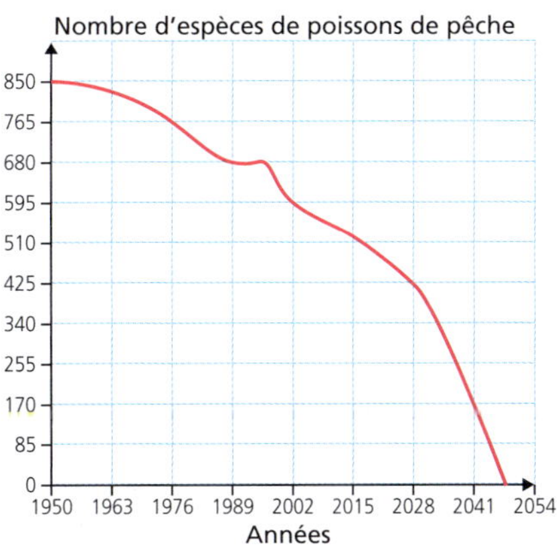

1. D'après le graphique, déterminer le nombre d'espèces de poissons de pêche :

a. existantes en 1950 ; b. restantes en 2028.

2. Recopier et compléter le tableau en utilisant le graphique.

Année	1950	1976	2002	2028	…
Nombre d'espèces de poissons de pêche	…	765	…	…	170

3. Donner une année d'estimation de la disparition prévue des espèces de poissons de pêche.

4. Dans combien de temps n'y aura-t-il plus de poissons de pêche si l'homme ne change pas son comportement de pollueur ?

Vers l'examen

Compétences	Capacités	Questions
S'approprier	Rechercher, extraire et organiser l'information.	2 ; 5.a
Analyser Raisonner	Émettre une conjecture, une hypothèse. Proposer une méthode de résolution, un protocole expérimental.	1
Réaliser	Choisir une méthode de résolution, un protocole expérimental. Exécuter une méthode de résolution, expérimenter, simuler.	3 ; 4 ; 6
Valider	Contrôler la vraisemblance d'une conjecture, d'une hypothèse. Critiquer un résultat, argumenter.	7
Communiquer	Rendre compte d'une démarche, d'un résultat, à l'oral ou à l'écrit.	5.b ; 7

Situation

M. Faure a le projet d'installer des panneaux photovoltaïques pour couvrir les besoins énergétiques de son habitation. En consultant une revue technique, il apprend qu'une installation est viable si le rendement est supérieur ou égal à 0,6 pendant au moins 6 heures par jour.

Questions

1 Comment M. Faure peut-il vérifier que son installation est viable ? Recopier la proposition qui semble la plus adaptée.
- M. Faure doit relever le nombre d'heures où le rendement de l'installation est maximal.
- M. Faure doit vérifier que le rendement de l'installation est égal à 0,6 à 6 h du matin.
- M. Faure doit calculer le nombre d'heures durant lesquelles le rendement est supérieur ou égal à 0,6.

2 Un technicien fournit à M. Faure la simulation de l'évolution du rendement de son projet d'installation au cours d'une journée.

Évolution du rendement d'une installation de panneaux photovoltaïques

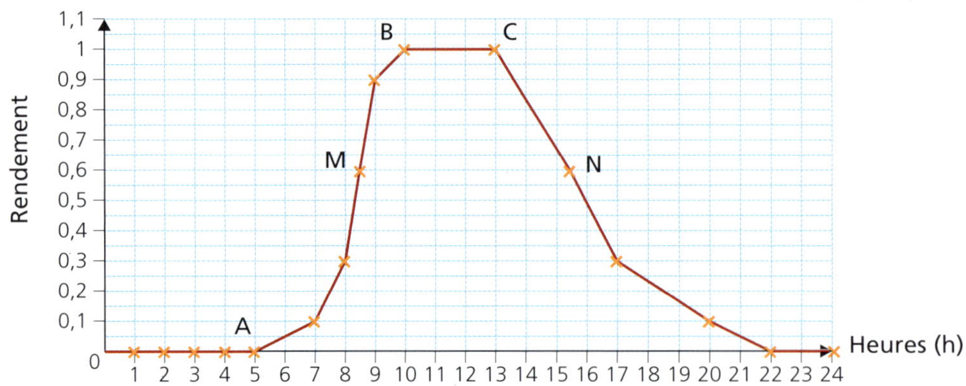

Recopier et compléter les coordonnées des points A, B et C.

A(5 ;...) B(.... ;1) C(... ; ....)

3 Indiquer la valeur du rendement entre 0 et 5 h du matin.

4 Quel est le rendement maximum de l'installation ? Pendant combien de temps dure-t-il ?

5 **a.** Relever les coordonnées des points M et N.

b. Convertir en heures et minutes : 8,5 h et 15,5 h (*coup de pouce :* 30 min = 0,5 h).

6 Déterminer graphiquement la plage horaire durant laquelle le rendement est égal à 0,6.

7 Justifier, en rédigeant la réponse, la viabilité de cette installation.

Proportionnalité

Chapitre **2**

Je vais apprendre à...

- **Traiter des problèmes relatifs à deux suites de nombres proportionnelles.**
- **Traiter des problèmes de pourcentage de la vie courante et professionnelle.**

Je découvre

Une infirmière sensibilise les lycéens sur le rôle essentiel du petit déjeuner pour démarrer la journée. Mathis pense qu'en buvant un verre de 200 mL de jus d'orange avant de partir au lycée, il couvre la totalité de son AJR (Apport Journalier Recommandé) en vitamine C. Est-ce le cas ?
L'AJR définit des valeurs moyennes de quantités de nutriments (protéines, glucides, lipides, fibres…) et vitamines dont l'homme a besoin pour être en bonne santé, sans carence.

Étiquette nutritionnelle de jus d'orange

Ingrédient : JUS D'ORANGE SANS PULPE			
1 L			
Valeurs énergétiques et nutritionnelles moyennes			
Pour 100 mL		Pour 1 verre de 200 mL	
46 kcal		**92 kcal**	
Protéines	0,5 g	**Protéines**	1 g
Glucides	11 g	**Glucides**	22 g
dont sucres	*11 g*	*dont sucres*	*22 g*
Lipides	traces	**Lipides**	traces
Vitamine C : 20 mg (soit 25 % des AJR*)		**Vitamine C** : 40 mg (soit … % des AJR*)	
*AJR : Apports Journaliers Recommandés en vitamine C			

1. a. Recopier et compléter le tableau à l'aide de l'étiquette.

	Protéines (en g)	Glucides (en g)	Vitamine C (en mg)
Pour 100 mL	…	…	…
Pour 200 mL	…	…	…

b. L'étiquette du jus d'orange nous renseigne sur les quantités en protéines, glucides et vitamine C contenus dans 100 mL et dans 200 mL de jus d'orange.
Comment passe-t-on de la deuxième à la troisième ligne du tableau ?

2. Un verre de 200 mL de ce jus d'orange permet-il à Mathis de couvrir la totalité de son AJR en vitamine C ? Justifier la réponse en donnant la valeur cachée sur l'étiquette.

Activités

ACTIVITÉ 1 Reconnaître un tableau de proportionnalité

Omar, responsable du rayon fruits et légumes d'un magasin, doit vérifier que le prix au kg est identique pour trois pesées sur une même balance.

Ticket n° 1

Magasin Lesombre
Fruits & légumes
Le 04/06/14
Balance 1 Numéro ticket 314
Tomates grappe 0,8 kg
€/kg
Prix Total : 1,92 €

Ticket n° 2

Magasin Lesombre
Fruits & légumes
Le 04/06/14
Balance 1 Numéro ticket 532
Tomates grappe 0,6 kg
€/kg
Prix Total : 1,44 €

Ticket n° 3

Magasin Lesombre
Fruits & légumes
Le 04/06/14
Balance 1 Numéro ticket 260
Tomates grappe 1,2 kg
€/kg
Prix Total : 2,88 €

Deux grandeurs sont **proportionnelles** lorsqu'on obtient l'une en multipliant l'autre par un nombre, toujours le même, appelé coefficient de proportionnalité.

1. Recopier et compléter les deux premières lignes du tableau à l'aide des trois tickets.

Ticket	1	2	3
Masse de tomates (kg)	…	0,6	…
Prix total (€)	1,92	…	…
$\frac{\text{Prix total}}{\text{Masse}}$ (€/kg)	…	…	…

(× … : de la ligne « Masse de tomates » à la ligne « Prix total »)

2. Pour chaque colonne, calculer la valeur des rapports $\frac{\text{Prix total}}{\text{Masse}}$.
3. Quel nom donne-t-on à ce type de tableau ?
4. Trouver l'opérateur du tableau. Que représente-t-il ?

ACTIVITÉ 2 Traiter une situation de proportionnalité

Iliana veut repeindre une surface de 17 m^2. Elle se rend dans un magasin de bricolage et découvre la publicité suivante. Cette publicité est-elle intéressante pour Iliana ?

Publicité

Étiquette des pots de peinture

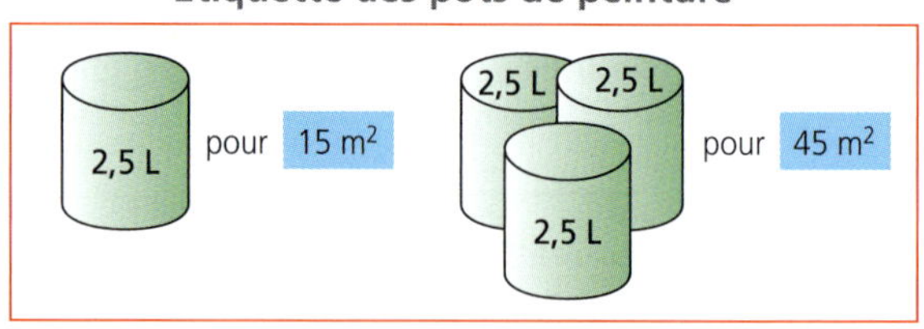

1. Combien de mètres carrés peut-on peindre avec deux pots de 2,5 L ?
2. De combien de pots de peinture de 2,5 L « hors promotion » Iliana a-t-elle besoin pour peindre une surface de 17 m^2 ?
3. Calculer la contenance d'un pot de peinture en promotion.
4. Déterminer l'aire de la surface que l'on peut peindre avec un pot de peinture en promotion en recopiant et en complétant le tableau.

Quantité de peinture (L)	2,5	3
Aire de la surface peinte (m²)	15	…

5. L'offre promotionnelle est-elle intéressante pour Iliana ? Argumenter.

Méthode

Augmenter de p % signifie multiplier par $1 + \frac{p}{100}$.

Méthode

Dans un tableau de proportionnalité

a	d
c	?

, on calcule le nombre manquant en faisant l'opération : $? = \frac{c \times d}{a}$

ACTIVITÉ 3 Utiliser les échelles

Manon, électricienne, souhaite ajouter une nouvelle prise électrique dans sa chambre de forme carrée.
Le plan ci-contre représente sa chambre.
De combien de mètres de câble doit-elle disposer pour passer de la prise existante à la nouvelle ?

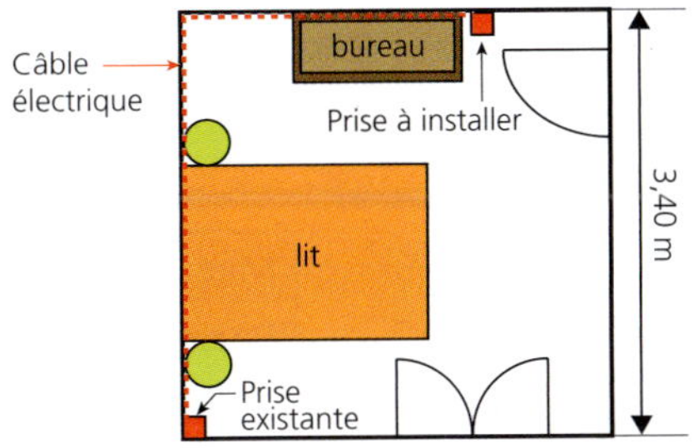

1. **Convertir** 3,4 m en cm.
2. Mesurer la longueur d'un côté de la chambre avec une règle graduée.
3. Recopier et compléter le tableau de proportionnalité.

Dimension mesurée sur le plan (en cm)	3,4	1
Dimension réelle (en cm)	340	…

4. Une **échelle** exprimée sous la forme 1/25e signifie qu'un 1 cm sur la carte ou le plan représente 25 cm sur le terrain ou en réalité.
En déduire l'échelle du plan.
5. En utilisant l'échelle du plan, montrer qu'il faut 5,7 m de câble à Manon pour ajouter cette nouvelle prise.

Tableau des **conversions** de distance :

km	hm	dam	m	dm	cm	mm

L'**échelle** est généralement exprimée sous la forme d'une fraction dont le numérateur est égal à 1.

ACTIVITÉ 4 Traiter une situation avec des pourcentages

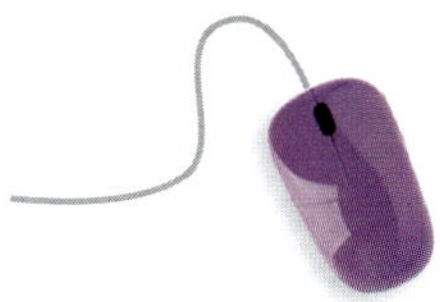

Le gérant d'un magasin de vêtements demande à Samir, son stagiaire, de construire une feuille de calcul à l'aide d'un tableur pour préparer les étiquettes des articles soldés à – 20 %. Samir a commencé à calculer les prix soldés des trois premiers articles de sa feuille.

	A	B	C	D
1	Désignation de l'article	Prix avant les soldes (€)	Taux de remise	Prix soldé (€)
2	Pantalon Sportwear	89,90	20 %	
3	Tee-shirt	29,90	20 %	
4	Sweat-shirt	59,50	20 %	

1. Reproduire le tableau de Samir dans la feuille de calcul d'un tableur.
2. Calculer le prix d'un pantalon sportwear soldé à 20 %.
3. Pour calculer automatiquement le prix soldé des trois articles, saisir dans la cellule D2 la formule `= B2*(1-C2)`. Comparer avec le résultat obtenu à la question 2.
4. Copier cette formule jusqu'à la cellule D4.
5. Quel sera le prix des articles si le gérant applique une remise de 30 % ? de 50 % ? et de 70 % ?

FICHE « Tableur » p. 189

Méthode Après une remise de p %, le nouveau prix est obtenu en multipliant le prix initial par le coefficient $\left(1 - \frac{p}{100}\right)$.

L'essentiel

La proportionnalité

**Un tableau est dit tableau de proportionnalité si le rapport de la grandeur de la 2e ligne par la grandeur de la 1re ligne est le même pour toutes les colonnes.
Ce rapport est appelé coefficient de proportionnalité.**

EXEMPLE :
Pour montrer que ce tableau est un tableau de proportionnalité, on calcule séparément chaque rapport : $\frac{12,4}{3,1} = 4$; $\frac{24,8}{6,2} = 4$; $\frac{74,4}{18,6} = 4$.

Mesure du côté c d'un carré en cm	3,1	6,2	18,6
Périmètre P du carré en cm	12,4	24,8	74,4

Pour traiter une situation de proportionnalité entre deux grandeurs, on peut utiliser une relation multiplicative, le produit en croix ou le coefficient de proportionnalité.

EXEMPLE :

(× 3) Relations multiplicatives
Méthode du produit en croix
(× 4) Coefficient de proportionnalité

Mesure du côté d'un carré en cm	3,1	6,2	18,6
Périmètre du carré en cm	12,4	24,8	74,4

(× 2 de 3,1 à 6,2 et de 12,4 à 24,8 ; × 3 de 6,2 à 18,6 et de 24,8 à 74,4 ; × 6 de 3,1 à 18,6 et de 12,4 à 74,4 ; × 4 de la 1re à la 2e ligne)

Les pourcentages

Appliquer un pourcentage de p%, c'est multiplier par une fraction ayant 100 comme dénominateur : $\frac{p}{100}$.

EXEMPLE : Un camembert contient 45 % de matière grasse. Ainsi une portion de 15 g de ce camembert contient $15 \times \frac{45}{100} = 6,75$ g de matière grasse.

Déterminer un pourcentage, c'est exprimer une proportion sous la forme d'une fraction ayant 100 comme dénominateur : $\frac{p}{100}$.

EXEMPLE : Pour déterminer le pourcentage de remise appliqué sur un jeu vidéo dont voici l'étiquette de prix :
– on calcule le montant de la remise : 55 − 41,25 = 13,75 €.
– on fait un tableau de proportionnalité en appliquant le produit en croix sur une base de 100. $\frac{13,75 \times 100}{55} = 25$.

Montant de la remise en €	13,75	?
Prix avant la remise en €	55	100

Le jeu vidéo bénéficie d'une remise de 25 %.

Les échelles

L'échelle e d'un plan est le rapport d'une dimension sur le plan D_P par la dimension réelle D_R correspondante : $\frac{D_P}{D_R}$. Elle s'exprime sous forme d'une fraction ayant 1 comme numérateur lors d'une réduction.

EXEMPLE : À l'échelle 1/1 500, la tour Eiffel, haute de 324 m (soit 32 400 cm), sera représentée par : $32\,400 \times \frac{1}{1\,500} = 21,6$ cm sur le plan.

Exercice guidé

Comment établir une note de frais de péage ?

Julien, maçon domicilié à Lodève, travaille sur un chantier de construction situé à Rodez.
Il franchit le viaduc de Millau avec un fourgon (véhicule de classe 3) et doit payer une taxe de péage.
Pour être indemnisé de ses frais de transport à la fin du chantier, Julien doit se présenter au service comptabilité de sa société située boulevard Denys Puech à Rodez.

Véhicules	Classe	Tarifs hors taxe
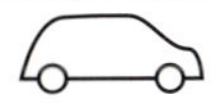	1	5,92 €
	2	8,83 €
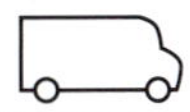	3	20,42 €
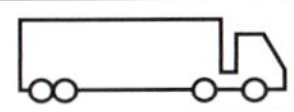	4	27,08 €

1 Quel prix hors taxe doit payer Julien pour franchir le viaduc ?

2 **Vérifier**, par un calcul, que le montant taxe comprise du passage du fourgon avec un taux de TVA de 20 % est de 24,50 €.

3 Le prix taxe comprise à payer est proportionnel au nombre de passages.

a. Recopier et **compléter** le tableau.

Nombre de passages	2	10	…	20
Prix à payer (en €)	…	245	294	…

b. À la fin du chantier, Julien s'est acquitté de 294 € de taxe de péage. Combien de fois a-t-il franchi le viaduc de Millau ?

4 **Calculer** la distance que Julien doit parcourir depuis le parking jusqu'au service de comptabilité.

Aide

1 **Lire** dans le tableau de l'énoncé le tarif hors taxe correspondant à un véhicule de classe 3.

2 **Appliquer** le pourcentage de TVA au montant HT.
Ajouter ce montant au prix hors taxe en arrondissant au centime d'euro.
Comparer le résultat obtenu avec celui annoncé dans la question.

3 a. **Déterminer** le coefficient de proportionnalité pour cette situation.
Pour cela, on calcule le rapport $\frac{245}{10}$.
Multiplier ou **diviser** la grandeur correspondant à celle que l'on cherche par le coefficient de proportionnalité obtenu.

3 b. **Repérer** cette valeur dans le tableau de proportionnalité précédent.
Lire le nombre de passages correspondant.

4 **Repérer** l'échelle de la carte : 1 cm pour 40 m.
Mesurer la distance entre le parking et le service de comptabilité.
En déduire la distance à parcourir.

Corrigé

1. Pour un véhicule de classe 3, Julien doit payer 20,42 € hors taxe.

2. $20,42 \times \frac{20}{100} = 4,084$. Le tarif taxe comprise est donc de : $20,42 + 4,084 = 24,50$ €.

3. a.

Nombre de passages	2	10	12	20
Prix à payer (en €)	49	245	294	490

(× 24,5)

b. On en déduit que Julien a fait 12 passages sur le viaduc.

4. On mesure 2 cm entre le parking et le service comptabilité. En utilisant l'échelle du plan, on calcule : $2 \times 40 = 80$ m.
Julien devra donc parcourir 80 m pour se rendre au service comptabilité et y déposer ses frais de transport.

Exercices

Exercices d'application

Reconnaître une situation de proportionnalité

Exercice 1 ★

Les tarifs des cornets de deux glaciers sont résumés dans les deux tableaux suivants.

« Au lutin gourmand »

Nombre de boules de glace	1	2	3	4
Prix (€)	1,90	3,80	5,70	7,60

« Au plaisir des papilles »

Nombre de boules de glace	1	2	3	4
Prix (€)	2,00	4,00	6,00	7,60

▸ S'agit-il de tableaux de proportionnalité ? Justifier la réponse.

Exercice 2 ★★

Voici les tarifs d'affranchissement du courrier de La Poste (au 01/01/2014).

Masse maximale du courrier en g	20	50	100	250
Prix de l'affranchissement en €	0,61	1,02	1,55	2,45

1. Le prix de l'affranchissement et la masse du courrier en g sont-ils des grandeurs proportionnelles ?

2. Jules doit envoyer un courrier de 70 g. À combien doit-il l'affranchir ?

Utiliser la proportionnalité

Exercice 3 ★

Les tableaux suivants sont-ils des tableaux de proportionnalité ? Justifier votre réponse.

a.

6	2
15	5

b.

2,5	5
3	7,2

c.

9,3	12,5
3,1	4,2

d.

0,6	4,8
0,9	7,2

Exercice 4 ★★

Déterminer le nombre manquant dans chaque tableau de proportionnalité.

a.

8	…
3	9

b.

…	11
6,3	3,3

c.

2,5	1,7
…	6,8

d.

11,25	4,5
2,5	…

Exercice 5 ★★

Voici une publicité pour une marque de lessive.

1. Quel format vous semble le plus intéressant financièrement ?

2. Recopier et compléter le tableau.

	Format lambda	Format XL
Quantité de lessive en L	…	…
Prix en €	…	…

3. S'agit-il d'un tableau de proportionnalité ? Justifier la réponse.

4. Le choix formulé à la question **1.** est-il satisfaisant ? Si non, modifier la réponse.

Appliquer un pourcentage

Exercice 6 ★

Abdel a repéré une paire de baskets coûtant 119,90 €. Il dispose d'un budget de 80 €. Au moment des soldes, le vendeur lui propose une remise de 30 %.

1. Calculer 30 % de 119,90 €.

2. Déterminer le prix de la paire de baskets avec la remise de 30 %.

3. Abdel pourra-t-il s'offrir la paire de baskets avec une remise de 30 % ? Justifier la réponse.

Exercice 7 ★★

Lorsque la température passe de 15 °C à 40 °C, une barre métallique s'allonge de 0,2 %. Boris utilise sur un chantier de construction trois barres métalliques dont les longueurs à 15 °C sont :

Barre métallique	Barre 1	Barre 2	Barre 3
Longueur à 15 °C	100 cm	240 cm	325 cm

1. Donner l'allongement de chaque barre métallique lorsque la température passe à 40 °C. Arrondir le résultat au dixième.

2. Déterminer la longueur, arrondie au dixième, de chaque barre à 40 °C.

Déterminer un pourcentage

Exercice 8 ★★

Dans une classe de 21 élèves, 18 ont obtenu leur diplôme de CAP. Léa affirme que le taux de réussite de cette classe est supérieur à la moyenne nationale : 83,5 % (source MEN 2012).

1. Recopier et compléter le tableau.

Nombre d'élèves diplômés	...	...
Nombre total d'élèves	...	100

2. Donner le pourcentage de réussite de cette classe. Arrondir au centième.

3. Léa avait-elle raison d'affirmer que le taux de réussite est supérieur à celui de la moyenne nationale ? Justifier la réponse.

Exercice 9 ★★

Voici l'étiquette nutritionnelle d'un hamburger de 209 g.

	Masse
Protéines	24 g
Glucides (sucres)	44 g
Lipides (graisses)	29 g
Sel (0,5 % de la masse totale)	

1. a. Quelle est la quantité, en %, de sel dans ce hamburger ?
b. Calculer 0,5 % de 209 g. Arrondir le résultat au centième de g.

2. a. Recopier et compléter le tableau.

Masse (en g) de protéines	...	...
Masse (en g) du hamburger	...	100

b. Quel est le pourcentage de protéines dans ce hamburger ? Donner le résultat arrondi à l'unité.

3. Calculer les pourcentages, arrondis à l'unité, de glucides et de lipides.

Utiliser une échelle

Exercice 10 ★

Mathilde cherche l'échelle de représentation de cette parabole prise sur un catalogue.

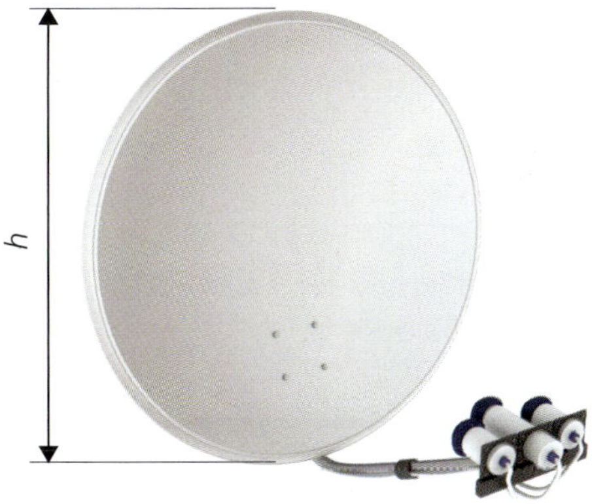

1. Mesurer en cm la hauteur *h* de cette parabole.

2. Recopier et compléter le tableau ci-dessous pour déterminer l'échelle à laquelle est représentée la parabole si sa hauteur réelle est égale à 80 cm.

	Hauteur de la parabole en cm	Échelle
Schéma	...	1
Réalité	80	...

Exercice 11 ★★★

Recopier et compléter le tableau.

Schéma	Échelle
0 50 100 km (barre d'échelle)	...
0 50 1 m (barre d'échelle)	...
0 5 km (barre d'échelle)	...

Exercice 12 ★★★

Calculer les deux taux de TVA de la facture d'hôtel ci-dessous.

Libellé	Prix unitaire (en €)	Taux de TVA (en %)	Montant de la TVA (en €)	Montant taxe comprise (en €)
Hébergement	38,00	...	3,80	41,80
Petit-déjeuner	16,67	...	3,33	20,00
			À payer	61,80

Exercices

Auto-évaluation

Pour chaque amorce de phrase, recopier la (ou les) bonne(s) réponse(s).

1 Quelles sont la (les) situation(s) de proportionnalité ?
a) le nombre de jours d'ensoleillement et la masse de fruits récoltés
b) l'ancien prix et le nouveau après remise de 25 %
c) la pointure de chaussure et la taille

2 Quel tableau est un tableau de proportionnalité ?

a)

0,3	0,8	0,12
2,25	6	0,9

b)

10,8	14	21
13,5	17,5	25,2

c)

5,6	4,8	3,4
11,2	2,4	1,7

3 On a le prix de 3 baguettes, pour trouver le prix de 9 baguettes :
a) on ajoute 6 b) on multiplie par 3 c) on divise par 3

4 Voici un tableau de proportionnalité :

12,5	?
4	8

. Le nombre manquant « ? » se calcule par la relation :

a) $\frac{4 \times 8}{12,5}$ b) $\frac{4 \times 12,5}{8}$ c) $\frac{8 \times 12,5}{4}$

5 Calculer 45 % de 120 km correspond à :
a) 267 km b) 540 km c) 54 km

6 Une plaquette de 145 g de chocolat contient 101,5 g de cacao. Le pourcentage de cacao est :
a) 70 % b) 80 % c) 43,5 %

7 Deux villes sont distantes de 20 cm sur une carte routière à l'échelle 1/500 000e. La distance réelle séparant les deux villes est égale à :
a) 10 000 000 cm b) 25 km c) 100 km

8 1 cm sur une carte représente 50 m dans la réalité. L'échelle de cette carte est :
a) $\frac{1}{5000}$ b) $\frac{1}{500}$ c) $\frac{1}{50}$

→ Réponses p. 192

Exercices d'approfondissement

Exercice 13 ★★

D'après l'Agence de l'Environnement et de la Maîtrise de l'Énergie (ADEME), une lampe basse consommation (LBC) consommant une énergie de 15 Wh éclaire aussi bien qu'une lampe classique à incandescence consommant une énergie de 60 Wh.

1. Quel type de lampe est la moins « énergivore » ?

2. a. Déterminer l'économie d'énergie réalisée par une LBC.

b. Calculer le pourcentage d'énergie électrique économisée par une lampe LBC par rapport à une lampe classique.

Exercice 14 ★★

Plusieurs conducteurs ont pris le même carburant à une pompe dont un affichage est défectueux. Voici les écrans d'affichage après utilisation.

	Volume en L	Prix en €/L	Prix en €
1 Pompe à carburant	43.13		55.85
2 Pompe à carburant	23.17		30.00
3 Pompe à carburant	11.59		15.01

1. Quelle grandeur manque sur ces écrans ?

2. Le prix en € et le volume d'essence sont deux grandeurs proportionnelles. Proposer une méthode de calcul du prix au litre de ce carburant.

3. En déduire ce prix. Arrondir au millième.

Exercice 15 ★★★

Un pot de confiture d'abricots de la marque Eco de 335 g coûte 1,03 €. Un pot de confiture d'abricots de la marque Ondras de 350 g coûte 1,07 €.

▶ Quelle confiture est la plus intéressante à l'achat ? Justifier la réponse.

Exercice 16 ★★★

Pour un championnat, le responsable d'une équipe de basket réserve des chambres d'hôtel. Il retient la chambre d'hôtel dont voici le plan à l'échelle 1/50.

Plan de la chambre à l'échelle 1/50

Vue du dessus : 1 mm représente 5 cm

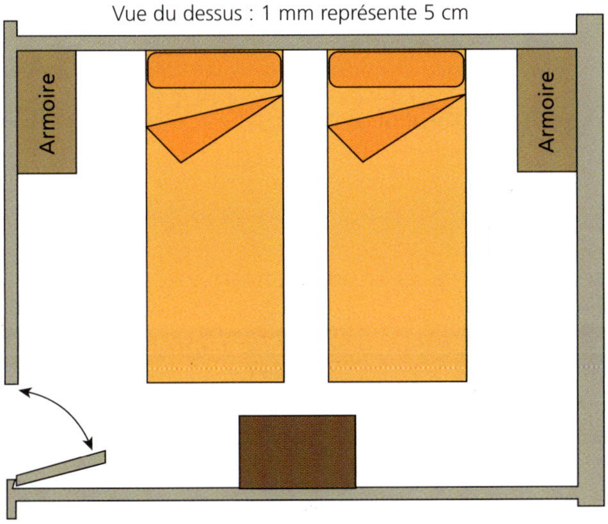

1. En effectuant des mesures sur ce plan, déterminer la longueur et la largeur réelles des lits.

2. Le responsable de l'équipe avait plusieurs exigences :
– chaque chambre dispose de 2 lits et 2 armoires ;
– chaque lit doit mesurer au moins 1 m de large et 2,20 m de long.
Indiquer, en justifiant, si chaque exigence est satisfaite.

Exercice 17 ★★

Pour la journée d'intégration au lycée, un groupe d'élèves d'une classe de CAP choisit de réaliser des cakes au citron pour 24 personnes à partir de la recette suivante :

Cake au citron pour 8 personnes
– 3 œufs ;
– 150 g de beurre ;
– 170 g de sucre ;
– 160 g de farine ;
– 1/3 de sachet de levure ;
– 2 citrons.

1. Écrire les quantités de la recette du cake au citron pour 24 personnes.

2. Les ingrédients sont vendus en magasin dans des conditionnements indiqués sur la facture ci-après.

En prenant les résultats obtenus à la question **1.**, recopier et compléter la facture pour déterminer le budget nécessaire à la confection des 24 cakes.

Ingrédients	Quantité à acheter	Prix unitaire (en €)	Prix total (en €)
Boîte de 6 œufs	…	1,75	…
Plaquette de beurre de 250 g	…	1,53	…
Paquet de farine de 1 kg	1	0,96	0,96
Paquet de sucre de 1 kg	1	…	1,36
Paquet de 5 sachets de levure	…	2,02	…
Filet de 5 citrons	…	2,75	…
Coût total			…

Exercice 18 ★★★

Un chauffagiste fournit à un client un devis pour l'installation d'une chaudière à condensation.

1. Recopier et compléter la facture en arrondissant les résultats au centième.

Chaudière à condensation	4 925,58 €
Main-d'œuvre + fournitures	… €
Total brut HT	6 300,00 €
TVA (… %)	… €
Net à payer taxe comprise	6 646,50 €

2. Le chauffagiste a-t-il bien appliqué le taux de TVA de 5,5 % en vigueur au 1er janvier 2014 ? Justifier la réponse.

Exercice 19 ★★★

Voici une carte de l'île de Ré.

1. Reproduire et compléter le tableau de proportionnalité.

Dimension sur le plan (en cm)	2	1
Dimension réelle (en cm)	800 000	…

2. Quelle est l'échelle de la carte ?

3. Quelle est la distance à vol d'oiseau, en km, entre le phare de Saint-Clément des Baleines et le phare du Chauveau ?

4. Est-il exact que les forts du Grouin et du Martray sont à environ 5 km à vol d'oiseau ?

Vers l'examen

Compétences	Capacités	Questions
S'approprier	Rechercher, extraire et organiser l'information.	2 ; 5
Analyser Raisonner	Émettre une conjecture, une hypothèse. Proposer une méthode de résolution, un protocole expérimental.	1 ; 8
Réaliser	Choisir une méthode de résolution, un protocole expérimental. Exécuter une méthode de résolution, expérimenter, simuler.	8 ; 4.a ; 4.b
Valider	Contrôler la vraisemblance d'une conjecture, d'une hypothèse. Critiquer un résultat, argumenter.	3 ; 6 ; 7
Communiquer	Rendre compte d'une démarche, d'un résultat, à l'oral ou à l'écrit.	5 ; 7

Situation

Rémi et Joëlle souhaitent aménager l'extérieur de leur maison. Pour cela, ils désirent ensemencer leurs 1 200 m² de terrain avec du gazon.
Ils se rendent dans une jardinerie qui propose des sacs de gazon rustique dont voici les caractéristiques. Quel choix est le plus avantageux économiquement ? Combien de sacs de gazon seront nécessaires ?

Sac gazon ❶
Masse : 5 kg
Pour 200 m²
Prix : ~~29,95 €~~
Prix promo : 22,95 €
PROMO
soit 4,59 €/kg au lieu de 5,99 €/kg

Sac gazon ❷
Masse : 15 kg
Pour 600 m²
Prix : 90 €
– 20 % sur le prix affiché

Questions

1. Proposer une méthode pour déterminer le type de sac de gazon et la quantité de sacs qui reviendra le moins cher pour ensemencer les 1 200 m² de terrain.

• **Étude du sac de gazon ❶**

2. Relever sur les caractéristiques du sac ❶ le prix d'un kilogramme de gazon avec la promotion.

3. Vérifier, par un calcul, le prix d'un kilogramme de gazon indiqué par la promotion. Arrondir au centime d'euro.

• **Étude du sac de gazon ❷**

4. a. Calculer 20 % de 90 €.
   b. Déterminer le prix, en €, d'un sac de gazon après remise de 20 %.

5. Recopier et compléter le tableau à l'aide des caractéristiques du sac de gazon ❷.

Masse de gazon en kg	...	1
Prix promotionnel en €	72	...

(× ...)

6. Vérifier que le prix d'un kilogramme de gazon pour le sac ❷ s'élève à 4,80 €.

• **Choix du sac de gazon et du nombre de sacs**

7. En déduire, en rédigeant une phrase, le choix le plus avantageux économiquement pour Rémi et Joëlle.

8. Finalement, ils choisissent le sac de gazon ❶. D'après eux, six sacs de gazon ❶ sont nécessaires pour ensemencer leurs 1 200 m² de terrain. Ont-ils raison ? Justifier la réponse.

Fonctions linéaires

Chapitre 3

Je vais apprendre à...

- **Vérifier qu'une situation est de type linéaire de trois manières différentes.**
- **Passer d'un mode de représentation à chacun des deux autres.**

Je découvre

Nicolas dispose d'un budget de 600 € et de 10 jours de vacances au maximum. Il se renseigne auprès d'une agence de voyages spécialisée dans les croisières en voilier pour valider ses possibilités.
Le graphique suivant représente le coût du séjour en fonction du nombre de jours de croisière. Combien de jours Nicolas peut-il partir en croisière sans dépasser son budget de 600 € ?

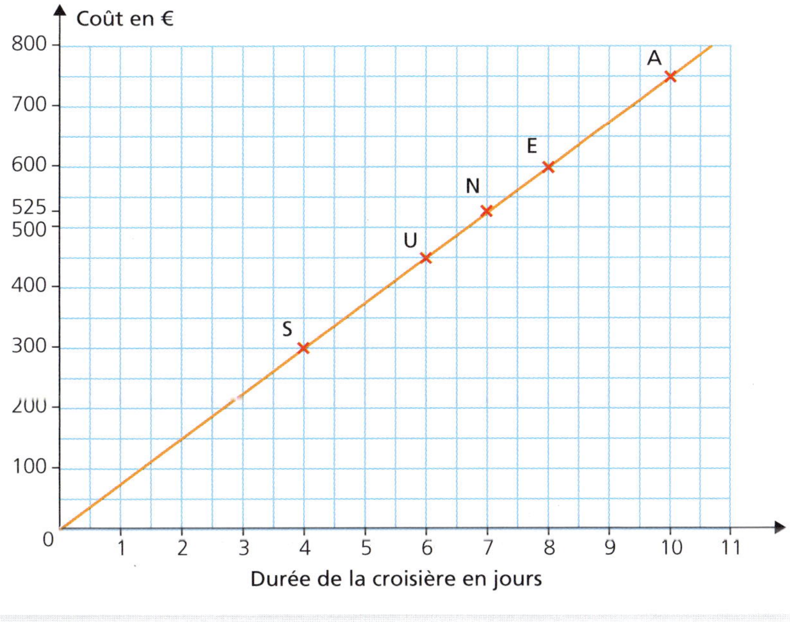

1. Recopier le tableau et le compléter à l'aide du graphique.

	S	U	N	E	A
Durée de la croisière (en jours)	4	...	7	...	10
Coût (en €)	...	450	...	600	...

2. L'agence de voyages prétend que le coût d'une croisière est proportionnel à sa durée. A-t-elle raison ? Justifier la réponse.

3. En utilisant le graphique, indiquer en le justifiant le nombre de jours maximum de croisière que Nicolas peut faire sans dépasser son budget.

Activités

ACTIVITÉ 1 Représenter une situation linéaire dans un repère

Le tableau suivant indique le coût de l'eau du robinet, en centimes d'euro, en fonction de la consommation d'un Français pour quatre de ses besoins quotidiens.

	E. Chasse d'eau	L. Lave-linge	D. Douche	B. Bain
Volume d'eau du robinet consommée V (en L)	6	40	80	200
Coût C (en centimes d'euro)	2,1	14	28	70

Comment représenter cette situation dans un repère ?

Méthode

Pour montrer qu'un tableau est un tableau de proportionnalité, on calcule pour chaque colonne le quotient de la grandeur de la 2e ligne sur celle de la 1re ligne (ici $\frac{C}{V}$). Si tous les quotients sont égaux, alors c'est un tableau de proportionnalité.

1. Justifier que ce tableau est un tableau de proportionnalité.
2. Quel est le coefficient de proportionnalité ? Que représente cette valeur ?
3. Construire un repère avec :
   – en abscisses : 1 cm pour 20 L ;
   – en ordonnées : 1 cm pour 10 centimes d'euro.
   Placer les points de coordonnées (V ; C) du tableau.
4. Comment sont disposés les points E, L, D et B dans le repère ?

ACTIVITÉ 2 Reconnaître une fonction linéaire à partir de représentations graphiques

Voici deux graphiques :
– le graphique 1 indique le prix d'une location de voiture en fonction du nombre de jours ;
– le graphique 2 donne la distance d'arrêt d'un véhicule sur route sèche en fonction de sa vitesse.
Quel graphique traduit une situation de proportionnalité ?

Graphique 1

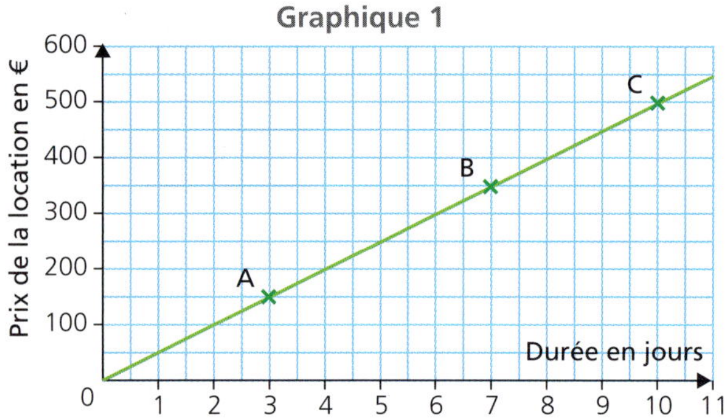

Graphique 2

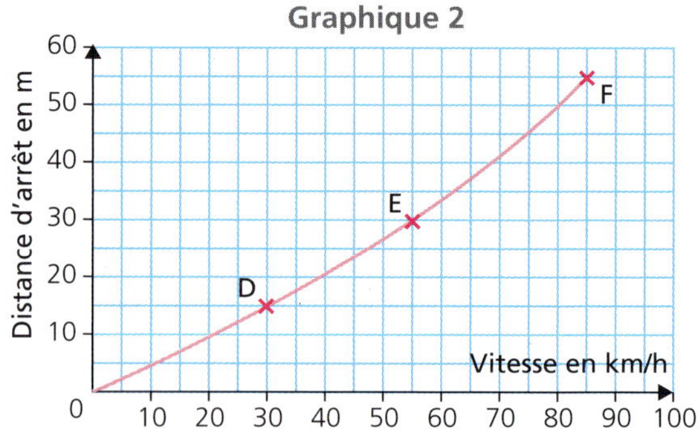

1. Reproduire et compléter les deux tableaux à l'aide des graphiques.

Tableau ①	Point A	Point B	Point C
Durée en jours	…	7	…
Prix de la location en €	150	…	…

Tableau ②	Point D	Point E	Point F
Vitesse en km/h	…	55	…
Distance d'arrêt en m	15	…	55

2. Ces tableaux sont-ils des tableaux de proportionnalité ? Justifier.
3. Citer le graphique qui correspond à la fonction linéaire.

ACTIVITÉ 3 Trouver la relation algébrique d'une situation linéaire

Un garagiste affiche le montant de la main-d'œuvre M en fonction de la durée t d'intervention sur un véhicule.

Durée t en heure	0,6	1,4	1,8
Montant M en €	27	63	81

Karim souhaite résumer cette situation par une relation liant la durée d'intervention et le montant à facturer aux clients.

1. Le montant facturé et la durée de la réparation sont-elles des grandeurs proportionnelles ? Si oui, donner la valeur du **coefficient de proportionnalité**.
2. Quel est le montant facturé pour 1 heure d'intervention ?
3. On appelle M le montant en € facturé au client et t la durée, en heures, de l'intervention. Parmi ces **relations algébriques**, une seule correspond à la situation. Laquelle ?
   a. $M = 45 / t$ **b.** $M = 45 - t$ **c.** $M = 45 \times t$ **d.** $M = 45 + t$
4. Pour réparer une panne de « haute technicité », le garagiste applique une autre relation : $M = 60 \times t$. Calculer le montant facturé au client, en €, pour une intervention durant 2,5 h.

Deux grandeurs proportionnelles M et t, sont liées par la **relation algébrique** $M = a \times t$ où a représente le **coefficient de proportionnalité** entre les grandeurs.

Méthode

Pour calculer le montant facturé M, il faut remplacer t dans la relation par la durée d'intervention.

ACTIVITÉ 4 Passer d'un mode de représentation à l'autre

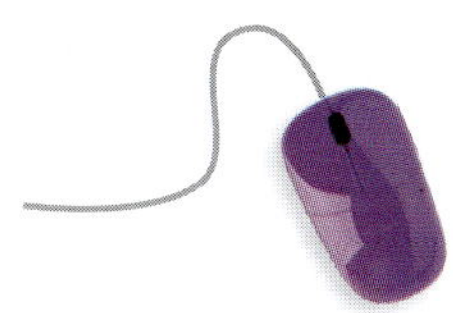

Un rectangle d'or est un rectangle dont le rapport de la longueur et de la largeur (L / ℓ) est le nombre d'or. Ce nombre, noté φ, suscite curiosité et intrigue depuis l'Antiquité. Il a inspiré les plus grands mathématiciens, architectes et peintres. Voici les dimensions de cinq rectangles d'or.
Mehdi cherche à exprimer la valeur arrondie au dixième de ce nombre d'or.

Largeur ℓ en cm	2,5	5,5	10,5	12,5	15
Longueur L en cm	4	8,8	16,8	20	24

1. Ouvrir le logiciel GeoGebra. Dans la fenêtre Tableur, recopier le tableau donnant les dimensions des rectangles d'or.
2. **a.** Ajouter dans la fenêtre Tableur une ligne « quotient L / ℓ ».
   b. Choisir et saisir dans la cellule B3 la formule qui permet de calculer le quotient de la longueur par la largeur. =B1/B2 =B2/B1 =B1*B2
   Copier la formule de la cellule C3 à la cellule F3.
   c. Les grandeurs « Longueur » et « largeur » des rectangles d'or sont-elles proportionnelles ? Donner la valeur du coefficient de proportionnalité.
3. **a.** Sélectionner les cellules B1 jusqu'à F2 pour créer une liste de points nommée « nombredor » à l'aide de l'icône {1,2} et de l'outil {•••}.
   b. Avec l'outil , tracer la droite passant par tous les points.
   c. Justifier que la longueur et la largeur d'un rectangle d'or sont deux grandeurs proportionnelles.
4. **a.** Dans la fenêtre Algèbre, faire un clic droit sur l'équation de la droite et choisir Équation $y = ax + b$ où a, coefficient directeur de la droite, correspond au nombre d'or.
   b. Quelle est la valeur arrondie au dixième du nombre d'or φ ?

L'essentiel

Définition d'une fonction linéaire

■ **Une fonction linéaire f est une relation entre deux grandeurs proportionnelles x et y. On calcule y à partir de x en utilisant le coefficient de proportionnalité a entre ces deux grandeurs à l'aide de la relation : $y = a \times x$.**

■ **La fonction linéaire fait correspondre à tout nombre x un nombre $a \times x$. On la note $f(x) = a \times x$.**

EXEMPLE :

Dans la boulangerie « Au bon pain », Jocelyn a payé ses quatre baguettes 4,40 € et Charlotte a payé ses trois baguettes 3,30 €.
Le tableau résume la situation.

x : Quantité de baguettes	4	3
y : Prix en euros	4,40	3,30

(× 1,10)

Il s'agit d'un tableau de proportionnalité car tous les quotients $\frac{y}{x}$ sont égaux : $\frac{4,40}{4} = \frac{3,30}{3} = 1,10$.

Le coefficient de proportionnalité est 1,10 ; c'est le prix d'une baguette. Le prix est proportionnel à la quantité de baguettes achetées.

Si x désigne le nombre de baguettes et y le prix payé en €, alors la fonction f qui relie x et y est :

$$f(x) = 1,10 \times x \text{ ou } y = 1,10 \times x$$

Trois modes de représentation d'une situation de type linéaire

■ **Une situation de type linéaire (ou de proportionnalité) peut être représentée par une expression algébrique, un tableau de valeurs (ou de proportionnalité) ou une représentation graphique.**

■ **Lorsqu'on est dans une situation de proportionnalité, on passe d'un mode de représentation à l'autre selon le schéma ci-dessous.**

EXEMPLE :

Le périmètre d'un carré est proportionnel à la longueur de son côté.

Tableau de proportionnalité

Longueur du côté (cm)	0	1,5	2	3,1
Périmètre (cm)	0	6	8	12,4

(× 4)

Les grandeurs longueur du côté et périmètre sont proportionnelles.

Le coefficient de proportionnalité a vaut : $\frac{6}{1,5} = \frac{8}{2} = \frac{12,4}{3,1} = 4$

Expression algébrique de type $y = a \times x$

Si x désigne la longueur du côté et y le périmètre, alors l'expression algébrique est :

$y = 4 \times x$

Représentation graphique

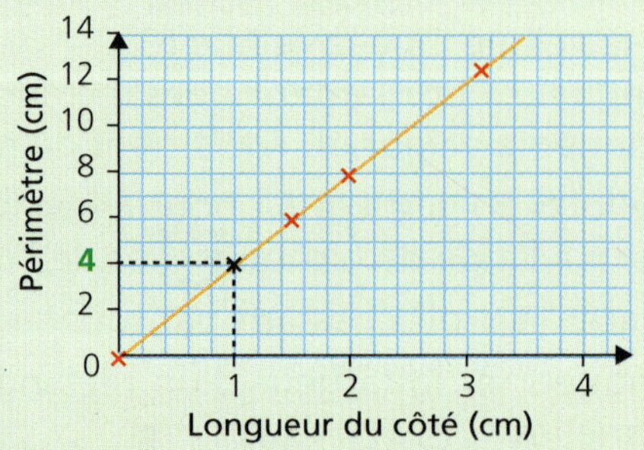

La représentation graphique est une droite qui passe par l'origine du repère.
Le coefficient directeur de la droite correspond à la valeur de l'ordonnée pour l'abscisse 1.
Le coefficient directeur est 4.

Exercice guidé

Comment régler la puissance d'un chauffage au sol ?

Olivier vient d'acheter une maison. Il a choisi comme système de chauffage un chauffage par le sol. Le réglage de la puissance de ce système dépend de l'aire de la surface à chauffer.

Le graphique représente la puissance nécessaire P en watts d'un chauffage en fonction de l'aire, en mètres carrés, d'une pièce.

Quelle puissance sera nécessaire pour chauffer la pièce principale de 35 m² de la maison d'Olivier ?

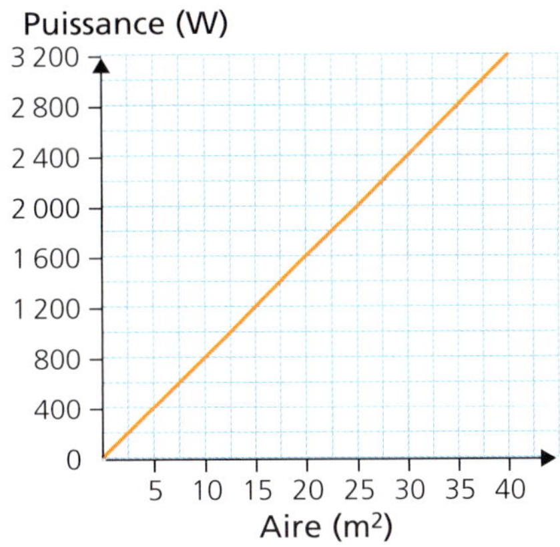

Aide

1. En utilisant la représentation graphique, peut-on affirmer que la puissance P et l'aire de la pièce S sont des grandeurs proportionnelles ? **Justifier** la réponse.
   — **Comparer** la représentation graphique à celle d'une fonction linéaire et **conclure** en rédigeant une phrase.

2. **Recopier** et **compléter** par lecture graphique le tableau.

Aire S en m²	5	12,5	25	…
Puissance P en W	400	…	…	2 600

   — **Utiliser** la représentation graphique pour déterminer les valeurs de surface ou de puissance manquantes.

3. **Calculer** le coefficient de proportionnalité du tableau.
   — **Calculer** les rapports : $\frac{\text{Puissance}}{\text{Aire}}$.

4. **Écrire** la relation algébrique liant la grandeur S (aire de la pièce) et P (puissance de chauffage).
   — **Se souvenir** que l'expression algébrique s'écrit $P = a \times S$ où a est le coefficient de proportionnalité.

5. À l'aide de cette relation, **calculer** en watts la puissance P nécessaire pour chauffer la pièce principale de 35 m².
   — **Remplacer**, dans la relation algébrique, S par la valeur 35 et a par la valeur du coefficient de proportionnalité.

6. Vérifier ce résultat à l'aide du graphique.
   — **Repérer** l'abscisse 35 puis positionner la règle parallèle à l'axe des ordonnées passant par cette graduation et coupant la représentation graphique.
   Lire l'ordonnée du point d'intersection.

Corrigé

1. La puissance et l'aire sont deux grandeurs proportionnelles car la représentation graphique est une droite qui passe par l'origine du repère.

2. Par lecture graphique, on complète le tableau :

Aire S en m²	5	12,5	25	32,5
Puissance P en W	400	1 000	2 000	2 600

3. On calcule le coefficient de proportionnalité : $\frac{400}{5} = \frac{1\,000}{12,5} = \frac{2\,000}{25} = \frac{2\,600}{32,5} = 80$.

4. L'expression algébrique est $P = 80 \times S$.

5. $P = 80 \times 35 = 2\,800$. Pour chauffer une pièce de 35 m², il faut une puissance de 2 800 W.

6. Par lecture graphique, on lit $P = 2\,800$ W.

Exercices

Auto-évaluation

Pour chaque amorce de phrase, recopier la (ou les) bonne(s) réponse(s).

1 La relation algébrique correspondant au tableau de proportionnalité ci-contre est :

a) $y = 2 + x$ **b)** $x = 2 \times y$ **c)** $y = 2 \times x$

x	0	0,5	1
y	0	1	2

×2

2 Si le prix P, en €, et la masse m d'une quantité de pommes sont liés par la relation $P = 2{,}1 \times m$, alors :

a) le prix d'un kilogramme de pommes est 2,10 €

b) la masse et le prix sont deux grandeurs proportionnelles

c) 10 kg de pommes coûtent 20 €

3 Parmi ces représentations graphiques, celle qui traduit une situation linéaire est :

a) ① **b)** ② **c)** ③

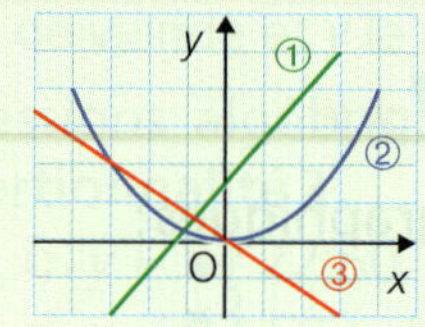

4 Le graphique représentant une situation linéaire est :

a)

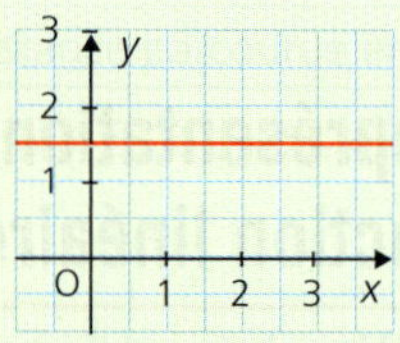

b)

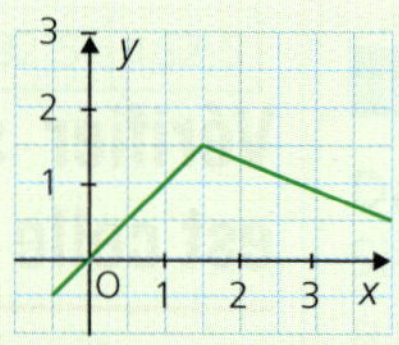

c)

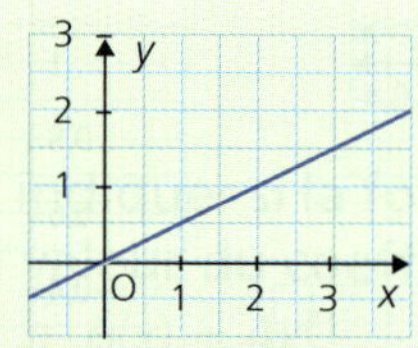

5 Parmi les fonctions suivantes, la fonction linéaire est :

a) $f(x) = 4 + x$ **b)** $f(x) = 4 \times x$ **c)** $f(x) = \dfrac{4}{x}$

6 Les fonctions linéaires correspondant à ce tableau de valeurs sont :

a) $y = 2{,}25 \times x$ **b)** $y = 0{,}44 \times x$ **c)** $y = \dfrac{9}{4}x$

x	4	12
y	9	27

7 L'expression algébrique d'une fonction linéaire g de coefficient directeur 2 est :

a) $g(x) = x + 2$ **b)** $f(x) = x + 2$ **c)** $g(x) = 2 \times x$

8 Une surface de toit d'aire 1 m² permet de récupérer un volume V de 0,6 m³ d'eau de pluie par an. L'expression traduisant cette situation linéaire est :

a) $V(x) = 0{,}6 \times x$ **b)** $V(x) = 1 \times x$ **c)** $V(x) = 0{,}6 + x$

→ Réponses p. 192

Exercices d'approfondissement

Exercice 11 ★★

Voici un tableau de valeurs d'une fonction f.

x	0	1,2	3,5	6,4
y	0	0,6	1,75	3,2

1. La fonction est-elle linéaire ? Justifier la réponse.

2. Si oui, donner son expression algébrique.

Exercice 12 ★★

Le volume d'eau, en m³, contenu dans un réservoir parallélépipédique peut s'exprimer par la relation : $V = 40 \times h$, où h représente la hauteur d'eau exprimée en mètres.

1. Recopier et compléter le tableau.

Hauteur h (m)	0	0,5	1	2	…	3
Volume (m³)	0	…	40	…	100	120

2. Représenter graphiquement le volume V en fonction de la hauteur h dans un repère ayant pour échelle :

– en abscisses : 1 cm pour 0,25 m ;

– en ordonnées : 1 cm pour 20 m³.

3. En laissant apparents les traits utiles à la lecture, utiliser la représentation graphique pour déterminer :

– d'une part, le volume d'eau en m³ pour une hauteur h de 2,25 m ;

– d'autre part, la hauteur h pour un volume d'eau de 70 m³.

Exercice 13 ★★

Le graphique représente la puissance nécessaire P, en watts, d'un chauffage en fonction de l'aire A, en mètres carrés, d'une pièce bien isolée.

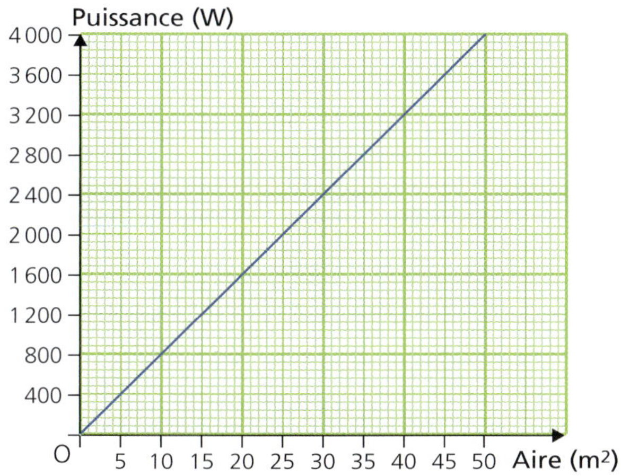

1. La puissance P est-elle proportionnelle à l'aire A de la pièce en m^2 ? Justifier.

2. Recopier et compléter le tableau de proportionnalité à l'aide du graphique.

Aire A (en m^2)	5	12,5	25	…
Puissance P (en W)	400	…	…	2 600

3. Calculer le coefficient de proportionnalité.

4. En déduire l'expression algébrique donnant la puissance P en fonction de l'aire A.

5. En admettant que la relation donnant P en fonction de l'aire A est : $P = 80 \times A$, calculer en watts, puis en kW, la puissance P nécessaire pour chauffer une pièce de 46 m^2.

Exercice 14 ★★★

La fabrication de l'huile de noix suit trois étapes : le broyage, le chauffage et le pressage. Le rendement est de 50 % à partir des cerneaux de noix (noix sans coquille).

1. Recopier le tableau de proportionnalité et calculer le coefficient de proportionnalité k.

Masse de cerneaux de noix (kg)	…	20	…	80	…
Volume d'huile (L)	0	…	20	40	50

$\times k$

2. Compléter le tableau de proportionnalité.

3. Placer les points du tableau dans un repère orthogonal du plan :
– en abscisses : 1 cm pour 10 kg de cerneaux de noix ;
– en ordonnées : 1 cm pour 10 L d'huile.

4. Parmi les égalités suivantes, une seule traduit cette situation. Laquelle ?

a. $y = 2x$ **b.** $y = 0{,}5x$ **c.** $y = 0{,}5 + x$

5. À la pesée, un ouvrier mesure 34 kg de cerneaux de noix.

a. Calculer le volume d'huile qu'il obtiendra.

b. Vérifier le résultat obtenu en utilisant la représentation graphique (laisser les traits de construction apparents).

Exercice 15 ★★★

Pour maintenir l'eau d'un aquarium à la température désirée, on utilise un chauffe-eau électrique dont la puissance P dépend de l'aire de la surface S des vitres de l'aquarium.

Cette puissance est définie par la relation : $P = 0{,}75 \times S$, avec P puissance électrique en watts et S aire de la surface vitrée en dm^2.

On considère la fonction f définie pour x appartenant à l'intervalle $[0 ; 400]$: $f(x) = 0{,}75 \times x$.

1. Recopier et compléter le tableau de valeurs.

x	0	100	200	300	400
$f(x)$	0	…	…	…	…

2. a. Tracer la représentation graphique de la fonction f dans un repère ayant pour échelle :
– en abscisses : 1 cm pour 40 ;
– en ordonnées : 1 cm pour 50.

b. La représentation graphique est-elle celle d'une fonction linéaire ?

3. Déterminer graphiquement la puissance P du chauffe-eau à utiliser pour un aquarium ayant une surface vitrée de 160 dm^2. Laisser apparents les traits nécessaires à la lecture.

Vers l'examen

Compétences	Capacités	Questions
S'approprier	Rechercher, extraire et organiser l'information.	5
Analyser Raisonner	Émettre une conjecture, une hypothèse. Proposer une méthode de résolution, un protocole expérimental.	1 ; 7
Réaliser	Choisir une méthode de résolution, un protocole expérimental. Exécuter une méthode de résolution, expérimenter, simuler.	2 ; 3
Valider	Contrôler la vraisemblance d'une conjecture, d'une hypothèse. Critiquer un résultat, argumenter.	4 ; 6
Communiquer	Rendre compte d'une démarche, d'un résultat, à l'oral ou à l'écrit.	3 ; 4 ; 7

Situation

Pour recycler l'air d'une cuisine de restaurant, l'extraction doit être de plus de 600 m^3 en 35 minutes. Cyril, restaurateur, possède une hotte ayant trois positions d'aspiration :
– la position 1 correspond à 6 m^3 d'air aspiré par minute ;
– la position 2 correspond à 12 m^3 d'air aspiré par minute ;
– la position 3 correspond à 18 m^3 d'air aspiré par minute.
Laquelle doit-il choisir pour recycler l'air de sa cuisine ?

Questions

1 Quelle position de la hotte convient pour recycler l'air de la cuisine du restaurant en 35 minutes ? Émettre une hypothèse en l'argumentant.

• **La hotte est en position 2, soit 12 m^3 d'air aspiré par minute.**

2 Recopier et compléter le tableau de proportionnalité.

Temps t (en min)	0	5	…	15	45	60
Volume d'air V (en m^3)	0	…	120	…	…	720

($\times 12$)

3 Représenter graphiquement le volume d'air V en fonction du temps t dans un repère ayant pour échelle :
– en abscisses : 1 cm pour 10 min ;
– en ordonnées : 1 cm pour 60 m^3.

4 Vérifier graphiquement qu'en 35 minutes, 420 m^3 d'air est recyclé. Laisser apparents les traits utiles à la lecture.

• **Cyril met la hotte en position 3.**

5 La représentation graphique du volume d'air aspiré en fonction du temps, correspondant à cette position, est la droite rouge tracée dans le repère ci-contre.
Relever les coordonnées du point M.

6 En déduire le volume d'air aspiré par la hotte en 35 minutes.

7 Cyril affirme qu'en choisissant la position 3, l'air de sa cuisine sera recyclé en moins de 35 minutes. Est-ce le cas ? Justifier la réponse.

Chapitre 4

Situations du premier degré

Je vais apprendre à...

- Résoudre une équation du type $ax + b = c$.
- Résoudre un problème formalisé à l'aide d'une équation du premier degré.

Je découvre

Voici un tour de magie du magicien Abracamatic !

1. On désigne par la lettre x, le nombre choisi que doit retrouver Abracamatic.
Pour dévoiler son tour de magie, programmer la calculatrice de façon à obtenir un tableau des valeurs prises par x entre 1 et 20.

Méthode

Pour calculatrice Casio fx-92 collège 2D+
➜ Taper sur la touche **MODE**.
➜ Taper 4 pour sélectionner le mode **Table**.

La calculatrice affiche **f(X)=**	➜ Taper l'expression 2 × X − 5 EXE
La calculatrice affiche **Début ?**	➜ Taper 1 puis EXE
La calculatrice affiche **Fin ?**	➜ Taper 20 puis EXE
La calculatrice affiche **Pas ?**	➜ Taper 1 puis EXE

2. Vous refaites le tour du magicien Abracamatic avec l'un de vos camarades. Il annonce comme résultat 21… Quel nombre avait-il choisi ?

Activités

ACTIVITÉ 1 Traduire un problème en fonction d'une inconnue

Voici la liste de courses de Vincent et les prix de quatre articles parmi les cinq de sa liste.

- 1 pack d'eau
- 3 baguettes
- 4 briques de lait
- 1 lot d'éponges
- 2 bouteilles de produit vaisselle

Vincent a payé en tout 16,38 €.
Comment traduire cette liste de courses par une relation mathématique ?

1. Écrire la relation mathématique qui traduit la liste : « Charlotte achète quatre baguettes, deux briques de lait et un pack d'eau. Elle paie 8,15 €. »
2. Établir les listes de courses correspondant aux relations :
   - $0{,}97 + 2{,}41 \times 2 = 5{,}79$;
   - $(0{,}97 + 2{,}41) \times 2 = 6{,}76$.
3. Parmi les relations suivantes, choisir celle qui correspond à la liste de courses de Vincent.
   a. $2{,}41 + 3 \times 0{,}95 + 4 \times 0{,}97 + x + 2 \times 2{,}11 = 16{,}38$.
   b. $2{,}41 \times 6 + 3 \times 0{,}95 + 4 \times 0{,}97 + x + 2 \times 2{,}11 = 23{,}49$.
   c. $2{,}41 + 3 \times 0{,}95 + 4 \times 0{,}97 + 2 \times 2{,}11 = 16{,}38$.

ACTIVITÉ 2 Mettre en équation et tester une valeur

Un couple et leur enfant se rendent au cinéma pour voir le dernier film d'animation 3D du moment. Le prix d'une place adulte revient à 9,80 €. La sortie a coûté 24,50 €.
À combien revient une place tarif « enfant » ?

+

+

= 24,50 €

1. Que cherche-t-on ?
   a. le prix d'une place de cinéma tarif « adulte » ?
   b. le prix d'une place de cinéma tarif « enfant » ?
   c. le nombre de places de cinéma ?
2. On désigne par x le prix d'une place de cinéma « enfant ». Parmi les **équations** suivantes, recopier celle qui traduit le schéma de la situation :
   a. $2x + 9{,}80 = 24{,}5$.
   b. $x + 19{,}6 = 24{,}5$.
   c. $24{,}5x + 2 = 9{,}80$.
3. On donne l'équation $x + 19{,}6 = 24{,}5$.
   a. Calculer $x + 19{,}6$ en remplaçant x par 3,90.
   b. Proposer une valeur de x pour laquelle l'équation $x + 19{,}6 = 24{,}5$ est vérifiée.
4. En déduire le prix d'une place de cinéma pour les enfants.

Le mot « **équation** » vient du latin *aequare* qui signifie « rendre égal ».
C'est un outil mathématique qui permet, en traduisant un problème, d'en trouver la solution.

ACTIVITÉ 3 Résoudre une équation du type $ax + b = c$

L'équilibre d'une balance de Roberval est obtenu lorsque la masse du plateau de droite est égale à la masse du plateau de gauche.
On dépose 3 nectarines de masse identique sur un plateau et on réalise l'équilibre correspondant au dessin.
Quelle est la masse d'une nectarine ?

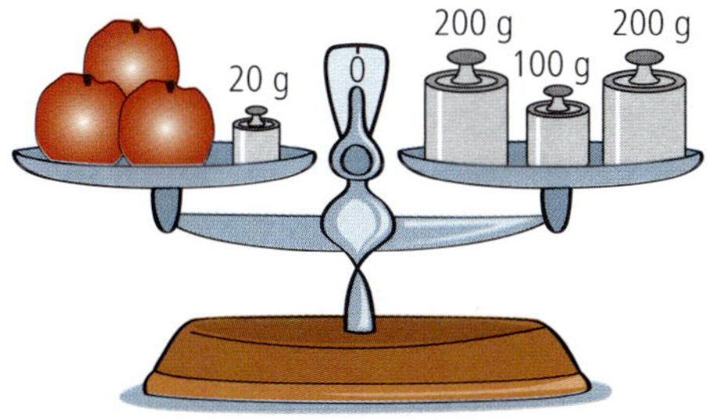

1. Quelle est l'**inconnue** dans cette situation ?
2. On désigne par x, la masse d'une nectarine. Parmi les équations proposées, écrire celle qui traduit l'équilibre de la balance.
   a. $x + 20 = 500$ **b.** $3 \times x + 500 = 20$
   c. $3 \times x + 20 = 500$ **d.** $3 \times x = 500 + 20$
3. **a.** Schématiser l'équilibre de la balance lorsqu'il ne reste plus que les trois nectarines de masse identique sur le plateau de gauche.
   b. Écrire l'équation traduisant ce nouvel équilibre.
   c. Rédiger une phrase traduisant cet équilibre.
4. Parmi ces nombres, 1 440 ; 483 ; 477 ; 160, indiquer celui qui est solution de l'équation $3 \times x = 480$.
5. En déduire la masse en grammes d'une nectarine.

Le mot « **inconnue** » vient du latin *incognitus* qui signifie « qui n'a pas été encore identifié ». C'est donc ce que l'on cherche à identifier.

ACTIVITÉ 4 Résoudre un problème

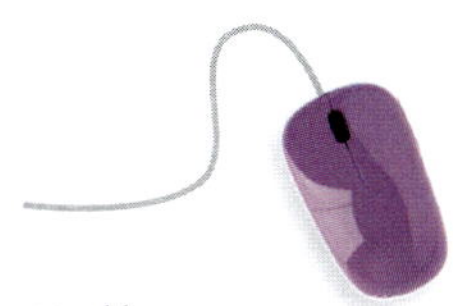

Anaïs veut embellir son jardin avec un bassin dans lequel elle envisage de mettre des poissons et des nénuphars.
Elle a réalisé le schéma suivant de son bassin.

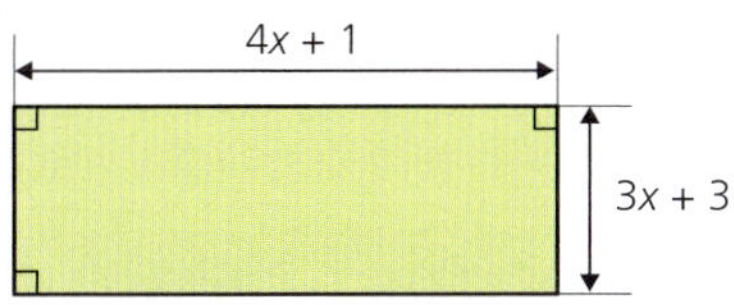

Le schéma ne respecte pas les proportions.
Les cotes sont en mètres.

Quelle doit être la valeur de x pour que son bassin ait une forme carrée ?

1. Quelle est l'égalité que doivent vérifier la longueur et la largeur du schéma pour que le bassin soit un carré ?
2. Pour trouver la valeur de x, on se propose de réaliser une feuille de calcul avec un tableur.

	A	B	C	D	E	F	G	H
1	valeur de x	0,5	1	1,5	2	2,5	3	3,5
2	4x+1	=4*B1+1						
3	3x+3							

   Parmi ces formules, laquelle doit-on saisir dans la cellule B3 ?
   a. =3*x+3 **b.** 3*B1+3 **c.** =3*B1+3
3. Recopier ce tableau dans la feuille de calcul d'un tableur.
4. Compléter les autres cellules en recopiant les formules pour chaque ligne du tableau.
5. Pour quelle valeur de x, en mètres, l'égalité est-elle vérifiée ?

L'essentiel

Vocabulaire des équations

Une équation est une égalité entre deux expressions où figure une lettre, très souvent x, appelée « inconnue ». Résoudre une équation revient à trouver la valeur de l'inconnue.

EXEMPLE :
La relation $3x + 12 = 57$ est une équation du premier degré à une inconnue.

Propriétés des équations

Pour résoudre une équation, on doit suivre deux propriétés :
– propriété ①: on peut ajouter ou soustraire un même nombre à chaque membre d'une équation ;
– propriété ②: on peut multiplier ou diviser par un même nombre non nul chaque membre d'une équation.

EXEMPLE :

Propriété ①

Ainsi,	$3x + 12 = 57$	
devient	$3x + 12 \boxed{-12} = 57 \boxed{-12}$	Je soustrais 12 à chaque membre
soit	$3x = 45$	

Propriété ②

Ainsi,	$3x = 45$	
devient	$\frac{3x}{\boxed{3}} = \frac{45}{\boxed{3}}$	Je divise par 3 chaque membre
soit	$x = 15$	

Résolution d'une équation du type $ax + b = c$

Pour résoudre cette équation, on applique par étapes les propriétés précédentes.
La solution de cette équation est donnée par la relation $x = \frac{c - b}{a}$.

EXEMPLE :
Dans l'équation $3x + 12 = 57$, on identifie les coefficients : $a = 3$, $b = 12$ et $c = 57$.

La solution de cette équation est donnée par la relation : $x = \frac{57 - 12}{3} = 15$.

Résolution d'une situation du premier degré à une inconnue

Pour résoudre un problème se ramenant à une situation du 1er degré à une inconnue, on procède par étapes.

1re étape
Lire et identifier l'inconnue
(ce que l'on cherche)

↓

2e étape
Traduire l'énoncé par une équation

↓

3e étape
Résoudre l'équation en respectant les propriétés

↓

4e étape
Mettre en valeur le résultat et conclure

↓

5e étape
Vérifier la justesse du résultat annoncé

EXEMPLE :
« Trois DVD et un CD à 12 € coûtent 57 €. Quel est le prix d'un DVD ? »
– 1re étape : l'inconnue notée x est le prix d'un DVD.
– 2e étape : $3 \times x + 12 = 57$.
– 3e étape : appliquer la propriété ① :
$3 \times x = 57 - 12$ soit $3 \times x = 45$.
puis la propriété ② : $x = \frac{45}{3}$.
– 4e étape : $x = 15$. Le prix d'un DVD est de 15 €.
– 5e étape : vérifier, en remplaçant x par 15 dans le 1er membre de l'équation :
$3 \times 15 + 12 = 45 + 12 = 57$! Valeur qui correspond au 2nd membre de l'équation.

Combien de cartes peut-on faire imprimer pour un budget donné ?

Pour la réalisation de sa carte des menus, Alexandre, restaurateur de l'établissement Aux mille délices, contacte une agence de communication qui lui propose les tarifs suivants :

– 175 € de frais pour la conception de la carte des menus ;
– auxquels on ajoute 0,25 € par exemplaire imprimé.

Alexandre ne peut pas dépasser 300 euros pour ce budget.

Combien de cartes des menus pourra-t-il faire réaliser avec un budget de 300 € ?

1. **Calculer** le coût de revient pour un tirage :
   – de 450 exemplaires ;
   – de 550 exemplaires.

2. Dans la situation proposée, **identifier** les éléments suivants :
   – l'inconnue ;
   – le budget maximum ;
   – les frais de conception.

3. On choisit d'appeler x l'inconnue. Quelle expression permet de calculer le coût de revient en fonction du nombre de cartes des menus ?
   a. $175 \times x + 0,25$
   b. $0,25 \times x + 300$
   c. $0,25 \times x + 175$

4. Alexandre veut déterminer le nombre de cartes des menus qu'il peut faire réaliser pour un budget de 300 €. **Écrire** l'équation à résoudre.

5. **Résoudre** l'équation en détaillant les étapes de la résolution.

6. **En déduire** le nombre maximum de plaquettes que le restaurateur peut obtenir avec un budget de 300 €.

Aide

1. **Faire** la somme de 175 et du produit du nombre de plaquettes par 0,25 (450, puis 550). **Conclure** en rédigeant une phrase.
2. **Identifier** ce que l'on cherche dans cette situation.
3. **Remplacer** le nombre de cartes des menus par la lettre x.
   Écrire l'expression mathématique correspondant à la somme de 175 et du produit de x par 0,25.
4. **Écrire** l'égalité entre l'expression mathématique où figure l'inconnue et le budget de 300 € ; cela revient à résoudre une équation du type $ax + b = c$.
5. **Chercher** la valeur de x pour laquelle l'égalité $0,25x + 175 = 300$ est vérifiée en respectant les propriétés des équations du 1er degré à une inconnue.
6. **Rédiger** une phrase où la valeur x trouvée en résolvant l'équation est la solution du problème.

Corrigé

1. $0,25 \times 450 + 175 = 287,5$. $0,25 \times 550 + 175 = 312,5$.
Le restaurateur paiera 287,5 € s'il fait réaliser 450 cartes des menus, et 312,5 € s'il en fait réaliser 550. Dans ce cas, il dépasse le budget fixé à 300 €.
2. L'inconnue dans cette situation est le nombre de cartes des menus. Le budget maximum est de 300 € et les frais de conception s'élèvent à 175 €.
3. L'expression traduisant la situation est : $0,25 \times x + 175$.
4. L'équation traduisant la situation est : $0,25 \times x + 175 = 300$.
5. En appliquant les propriétés des équations du 1er degré, l'équation devient : $x = 125/0,25$ d'où $x = 500$.
6. Le nombre maximum de plaquettes que le restaurateur peut commander est de 500.

Exercices

Exercices d'application

Traduire un problème par une équation

Exercice 1 ★

Lors d'un championnat du monde de skateboard, Hakim a compté 192 roues.

1. Observer la photo. Combien y a-t-il de roues sur un skateboard ?

2. On désigne par x le nombre de skateboards lors du championnat.

a. Parmi les expressions suivantes, laquelle donne le nombre de roues en fonction de x ?

1) $4 + x$ 2) $4 \times x$ 3) $\frac{4}{x}$ 4) $4 - x$

b. Combien y avait-il de skateboards lors de ce championnat ?

Exercice 2 ★★

1. Associer chaque affirmation à la bonne expression.

Affirmation	
Le double de x	1
La somme de x et de 2	2
La moitié de x	3
Le produit de x et de 2	4
La somme du produit de 3 par x et de 2	5
Le triple de x	6

	Expression
a	$3 \times x + 2$
b	$3 \times x$
c	$2 \times x$
d	$\frac{x}{2}$
e	$x + 2$

La somme est le résultat de l'addition de nombres.
Le produit est le résultat de la multiplication de nombres.

2. Deux affirmations ont la même signification. Lesquelles ?

Reconnaître une équation du 1er degré à une inconnue

Exercice 3 ★

Parmi les expressions algébriques ci-dessous, lesquelles sont des équations du 1er degré à une inconnue ?

$x + 2 = 6$; $5 \times x - 3 \times y = 2$; $4y - 3 < 1$; $x^2 - 4 = 9$; $2 \times t - 5 = 0$; $\frac{x}{4} - 4 = 8$; $100 = 9{,}8 \times m$

Exercice 4 ★

Soit les équations du 1er degré à une inconnue suivantes :

1) $5x - 2 = 13$ 2) $t + 4 = 6$ 3) $330 = 220 \times I$

▸ Indiquer pour chaque équation l'inconnue, le ou les termes constants, le 1er membre de l'équation, le 2nd membre de l'équation.

Résoudre une équation du type $ax + b = c$

Exercice 5 ★★

1. Voici un extrait de la résolution de l'équation $0{,}6t + 3 = 12$ faite par Arnold. Des étapes sont manquantes, les retrouver.

Je retranche 3 à chaque membre

Je ▭ chaque membre par ▭

$0{,}6t + 3 = 12$ → (▭)

$0{,}6t = $ ▭ → ($\div 0{,}6$)

$t = 15$

2. Résoudre de la même façon les équations :

a. $0{,}5x - 1 = 5$ **b.** $2x - 3 = 5$ **c.** $-3x - 1 = -10$

Exercice 6 ★★

On cherche la masse des objets suivants : 

Pour cela, on réalise pour chaque objet un équilibre grâce à la balance de Roberval. L'unité de masse est le gramme.

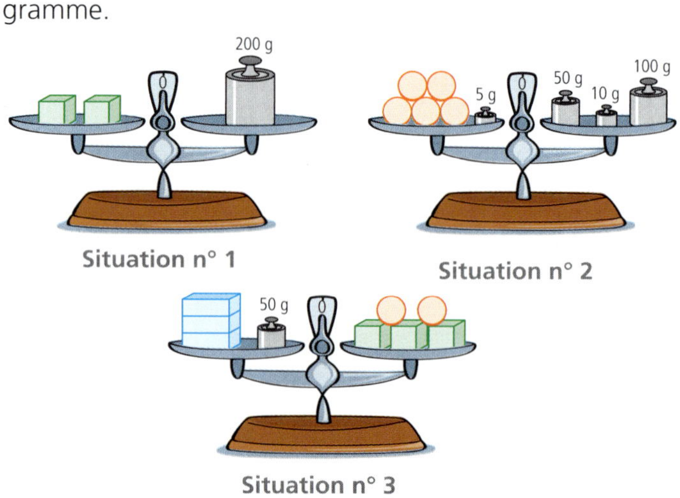

1. Traduire chacune des situations par une équation.

2. Résoudre chaque équation.

3. En déduire la masse de chaque objet.

Résoudre une situation en utilisant une équation du type $ax + b = c$

Exercice 7 ★

Pendant les vacances, deux accompagnateurs d'un centre de loisirs amènent des jeunes adolescents (13 ans) à la Géode.

Tarifs	
Adultes	10,50 €
Moins de 25 ans	9 €

1. Quel est le prix payé pour un groupe composé de 15 adolescents et 2 accompagnateurs ?

2. On note x le nombre d'adolescents. Il y a toujours deux accompagnateurs.

a. Quelle expression permet de calculer le montant, en €, payé par ce groupe ?

a) $2 \times 10{,}5 + x \times 10{,}5$ b) $2 \times 10{,}5 + x \times 9$

c) $2 \times 9 + x \times 9$

b. Le jour de la sortie, un adulte supplémentaire accompagne le groupe de x adolescents. Écrire la nouvelle expression permettant de calculer le montant payé.

Exercice 8 ★★

La quantité de médicament Q, en mL, que peut contenir une gélule, dépend de sa hauteur selon la relation $h = 0{,}4Q + 1{,}12$.
Un modèle de gélule a une hauteur de 1,68 cm.

1. Résoudre l'équation $1{,}68 = 0{,}4Q + 1{,}12$.

2. En déduire la quantité de médicament, en mL, contenu dans cette gélule.

Exercice 9 ★★

Lina prend dans une cafétéria un café et deux pains au chocolat. Elle paie 3,70 €.
Elle sait que le café coûte 1,50 € car elle en prend un tous les matins. En revanche, elle ne se souvient plus du prix d'un pain au chocolat et souhaiterait le retrouver.

1. Soit x le prix d'un pain au chocolat. Choisir l'expression qui traduit la situation.

a) $x + 1{,}50 = 3{,}70$ b) $2x + 3{,}70 = 1{,}50$

c) $2x + 1{,}50 = 3{,}70$

2. Résoudre l'équation choisie et en déduire le prix du pain au chocolat.

Exercice 10 ★★★

La grille rectangulaire d'un four mesure x cm de largeur. Sa longueur mesure 11 cm de plus que sa largeur.

1. Proposer un schéma de la situation.

2. Exprimer le périmètre de la grille en fonction de x.

3. Le périmètre de la grille est en réalité de 152 cm. Quelle égalité doit vérifier x ?

a) $2x + 11 = 152$ b) $4x + 22 = 152$

c) $4x + 44 = 152$

4. Parmi ces valeurs, indiquer celle qui vérifie l'égalité choisie : 11 ; 27 ; 32,5.

5. Donner les dimensions de cette grille.

Exercice 11 ★

La puissance électrique P est le produit de la tension électrique U par l'intensité électrique I.

▶ Une plaque à induction est alimentée par une tension U de 220 V et a une puissance P de 2 800 W. Calculer, en A, l'intensité électrique traversant cette plaque à induction. Arrondir le résultat au dixième.

Exercice 12 ★★

Jules examine sa facture d'électricité. Tous les mois, il paye un abonnement de 13 € auquel s'ajoute le prix de sa consommation d'électricité facturée 0,14 € le kilowattheure (kWh).

1. Calculer le coût d'une consommation mensuelle de 100 kWh.

2. On désigne par x la consommation électrique mensuelle en kWh. Exprimer le montant de la facture en fonction de x.

3. En janvier, Jules a consommé 375 kWh. Justifier en utilisant l'expression algébrique précédente que sa facture s'élève à 65,50 €.

4. Au mois de juillet, le montant de la facture de Jules s'élève à 34 €.

a. Résoudre l'équation : $0{,}14x + 13 = 34$.

b. En déduire sa consommation, en kWh, au mois de juillet.

Exercices

Auto-évaluation

Pour chaque amorce de phrase, recopier la (ou les) bonne(s) réponse(s).

1 Le nombre manquant ❂ de la relation $2 \times ❂ - 4 = 12$ est :

a) 4 b) 8 c) 16

2 L'équation du 1er degré à une inconnue est l'équation :

a) $2x + 3y = 5$ b) $2x + 3 = 5$ c) $2x + 3 > 5$

3 Dans l'équation $8t - 3 = 15$:

a) le 2nd membre est une expression numérique

b) l'inconnue est x

c) $8t$ est le 1er membre de l'équation

4 L'équation qui traduit l'énoncé « la somme de 5 et du double de x est égale à 7 » est :

a) $2x + 7 = 5$ b) $2x + 5 = 7$ c) $\frac{x}{2} + 5 = 7$

5 Arthur cherche à résoudre l'équation $3x - 5 = 10$. Il utilise un tableur et obtient la copie d'écran ci-contre.
La solution de l'équation est :

	A	B	C	D	E	F	G	H	I	J	K	L
1	x	0	1	2	3	4	5	6	7	8	9	10
2	3x-5	-5	-2	1	4	7	10	13	16	19	22	25

a) 5 b) 10 c) 25

6 La valeur -8 est la solution de l'équation :

a) $2x = 16$ b) $2x = -16$ c) $2x + 36 = 4$

7 Le périmètre d'un rectangle est de 108 cm. La longueur de ce rectangle est le double de sa largeur. L'équation qui permet de déterminer les dimensions de ce rectangle est :

a) $(2x + x) \times 2 = 108$ b) $2x + x = 108$ c) $6x = 108$

8 Une plaque à induction de puissance P égale à 2 800 W est alimentée par une tension électrique de 220 V. On donne la formule : $P = U \times I$. L'intensité, en A, traversant cette plaque est donc :

a) 616 000 A b) 12,7 A c) 0,08 A

→ Réponses p. 192

Exercices d'approfondissement

Exercice 13 ★★

Kévin achète trois articles de bricolage dont voici les étiquettes de prix.

Prise électrique encastrable
Réf 66445204
4,40 €

Tournevis électricien
4 x 100 mm
Réf 63420336
2,60 €

Câble électrique noir
U1000R2V
Réf 64217391
2,90 €/m

Il donne un billet de 20 € ; le vendeur lui rend 4,30 €. Combien de mètres de câble électrique a-t-il pris ?

1. Que cherche-t-on ? On notera x cette grandeur.

2. Parmi les équations suivantes, laquelle traduit l'énoncé ?

a. $7 + 2,9 \times x = 20$ b. $7 \times x + 2,9 = 20$

c. $7 + 2,9 \times x = 15,7$ d. $7 \times x + 2,9 = 15,7$

3. Résoudre l'équation pour trouver la valeur de x.

4. En déduire le nombre de mètres de câble acheté par Kévin.

Exercice 14 ★★★

En Angleterre, la température notée T s'exprime en degré Fahrenheit (°F). En France, elle se note θ et s'exprime en degré Celsius (°C).
La correspondance entre les degrés Fahrenheit et les degrés Celsius est donnée par la relation :
$T = 1,8 \times \theta + 32$.

1. Déterminer, à l'aide de la relation, la température T en °F correspondant à 10 °C.

2. Sur internet, on trouve une température moyenne pour le mois de février de 43 °F.

a. Réécrire la relation en remplaçant la température en degré Fahrenheit par la valeur de février.

b. La température en degré Celsius peut-être déterminée grâce à l'équation : $1{,}8x + 32 = 43$. Résoudre cette équation. Arrondir à l'unité.

3. En déduire la température en °C correspondant à 43 °F.

Exercice 15 ★★★

Pour des raisons de santé, il est nécessaire de limiter ses efforts, par exemple durant des activités sportives, afin de ne pas dépasser un certain rythme cardiaque.

Pendant longtemps, la relation entre la fréquence cardiaque maximum recommandée (en battements/minute) et l'âge de la personne a été décrite par la formule suivante :

> **Formule ①** : *Fréquence cardiaque maximum recommandée* = 220 − âge.

Des recherches récentes ont montré que cette formule devait être légèrement modifiée. La nouvelle formule est :

> **Formule ②** : *Fréquence cardiaque maximum recommandée* = 208 − (0,7 × âge).

1. Proposer une méthode pour déterminer l'âge x pour lequel les deux formules sont égales.

2. Pour trouver la valeur de x, une méthode consiste à réaliser une feuille de calcul avec un tableur :

	A	B	C	D	E	F	G	H	I	J	K	L	M	N	O	P	Q
1	âge x	5	10	15	20	25	30	35	40	45	50	55	60	65	70	75	80
2	1re formule : 220-x	215															
3	2e formule : 208-0,7*x	204,5															

a. Quelle formule doit-on entrer dans la cellule B2 pour obtenir la fréquence cardiaque maximum recommandée avec la formule ① ?

b. Quelle formule doit-on entrer dans la cellule B3 pour obtenir la fréquence cardiaque maximum recommandée avec la formule ② ?

3. a. Ouvrir le fichier Chap4_Ex15 et compléter le tableau en saisissant les formules.

b. Pour quelle valeur de x les deux formules sont-elles égales ?

4. En déduire l'âge et la fréquence cardiaque maximum recommandée (battements/min) pour lesquels les deux formules sont identiques.

Exercice 16 ★★★

Soufiane vient d'acquérir un terrain rectangulaire d'aire égale à 1 500 m² et de largeur $\ell = 30$ m.

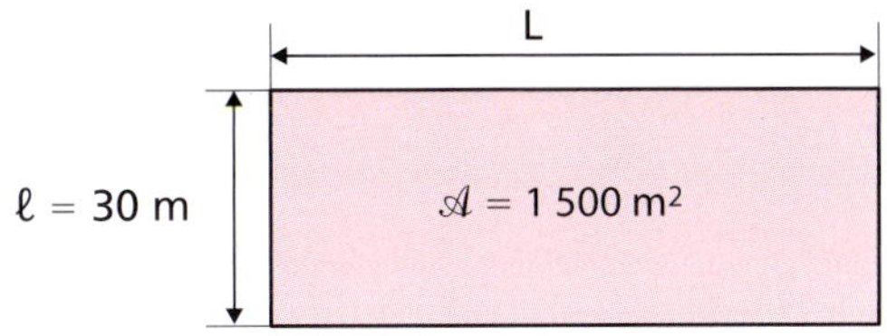

1. Exprimer l'aire du terrain en fonction de sa longueur L.

2. Résoudre l'équation $1\,500 = 30 \times L$.

3. En déduire la longueur du terrain.

4. Soufiane voudrait grillager le contour de son terrain.

a. Calculer, en m, le périmètre du terrain en prenant comme longueur L = 50 m.

b. Il dispose de 150 m de grillage, est-ce suffisant ? Justifier.

c. Déterminer la longueur maximale L pour laquelle 150 m de grillage seraient suffisants.

Exercice 17 ★★★

Voici un nouveau tour de magie du magicien Abracamatic.

- Choisir un nombre.
- Le multiplier par 5.
- Soustraire 3 au produit obtenu.

1. Quel est le résultat obtenu si le nombre choisi est :

a. 3 ? **b.** 0 ? **c.** x ?

2. Quel est le nombre choisi si le résultat obtenu est :

a. 2 ? **b.** 17 ? **c.** − 18 ?

Vers l'examen

Compétences	Capacités	Questions
S'approprier	Rechercher, extraire et organiser l'information.	3 ; 5
Analyser Raisonner	Émettre une conjecture, une hypothèse. Proposer une méthode de résolution, un protocole expérimental.	1 ; 6
Réaliser	Choisir une méthode de résolution, un protocole expérimental. Exécuter une méthode de résolution, expérimenter, simuler.	2.a ; 4 ; 7.a
Valider	Contrôler la vraisemblance d'une conjecture, d'une hypothèse. Critiquer un résultat, argumenter.	2.b ; 8
Communiquer	Rendre compte d'une démarche, d'un résultat, à l'oral ou à l'écrit.	1.b ; 7.b ; 8

Situation

Le responsable d'une entreprise de vente de produits électroménagers propose au choix à ses vendeurs deux types de contrat pour fixer le montant de leur salaire mensuel :
– contrat 1 : 800 € auxquels s'ajoute 12,50 € pour chaque vente réalisée dans le mois ;
– contrat 2 : le montant du salaire est fixé à 2 200 €.
Youri a choisi le contrat 1 tandis que Myriam a choisi le contrat 2.
Youri affirme qu'il doit réaliser au moins 112 ventes pour arriver au même salaire que Myriam.
A-t-il raison ?

Questions

1 Proposer une méthode pour vérifier l'affirmation de Youri. Rédiger une proposition.

• **Étude du contrat 1**

2 a. Youri a réalisé au mois de septembre dernier 80 ventes de produits électroménagers. Quel salaire a-t-il perçu ?
b. Vérifier que pour dégager un salaire de 2 500 €, Youri doit réaliser 136 ventes dans le mois.

3 Dans la situation proposée, que cherche-t-on ?

4 Dans la suite de l'évaluation, on désigne par x l'inconnue. Quelle expression permet de calculer le montant du salaire mensuel de Youri ?
a) $12{,}5 \times 800 + x$ b) $12{,}5 \times x + 800$ c) $12{,}5 + x \times 800$

• **Étude du contrat 2**

5 Quel est le salaire mensuel de Myriam si elle réalise 80 ventes ? 140 ventes ?

6 Que peut-on dire de l'évolution du salaire de Myriam en fonction du nombre de ventes réalisées ?

• **Équivalence des deux contrats**

On souhaite déterminer le nombre de ventes que doit réaliser Youri pour avoir un salaire de 2 200 €.

7 a. Résoudre l'équation $12{,}5x + 800 = 2\,200$.
b. Donner le nombre de ventes que Youri doit réaliser pour avoir le même salaire que Myriam.

8 Le résultat obtenu confirme-t-il l'affirmation de Youri ? Justifier.

Chapitre 5

Données et représentations statistiques

Je vais apprendre à...

- **Lire des données statistiques présentées dans un graphique ou dans un tableau.**
- **Identifier le caractère qualitatif ou quantitatif d'une situation donnée.**
- **Représenter une série statistique par un diagramme en bâtons, un diagramme en secteurs circulaires.**

Je découvre

Monsieur Durand reçoit son historique de consommation d'eau des années 2010 à 2013 pour sa résidence secondaire. Les volumes sont indiqués en m^3 (mètres cube).

Afin d'estimer sa consommation pour 2014, il doit prendre en compte des conditions particulières :

– il a été plus souvent présent en 2014 dans sa résidence secondaire qu'en 2012 et a donc consommé plus d'eau ;

– il y a eu moins de personnes présentes au total en 2014 qu'en 2013.

Il pense donc que sa consommation 2014 devrait être comprise entre les volumes relevés en 2012 et ceux en 2013.

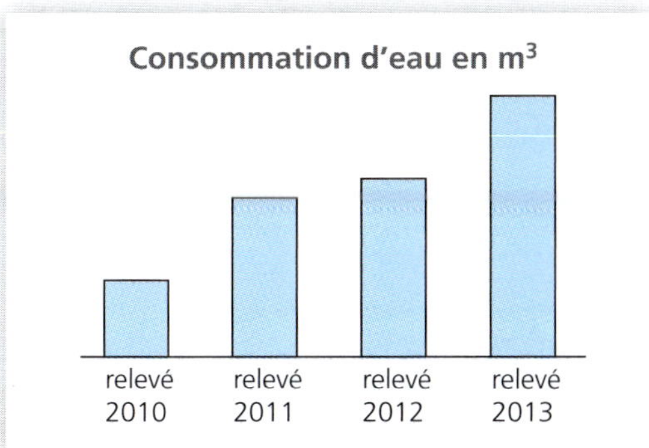

1. Que peut-on dire de l'évolution de la consommation d'eau de Monsieur Durand entre 2010 et 2013 ?
2. Sachant que les volumes d'eau relevés en 2010 et 2012 sont respectivement 12 et 28 m^3, à quels relevés correspondent les volumes 25 et 41 m^3 ?
3. Entre quels volumes (exprimés en m^3) devrait se situer la consommation d'eau de M. Durand pour 2014 ?

ACTIVITÉ 1 Utiliser le vocabulaire de la statistique

Dans le cadre de son stage en entreprise, Yoann réalise une étude sur l'usage des téléphones portables. Il interroge les 175 employés de son entreprise d'accueil sur l'utilisation principale qu'ils font de leur smartphone.
Les réponses qui ressortent du sondage sont les suivantes : regarder des vidéos, prendre des photos, écouter la radio, téléphoner, envoyer des SMS. Par exemple, sur les 175 employés, 62 utilisent principalement leur appareil pour envoyer des SMS.
Yoann établit le bilan de son sondage sous forme de questions – réponses.

Yoann a eu des problèmes avec son fichier et a perdu la correspondance questions-réponses. Faire correspondre chaque réponse à la bonne question.

Questions
1. Quelle est la population étudiée ?
2. Quel est l'effectif total ?
3. Quelle est la **variable** étudiée ?
4. La variable est-elle **qualitative** ?
5. La variable est-elle **quantitative** ?
6. Que représente le nombre 62 ?

Réponses
A. C'est l'effectif des personnes qui utilisent leur appareil principalement pour envoyer des SMS.
B. Oui, car elle ne peut pas se mesurer.
C. Non.
D. L'entreprise comprend 175 employés.
E. On étudie l'utilisation principale du smartphone.
F. L'étude porte sur les employés d'une entreprise.

La **variable** d'une étude est ce qui varie. Il peut s'agir de nombres ou de mots.

- **quantitatif** → quantité → nombre
- **qualitatif** → qualité → mot

ACTIVITÉ 2 Construire un diagramme en bâtons

Le service social d'aide à l'enfance d'une commune propose de réaliser une enquête sur le nombre d'enfants présents dans chaque foyer.
Voici la synthèse des réponses reçues :

– 1 enfant au foyer : ⧄ ⧄ |
– 2 enfants au foyer : ⧄ ⧄ ⧄ ⧄ ⧄
– 3 enfants au foyer : ⧄ ⧄ ⧄ ⊏
– 4 enfants au foyer : ⧄ ⧄
– 5 enfants et plus au foyer : ⊏
(⧄ correspond à un effectif de 5)

1. Reproduire et compléter le tableau avec les informations données dans le texte.

Nombre d'enfants au foyer	1	2	3	4	5 et plus
Nombre de foyers	11	…	…	…	…

2. Reproduire et compléter le diagramme en bâtons ci-dessous.

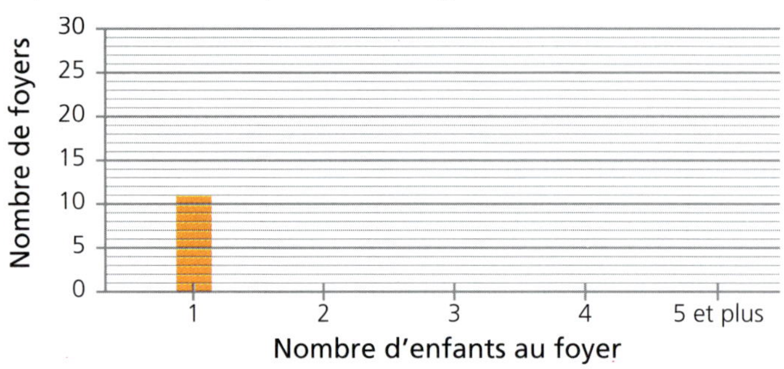

Méthode
La hauteur des barres dans un diagramme en bâtons doit être proportionnelle à l'effectif, ici le nombre de foyers.

ACTIVITÉ 3 Regrouper des données en classe et lire un histogramme

La médecin scolaire d'un lycée professionnel veut sensibiliser les élèves au respect de leur temps de sommeil.

Un premier sondage est réalisé auprès des 24 élèves d'une classe de terminale bac pro. Ils sont interrogés sur leur durée de sommeil par nuit. Voici les réponses obtenues :

5 h 00 – 6 h 30 – 5 h 45 – 7 h 30 – 8 h 00 – 6 h 45 – 6 h 00 – 7 h 15 – 8 h 10 – 6 h 30 – 7 h 15 – 7 h 45 – 6 h 45 – 7 h 20 – 6 h 50 – 7 h 00 – 6 h 10 – 7 h 30 – 6 h 30 – 7 h 00 – 7 h 15 – 6 h 50 – 7 h 30 – 7 h 00

La médecin exploite les réponses sous la forme d'un diagramme nommé « **histogramme** ».

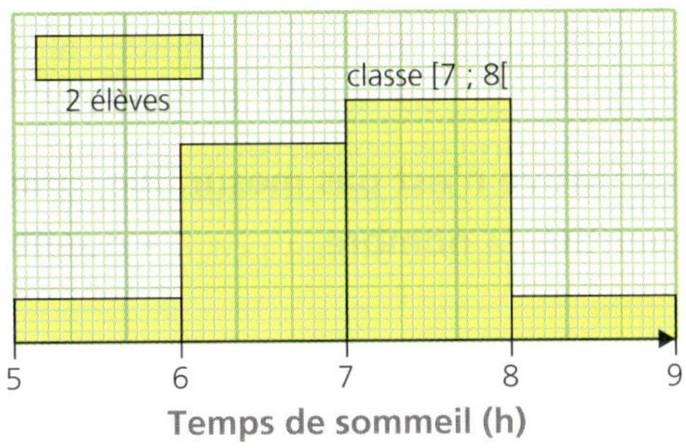

Dans un **histogramme**, les effectifs sont regroupés par intervalles (ou **classes**).
Pour la classe [5 ; 6[, la valeur 5 est comprise et la valeur 6 est exclue.

1. Quelle est la classe la plus représentée ?
2. Reproduire le tableau suivant et le compléter.

Temps de sommeil (h)	[5 ; 6[	…	…	[8 ; 9[
Nombre d'élèves	…	…	11	…

ACTIVITÉ 4 Construire un diagramme circulaire

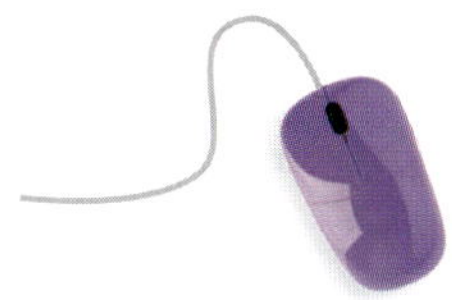

« En 2011, 36 % des émissions de CO_2 de la France métropolitaine sont produites par le secteur des transports. Dans ce secteur, le mode routier est le principal contributeur avec 95 % des émissions. » (Rapport Citepa – Avril 2013.)

Le tableau ci-dessous donne la répartition des émissions de CO_2 par type de transport routier.

Type de transport routier	Poids lourds	Voitures particulières	Véhicules utilitaires	2 roues
Émissions de CO_2 (%)	23,7	56,8	18,3	1,2

1. Ouvrir le fichier chap5_Activité4 avec le logiciel Excel.
2. À partir du tableau, générer le diagramme en secteurs circulaires en suivant la procédure :
   – Sélectionner les cellules A1 à B5 en maintenant le bouton gauche de la souris enfoncé.
   – Cliquer sur Insertion.
   – Cliquer sur l'icône Secteurs. Cliquer sur une représentation en 2D ou 3D.
   – Choisir une des mises en forme proposées dans Dispositions du graphique.

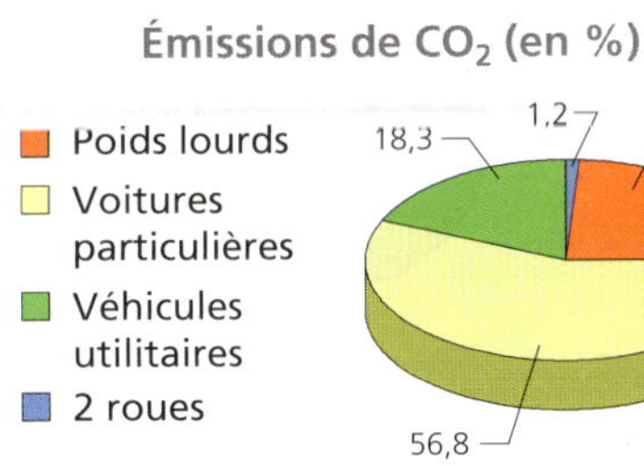

Méthode Si les pourcentages apparaissent avec des valeurs entières, cliquer sur les valeurs du graphique, puis avec un clic droit sélectionner Mettre en forme les étiquettes de données. Sélectionner ensuite Nombre, puis Pourcentage.

Vers l'examen

Compétences	Capacités	Questions
S'approprier	Rechercher, extraire et organiser l'information.	1 ; 2 ; 3 ; 4
Analyser Raisonner	Émettre une conjecture, une hypothèse. Proposer une méthode de résolution, un protocole expérimental.	4 ; 7
Réaliser	Choisir une méthode de résolution, un protocole expérimental. Exécuter une méthode de résolution, expérimenter, simuler.	5 ; 6 ; 7
Valider	Contrôler la vraisemblance d'une conjecture, d'une hypothèse. Critiquer un résultat, argumenter.	5 ; 8
Communiquer	Rendre compte d'une démarche, d'un résultat, à l'oral ou à l'écrit.	8

Situation

L'écologie est un sujet qui passionne Jérémie. Il s'intéresse tout particulièrement aux différentes sources d'énergie électrique, c'est le thème qu'il a choisi pour son mémoire de fin d'étude. Voici les informations qu'il a obtenues sur les énergies renouvelables.

En 2010, la production d'électricité renouvelable en France métropolitaine s'élevait à 83 TWh et représentait 15 % de la production totale d'électricité (Source RTE).

L'origine de cette production se décompose de la façon suivante :

- photovoltaïque : 0,6 TWh ;
- éolien : 9,4 TWh ;
- biomasse et déchets : 5 TWh ;
- hydroélectrique : 68 TWh.

(1 TWh [térawattheure] = 10^{12} Wh).

Questions

1. Quel est le sujet de l'étude statistique citée dans le texte ?
2. Quel est le caractère étudié dans cette série statistique ?
3. Ce caractère est-il qualitatif ou quantitatif ?
4. Retrouver dans le texte la production totale d'électricité d'origine renouvelable en France en 2010. Vérifier ce nombre.
5. Reproduire le tableau. Compléter la colonne 2 en reprenant les informations du texte.

Origine de la production d'électricité renouvelable	Quantité d'électricité (TWh)	Mesure des angles (°)
Photovoltaïque	0,6	…
Biomasse et déchets	…	…
Éolien	9,4	41
Hydroélectricité	…	…
Total	83	360

6. Compléter la troisième colonne du tableau.
Arrondir les calculs au degré (formule : $\frac{\text{effectif} \times 360}{83}$).
7. Illustrer la répartition des origines de production à l'aide d'un diagramme circulaire.
8. Au vu du diagramme circulaire, justifier l'affirmation suivante : « L'énergie produite par l'hydroélectricité représente plus des ¾ de la production totale d'énergie électrique d'origine renouvelable. »

Chapitre 6

Calculs statistiques

Je vais apprendre à...

- Déterminer le maximum et le minimum d'une étude statistique.
- Calculer et interpréter les sommes par ligne et par colonne d'un tableau d'effectifs.
- Calculer des fréquences.
- Calculer la moyenne d'une série statistique, la somme des données étant connue.
- Lire et interpréter les données d'un tableau à double entrée.

Je découvre

Une société spécialisée dans la vente de produits chimiques souhaite augmenter son équipe de huit commerciaux qui se déplacent sur la France entière.
Pour cela, son directeur commercial recense les distances parcourues en 2014 par chaque commercial.
Les résultats, en kilomètres, sont donnés dans le tableau ci-dessous.
Ce directeur envisage de recruter un nouvel agent commercial – et donc d'acheter un nouveau véhicule – si la distance moyenne parcourue au cours de l'année 2014 par les commerciaux est supérieure à 30 000 kilomètres.

Sarah	Guillaume	Ibrahim	Léna
32 100	25 600	28 400	30 600

Antoine	Yacine	Marjorie	Nicolas
28 000	29 700	33 000	35 000

1. Donner le prénom du commercial qui a parcouru en 2014 :
   – la distance la plus faible ;
   – la distance la plus importante.
   Noter la valeur des distances correspondantes.
2. Sans faire de calculs et au vu de la réponse à la question précédente, la distance moyenne parcourue en 2014 peut-elle être 24 000 35 500 30 300 km ? Parmi ces trois réponses possibles, une seule est bonne. Justifier la réponse.
3. Le directeur commercial doit-il embaucher un nouvel agent commercial et acheter un véhicule supplémentaire ?

Activités

ACTIVITÉ 1 Déterminer le minimum, le maximum. Calculer une fréquence

Le maire d'une commune d'Île-de-France établit un bilan du niveau sonore des 15 cantines scolaires de sa commune.
Les relevés du niveau sonore des cantines (en décibels) sont les suivants.

82	89	80	79	83	82	84	78	79	76	83	85	86	82	78

1. Quelle est la variable étudiée dans cette série statistique ?
2. Quel est le minimum de cette série statistique ?
3. Quel est le maximum de cette série statistique ?
4. Reproduire et compléter ce tableau, en indiquant l'effectif des cantines où le niveau sonore est supérieur ou égal à 85 dB.

Niveau sonore (dB)	< 85	$\geqslant 85$	Total
Effectifs	12	…	15
Fréquences (%)	…	…	100

5. Calculer la **fréquence** de cantines où le niveau sonore est supérieur ou égal à 85 dB. Compléter le tableau.
6. Calculer la fréquence de cantines où le niveau sonore est strictement inférieur à 85 dB. Compléter le tableau.

La **fréquence** est le rapport du nombre de fois où apparaît une même valeur d'une variable statistique sur l'effectif total.

ACTIVITÉ 2 Calculer une moyenne

Les températures relevées la première semaine du mois d'août 2013 à Florence en Italie sont les suivantes.

34	37	37	36	37	36	39

1. Reproduire et compléter le tableau ci-dessous.

Température (°C)	34	36	37	39
Effectifs	1	…	…	…

Formule de calcul de la moyenne

$$\overline{x} = \frac{\text{Somme (valeurs} \times \text{effectifs)}}{\text{Effectif total}}$$

2. Calculer la moyenne des températures de cette première semaine d'août.

Moyenne $= \dfrac{34 \times 1 + 36 \times \ldots + 37 \times \ldots + 39 \times \ldots}{1 + \ldots + \ldots + \ldots}$. Arrondir à 0,1.

Méthode La moyenne d'une série statistique (notée $\overline{x}$) peut être obtenue simplement à la calculatrice.

TI-Collège Plus

1) Entrée des données :
[stat calc] Permet de créer :
– L1, la liste des valeurs de la variable ;
– L2, la liste des effectifs correspondants.
Chaque valeur et effectif est entré et validé à l'aide de la touche [entrer]
L1 : 34 ; 36 ; 37 … ; L2 : 1 ; 2 ; 3 …

2) Calculs :
[2nde] [stat calc] [entrer]

1-VAR STATS
DONNEES : L1 L2 L3
EFF : 1 L1 L2 L3
CALC

Puis cliquer sur CALC et [entrer]
On lit : N = effectif total et $\overline{x}$ = moyenne

Casio fx-92 2D+

1) Entrée des données :
[MODE CONFIG] [2] [1] sélectionne le mode statistique (STAT) à une variable.
Entrer chaque valeur suivi de [EXE] pour la valider.

STAT X	D EFFC
34	1
36	2
37	3

Utiliser le curseur pour se déplacer d'une colonne à l'autre. X représente les valeurs de la variable et EFFC signifie « effectif ».

2) Calculs :
[AC] [SECONDE] [1] [4] [2] [EXE] permet d'afficher la moyenne $\overline{x}$.

ACTIVITÉ 3 Croiser deux caractères

Le secrétaire d'un club d'escalade établit un tableau statistique selon l'âge et le sexe des 128 inscrits au club lors du Forum des Associations de la commune.

Âge (années) / Sexe	Moins de 18 ans	18 ans et plus	Total
Garçons	31	53	…
Filles	21	23	44
Total	52	…	128

1. Quels sont les deux caractères statistiques étudiés ?
2. Calculer le nombre total de garçons inscrits.
3. En déduire la fréquence en pourcentage de garçons inscrits par rapport à l'effectif total. Arrondir à 0,1.
4. Rechercher à quoi correspond le nombre « 21 » du tableau.
5. Rechercher le nombre correspondant aux garçons de 18 ans et plus.
6. Calculer le nombre d'inscrits ayant un âge supérieur ou égal à 18 ans.
7. Quelle fréquence représentent les garçons parmi les inscrits de 18 ans et plus ? Arrondir à l'unité.
8. Peut-on en déduire la fréquence de filles inscrites au club parmi les inscrits de 18 ans et plus ?

Méthode On lit l'effectif correspondant à deux caractères à l'intersection de la ligne et de la colonne concernées.

ACTIVITÉ 4 Calculer une moyenne lorsque le nombre de valeurs est important

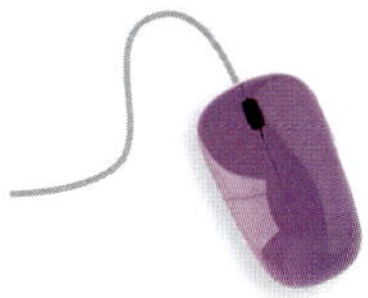

Le 7 avril 2013, 39 967 coureurs ont participé au Marathon de Paris. Parmi-eux, 48 ont mis moins de 2 h 30 min pour parcourir les 42,195 km du circuit.

Temps mis par les 48 premiers coureurs (en écriture décimale)

2,28	2,11	2,22	2,48	2,08	2,18	2,38	2,40	2,13	2,25	2,28	2,38	2,48	2,13	2,10	2,42
2,22	2,13	2,10	2,18	2,20	2,23	2,27	2,32	2,35	2,38	2,42	2,45	2,35	2,47	2,25	2,18
2,20	2,27	2,33	2,20	2,10	2,38	2,35	2,47	2,48	2,48	2,38	2,47	2,33	2,15	2,43	2,10

1. Ouvrir le fichier Chap6_Activité4.
2. Sélectionner les cellules A2 à A49, puis cliquer sur l'icône Tri et filtrer, choisir le tri Du plus petit au plus grand.
3. Relever le temps minimum et le temps maximum et les saisir dans les cellules A50 et A51.
4. Calculer la moyenne en saisissant dans la cellule A52 la formule =MOYENNE(A2:A49) .
5. Vérifier que la moyenne obtenue est comprise entre le temps minimum et le temps maximum trouvés à la question 3.
6. Convertir ce temps en heures et minutes en s'aidant de la calculatrice.

FICHE **« Convertir des mesures de temps »** p. 182

L'essentiel

Minimum et maximum

- **Le minimum d'une série statistique est la plus petite valeur prise par la variable étudiée.**
- **Le maximum d'une série statistique est la plus grande valeur prise par la variable étudiée.**

EXEMPLE :
Prix de vente en euros d'un kilo de pommes de la variété Gala

1,68	1,47	1,60	1,84	1,82	1,72	1,89

Prix minimum (1,47) — Prix maximum (1,89)

Fréquence

La fréquence d'une valeur est le quotient de l'effectif (n) de cette valeur par l'effectif total (N) : $f = \frac{n}{N}$.
Elle peut s'écrire sous forme de fraction, d'un nombre décimal ou d'un pourcentage.

EXEMPLE : $\frac{6}{12} = 0,50 = 50\ \%$

La fréquence d'une valeur est un nombre compris entre 0 et 1.
La somme des fréquences est égale à 1 (ou à 100 si elle est exprimée en pourcentage).

EXEMPLE :
La question suivante est posée à deux classes de 24 élèves de bac professionnel : « Êtes-vous inscrits sur un ou plusieurs réseaux sociaux » ?

Sexe \ Réponse	Oui	Non	Total
Filles	29	1	30
Garçons	11	7	18
Total	40	8	48

- Calcul de la fréquence par rapport à l'effectif total : $\frac{30}{48} \times 100 = 62,5\ \%$ signifie que 62,5 % des élèves interrogés sont des filles.
- Calcul de la fréquence par rapport au total d'une colonne : $\frac{29}{40} \times 100 = 72,5\ \%$ signifie que 72,5 % des inscrits à des réseaux sociaux sont des filles.
- Calcul de la fréquence par rapport au total d'une ligne : $\frac{7}{18} \times 100 \approx 39\ \%$ signifie que 39 % des garçons ne sont pas inscrits à des réseaux sociaux.

Moyenne

La moyenne d'une série statistique est toujours comprise entre le minimum et le maximum des valeurs de la série.
Elle se calcule de la manière suivante : moyenne $= \frac{\text{Somme des valeurs}}{\text{Effectif total N}}$

EXEMPLE :
Relevé des précipitations sur les 6 premiers mois de l'année à Londres.

Mois	Janvier	Février	Mars	Avril	Mai	Juin	Total
Précipitations en mm	43	25	42	32	55	47	244

La somme des précipitations en mm est : 244.
La moyenne des précipitations sur les 6 premiers mois est : $244 \div 6 = 40,7$ mm arrondi à 0,1.

Exercice guidé

Quel est le niveau sonore d'écoute des jeunes ?

« Le niveau réel moyen d'écoute des jeunes selon deux études (Australie et France) est d'environ 90 décibels et seuls 2 % dépassent 100 dB. La limite du niveau sonore pour les baladeurs est fixée à 100 dB par la législation européenne mais peut être relevée selon le casque choisi. » (*Le Figaro*, Sciences et technologies)

Pour illustrer son cours sur l'acoustique, une professeure de Sciences Physiques souhaite vérifier cette information sur un groupe d'élèves. Elle demande à chacun, pour le même type de musique, avec le même sonomètre, de mesurer le son à la sortie du haut-parleur de son baladeur (smartphone, ipod…).

Les mesures (en dB) relevées sont les suivantes : 87 ; 89 ; 92 ; 88 ; 85 ; 103 ; 90 ; 90 ; 83 ; 100 ; 89 ; 87.

La professeure de Sciences Physiques retrouve-t-elle, dans son groupe d'élèves, le niveau d'écoute constaté dans les deux études ?

Aide

1. Quel est l'effectif total de l'étude conduite par ce professeur ?
   — **Compter** le nombre de mesures faites.
2. Parmi ces mesures, quelle est la plus petite ? la plus grande ?
   — **Classer** les mesures par ordre croissant.
3. La moyenne de ces mesures, peut-elle être :
   a. Inférieure à 80 dB ? **Justifier** la réponse.
   b. Supérieure à 105 dB ? **Justifier** la réponse.
   c. Dans quel intervalle doit-elle se situer ?
   — **S'aider** des réponses données à la question 2.
4. **Calculer** la moyenne des 12 mesures relevées. Arrondir le résultat à l'unité.
   — **Calculer** le nombre total de décibels (dB) représenté par ces mesures et **diviser** par le nombre de mesures.
5. **Comparer** cette moyenne au niveau réel moyen d'écoute des jeunes observé dans les deux études. **Rédiger** la réponse.
   — **Rechercher** dans l'énoncé le niveau réel d'écoute des jeunes interrogés pour les deux études.
6. **Compter** le nombre de mesures supérieures ou égales à 100 dB.
7. **Calculer** la fréquence représentée par ce nombre par rapport au nombre total de mesures. Arrondir à 0,01. **L'écrire** en pourcentage.
   — **Diviser** le nombre trouvé à la question 6. par le nombre total de mesures. Le résultat est demandé en pourcentage.
8. Ce résultat est-il en accord avec celui donné dans l'énoncé ?
   — **Retrouver** dans l'énoncé la fréquence de jeunes ayant un niveau d'écoute qui dépasse 100 dB.

Corrigé

1. 12 mesures.
2. La plus petite mesure est 83 dB. La plus grande mesure est 103 dB.
3. a. Non, la moyenne ne peut pas être inférieure à la plus petite valeur soit 83 dB.
b. Non, la moyenne ne peut pas être supérieure à la plus grande valeur soit 103 dB.
c. La moyenne sera comprise entre 83 et 103 dB.
4. La moyenne est égale à 90,5 dB.
5. Cette moyenne est légèrement supérieure au niveau d'écoute observé dans les deux études.
6. Il y a 2 mesures supérieures ou égales à 100 dB.
7. 2/12 = 0,17 soit 17 %.
8. Non, ce résultat est nettement supérieur à celui des deux études.

Exercices

Auto-évaluation

Pour chaque amorce de phrase, recopier la (ou les) bonne(s) réponse(s).

1 Dans la série statistique : 25 ; 48 ; 22 ; 13 ; 24, la valeur maximum est :
a) 13 **b)** 25 **c)** 48

2 Dans la série précédente, l'effectif total N est :
a) 5 **b)** 132 **c)** 122

3 25 % peut s'écrire :
a) 0,25 **b)** $\frac{25}{100}$ **c)** $\frac{1}{4}$

4 Un relevé des températures dans la ville de Nantes a donné la série {19 ; 26 ; 20 ; 23 ; 25}.
La température moyenne est :
a) 93 °C **b)** 22,6 °C **c)** comprise entre 19 °C et 26 °C

5 Dans la série ci-dessus, la fréquence des températures supérieures ou égales à 22° est égale à :
a) 60 % **b)** $\frac{3}{5}$ **c)** 30 %

6 La somme des fréquences des valeurs d'une série est :
a) égale à 100 % **b)** égale à 1 **c)** égale à zéro

7 La moyenne d'une série statistique correspond à :
a) 50 % des effectifs **b)** la demi-somme des valeurs extrêmes
c) $\frac{\text{somme des données}}{\text{effectif total}}$

8 La moyenne de cette série est donnée par le calcul :

Valeur	5	12	13	18
Effectifs	3	4	3	2

a) $\frac{5 + 18}{2}$ **b)** $\frac{5 \times 3 + 12 \times 4 + 13 \times 3 + 18 \times 2}{3 + 4 + 3 + 2}$ **c)** $\frac{5 + 12 + 13 + 18}{4}$

→ Réponses p. 192

Exercices d'approfondissement

Exercice 12 ★★

Dans le cadre d'une enquête sur la qualité de ses services, une société de dépannage à domicile a mesuré le délai (en minutes) de ses interventions. Le résultat de cette enquête est présenté sous la forme d'un histogramme.

1. Reproduire le tableau et compléter la colonne « nombre d'interventions » à l'aide de l'histogramme.

Délais d'interven-tion (min)	Nombre d'interven-tions
[5 ; 10[	7
[10 ; 15[	…
[15 ; 20[	…
[20 ; 25[	…
[25 ; 30[	…
Total	50

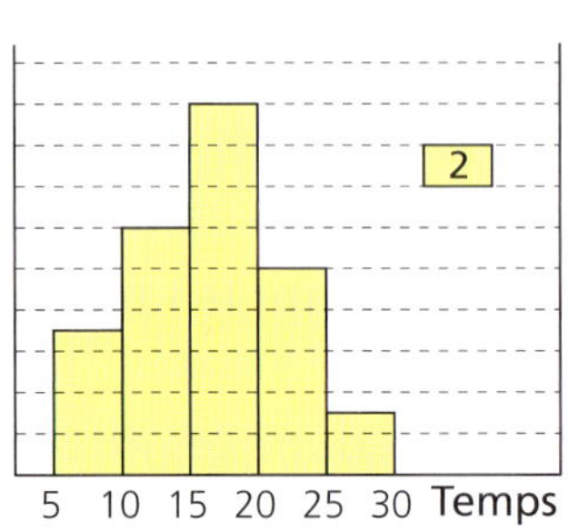

2. Combien d'interventions ont lieu dans un délai de moins de 20 minutes ?

3. Quelle fréquence (en %) ce nombre représente-t-il par rapport au nombre total d'interventions ?

4. La durée totale des interventions est égale à 825 minutes. Calculer (en minutes) la durée moyenne d'une intervention.

Exercice 13 ★★★

Une étude statistique sur la répartition de 845 voitures selon la quantité de CO_2 émis a donné les résultats suivants.

Émissions de CO_2 (g/km)	[100 ; 120[	[120 ; 140[	[140 ; 160[	[160 ; 180[	[180 ; 200[	[200 ; 220[	Total
Nombre de voitures	110	150	250	200	85	50	…

1. Rechercher dans l'énoncé le nombre de voitures testées et compléter la case « Total » du tableau.

2. Calculer le nombre de voitures qui émettent 140 g/km et plus de CO_2.

3. Calculer la fréquence (en %) correspondant à ce nombre par rapport au nombre total de voitures testées. Arrondir à 0,1.

4. La quantité totale de CO_2 émis par les 845 voitures testées est égale à 129 750 g/km.
Calculer la quantité moyenne de CO_2 émis en g/km par voiture. Arrondir à 0,01.

5. Dans quelle tranche de CO_2 émis se situe la quantité moyenne trouvée à la question **4.** ?

Exercice 14 ★★★

La répartition des médailles aux Jeux Olympiques d'été à Londres en 2012 est donnée dans le tableau ci-dessous.

Pays \ Médailles	Or	Argent	Bronze	Total
États-Unis	46	29	29	104
Chine	38	27	23	88
Royaume-Uni	29	17	19	65
Russie	24	26	32	82
Autres	165	205	253	623
Total	302	304	356	962

« Le nombre total de médailles en or, argent et bronze est différent car plusieurs médailles du même métal peuvent être remises dans certaines épreuves ou lorsque des athlètes finissent ex-aequo ». (Wikipédia)

1. Quels sont les deux caractères qualitatifs étudiés dans ce tableau ?

2. Combien de médailles au total ont été distribuées lors des jeux Olympiques d'été en 2012 ?

3. On s'intéresse seulement aux 5 pays classés dans le tableau. De quelle façon ce classement a-t-il été établi ? Proposer une réponse.

4. La Russie est classée 4e dans le tableau. Occuperait-elle le même rang si l'on considérait le nombre total de médailles obtenues ?

Exercice 15 ★★★

Le directeur commercial d'un magasin de sports situé dans les Pyrénées fait le bilan de ses ventes sur les deux mois de la saison d'été. Il le présente sous la forme d'un tableau par tranche d'achats des clients.

Montant des achats (en €)	Effectifs	Fréquence (%)
[0 ; 150[	420	...
[150 ; 300[	250	26,3
[300 ; 450[	180	...
[450 ; 600[	65	...
[600 ; 750[	35	3,7
Total	950	100

1. Reproduire le tableau et le compléter avec les fréquences manquantes. Détailler le calcul pour la classe [300; 450[. Arrondir à 0,1.

2. Déterminer le nombre d'acheteurs ayant effectué un achat strictement inférieur à 450 €.

3. Calculer la fréquence en pourcentage représentée par ces acheteurs. Arrondir à 0,1.

4. Le directeur commercial affirme que 80 % des acheteurs ont effectué un achat inférieur à 450 €. Est-ce exact ? Le vérifier avec le résultat de la question **3**.

5. Calculer le montant moyen des achats. On sait que la somme totale des achats est égale à 213 000 €. Arrondir le résultat au centième d'euros.

Exercice 16 ★★★

Une factrice qui travaille sur plusieurs communes dans le département du Lot a relevé les distances, en km, qu'elle a parcouru chaque jour pendant 25 jours. Les données sont regroupées dans le tableau ci-dessous.

Distance (en km)	Nombre de jours	Fréquence en %
[0 ; 20[	2	8
[20 ; 40[	9	...
[40 ; 60[	7	...
[60 ; 80[	4	...
[80 ; 100[	3	...
Total	25	100

1. Calculer les fréquences manquantes.

2. La factrice affirme : « j'ai parcouru plus de 40 km sur plus de la moitié de mes trajets ». A-t-elle raison ? Justifier la réponse.

3. La factrice a parcouru 1 190 km en 25 jours. Calculer la distance moyenne journalière. Arrondir à 0,1.

Vers l'examen

Compétences	Capacités	Questions
S'approprier	Rechercher, extraire et organiser l'information.	1 ; 2 ; 3 ; 6 ; 8
Analyser **Raisonner**	Émettre une conjecture, une hypothèse. Proposer une méthode de résolution, un protocole expérimental.	8
Réaliser	Choisir une méthode de résolution, un protocole expérimental. Exécuter une méthode de résolution, expérimenter, simuler.	4 ; 5 ; 6 ; 7
Valider	Contrôler la vraisemblance d'une conjecture, d'une hypothèse. Critiquer un résultat, argumenter.	4 ; 5
Communiquer	Rendre compte d'une démarche, d'un résultat, à l'oral ou à l'écrit.	6 ; 7 ; 8

Situation

Jérôme souhaite s'acheter un scooter pour faciliter ses déplacements dans Marseille. Afin de choisir au mieux, il fait une étude de marché sur les 5 modèles de 125 cm^3 les plus vendus dans le monde.

Il souhaite acheter la marque de scooter dont le prix de vente se rapproche le plus du prix de vente moyen parmi ces 5 marques.

Modèle	Fréquences (en %)	Effectifs (nombre de scooters vendus)	Prix de vente unitaire TTC (€)
Yamaha Xmac	37	9 080	4 299
Honda PCX	…	4 908	2 510
…	17	4 171	2 730
Piaggio X - Evo	…	3 436	3 299
Suzuki Bergman	…	2 945	3 399
Total	100	24 540	[redacted]

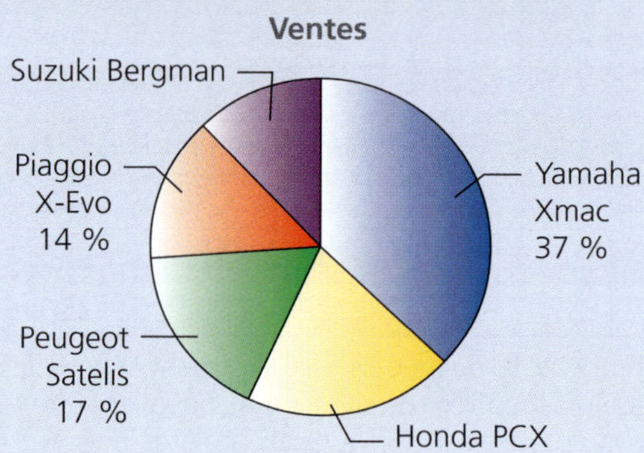

Questions

1. Recopier les deux premières colonnes du tableau.
2. À l'aide du diagramme, compléter la colonne « Modèle » du tableau.
3. À l'aide du diagramme, compléter la colonne « Fréquences » pour la marque Piaggio.
4. Calculer la fréquence correspondant à la marque Suzuki. Donner le détail du calcul. Arrondir à l'unité.
5. En déduire la fréquence correspondant à la marque Honda.
6. Quel est le prix de vente unitaire le plus faible ? le plus élevé ?
7. Calculer le prix de vente unitaire moyen pour ces 5 marques. Arrondir à l'unité.
8. Rechercher dans le texte le critère de choix de Jérôme. Quelle sera la marque de scooter choisie ? Rédiger la réponse.

Chapitre 7

Notions de chance ou de probabilité

Je vais apprendre à...

- **Utiliser et construire des tableaux de répartition de fréquence après expérimentations.**
- **Utiliser des notions élémentaires des probabilités dans des contextes familiers d'expérimentation.**

Je découvre

Un jeu de construction est composé de 4 cubes bleus, 3 cubes rouges, 6 cubes verts et 10 cubes jaunes. Tous les cubes sont de dimensions identiques. Il est donc impossible de les différencier « les yeux fermés ».
Arthur tire 4 cubes au hasard tout en les empilant au fur et à mesure.
Voici six exemples d'empilements de 4 cubes.

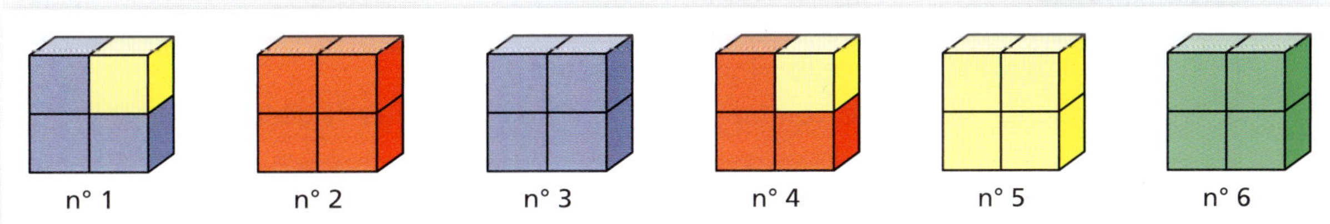

1. Parmi les quatre empilements constitués de cubes de même couleur, citer :
   a. celui qui a plus de chances d'être obtenu ;
   b. celui qui n'est pas possible ;
   c. celui qui a le moins de chances d'être obtenu.
2. Parmi les deux empilements bicolores, donner celui qui a plus de chances d'être obtenu.

Activités

ACTIVITÉ 1 Définir une expérience aléatoire et le vocabulaire associé

Stylos rétractables

Une usine fabrique des stylos de quatre couleurs différentes : noir, bleu, rouge et vert. Pour chacune de ces couleurs, il y a deux types de stylos : des stylos rétractables et des stylos non rétractables.
Pour satisfaire la demande, cette usine produit, pour chaque couleur (en nombre égal), deux fois plus de stylos rétractables que non rétractables.
La direction souhaite mettre en place un contrôle qualité qui consiste à prélever au hasard un stylo afin de s'assurer qu'il est conforme au résultat attendu.

1. L'**expérience** qui consiste à prélever au hasard un stylo est-elle **aléatoire** ?
2. a. Quels sont les résultats (appelés aussi **issues**) possibles ?
   b. Pour chaque issue, donner les caractéristiques du stylo.
3. Parmi les affirmations suivantes, recopier celles qui sont vraies.
   a. J'ai autant de chance de tirer un stylo rétractable et un stylo non rétractable.
   b. Les **événements** « obtenir un stylo rouge rétractable » et « obtenir un stylo vert rétractable » ont la même chance de se produire.
   c. J'ai deux fois plus de chance de tirer un stylo rétractable qu'un stylo non rétractable.
   d. Chaque couleur a la même chance d'être tirée.

Une **expérience aléatoire** est uniquement due au hasard.

Une ou plusieurs **issues** constitue un **événement**.

ACTIVITÉ 2 Construire un tableau de répartition de fréquences

Louis lance 10 fois une pièce de monnaie et il note le résultat de chaque lancer : P si la pièce tombe côté « pile » et F si la pièce tombe côté « face ».
Voici les résultats qu'il obtient : F ; P ; F ; P ; F ; F ; P ; F ; F ; F.
Louis, à partir de ses résultats, construit le tableau de répartition de fréquences suivant.

Résultat	Pile	Face
Nombre de sorties	3	7
Fréquence (%)	30	70

Côté « pile » d'une pièce de 1 €

1. Le lancement d'une pièce est-il une expérience aléatoire ?
2. La fréquence se calcule comme un pourcentage. Vérifier la valeur de 70 %.
3. Comme Louis, réaliser les étapes suivantes :
   a. lancer 10 fois une pièce de monnaie ;
   b. noter les résultats obtenus ;
   c. construire le tableau de répartition de fréquences correspondant.
4. Les résultats obtenus sont-ils les mêmes que ceux de Louis ? Était-ce prévisible ?
5. Pour une pièce parfaitement équilibrée, on a 1 chance sur 2 d'obtenir Pile et 1 chance sur 2 d'obtenir Face, soit 50 % pour chaque côté. Pourquoi n'a-t-on pas forcément 50 % lors des expérimentations ?

Méthode
Pour calculer la fréquence, on effectue l'opération (Nombre de sorties/Nombre de lancers).

ACTIVITÉ 3 Calculer une probabilité

Trois personnes, Alexandra, Claire et Maxime ont chacune un sac contenant des smileys colorés. Chacune tire au hasard un smiley de son sac. Les smileys sont indiscernables au toucher.
Le contenu des sacs est le suivant.

Sac d'Alexandra — Sac de Claire — Sac de Maxime

1. Chaque sac contient-il le même nombre de smileys ? Quelles sont les issues possibles.
2. Pour chaque couleur, dire quel sac offre le plus de chance de l'obtenir.
3. Alexandra a 3 chances sur 10 d'obtenir un smiley orange (SO), ce qui fait une probabilité de 3/10 = 0,3. On la note $p(\text{SO}) = 0{,}3$. Déterminer de la même manière pour Alexandra la probabilité des événements suivants :
   a. obtenir un smiley vert notée $p(\text{SV})$;
   b. obtenir un smiley bleu notée $p(\text{SB})$.
4. Déterminer pour Claire et Maxime la probabilité qu'ils ont chacun de tirer un smiley vert, bleu et orange.

Méthode
La probabilité s'obtient en divisant le nombre d'issues favorables à l'événement souhaité par le nombre d'issues possibles.

ACTIVITÉ 4 Simuler le lancer d'un dé

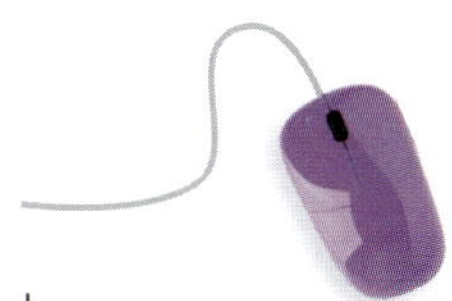

Jérémy sait qu'en lançant un dé de six faces, il a une chance sur 6 de tomber sur chaque face, soit une probabilité de 1/6 = 0,17. Mais lorsqu'il effectue 12 lancers, il n'obtient pas deux fois chaque face.
Il met tout d'abord la faute sur le dé et recommence 12 lancers. Mais les résultats, différents des précédents, ne rejoignent toujours pas ce qu'il pensait. Après réflexion, il se dit qu'il devrait faire plus de lancers. Pour cela il utilise le tableur en s'intéressant à la sortie du chiffre « 4 ».

1. Ouvrir le fichier Chap7_Activité4.
2. Expliquer le rôle des colonnes A, B, C et D de la feuille de calcul.

	A	B	C	D
1	dé	compteur	nombre de lancers	fréquence (%)
2	3	0	1	0,0
3	2	0	2	0,0

3. Les 12 lancers effectués par le tableur donnent-ils une fréquence proche de la probabilité ?
4. Afin de mettre en application l'idée de Jérémy, sélectionner l'ensemble des cellules de la ligne 13 et les copier afin d'avoir 5 000 lancers.
5. En déduire si l'affirmation suivante est exacte : « Pour un nombre important de lancers, la fréquence se rapproche de la probabilité. »

L'essentiel

Définition et vocabulaire

■ **Une expérience est aléatoire si elle conduit à des résultats non prévisibles, liés au hasard.**

EXEMPLE :
Tirage d'une boule dans une urne fermée où les boules sont indiscernables au toucher.

■ **Les résultats possibles d'une expérience aléatoire sont appelés issues.**
Un événement est constitué d'une ou de plusieurs issues.

EXEMPLE :
Lancement d'un dé à six faces numérotées de 1 à 6.
6 issues possibles : 1 ; 2 ; 3 ; 4 ; 5 ; 6.
L'événement « obtenir un nombre impair » est constitué de 3 issues : 1, 3 et 5.

Calcul d'une probabilité

■ **Quand les résultats d'une expérience aléatoire ont tous la même probabilité, la probabilité d'un événement est égale au quotient : $\dfrac{\text{Nombre de résultats favorables à l'événement}}{\text{Nombre de résultats possibles}}$.**

■ **La probabilité est comprise entre 0 et 1.**
Un événement qui se réalise tout le temps a une probabilité égale à 1.

EXEMPLE :
Tirage d'une boule parmi les 6 suivantes :

Chaque boule a autant de chance d'être tirée, donc la formule du calcul de la probabilité peut être utilisée.
Soit les événements B : tirer une boule bleue et D : tirer une boule numérotée 2.
Les probabilités sont égales à : $p(\text{B}) = \dfrac{3}{6} = \dfrac{1}{2}$ et $p(\text{D}) = \dfrac{2}{6} = \dfrac{1}{3}$.
Soit en terme de chance : 1 chance sur deux de tirer une boule bleue et 1 chance sur 3 de tirer une boule numérotée 2.

Probabilité et fréquence

À partir d'une expérience, on détermine une fréquence d'apparition. Une formule mathématique permet d'accéder à la probabilité. Lorsqu'on répète un grand nombre de fois une expérience aléatoire, la fréquence d'apparition d'un événement devient proche de sa probabilité.

EXEMPLE :
Avec un dé à 6 faces, en théorie, on a 1 chance sur 2 d'obtenir un chiffre pair (2, 4 ou 6) soit une probabilité de $\dfrac{1}{2} = 0{,}5$.

Le graphique montre que la fréquence varie beaucoup pour un faible nombre de lancers.
Lorsqu'on augmente le nombre de lancers, la fréquence se stabilise à 50 % (= 0,5) qui est la valeur de la probabilité.

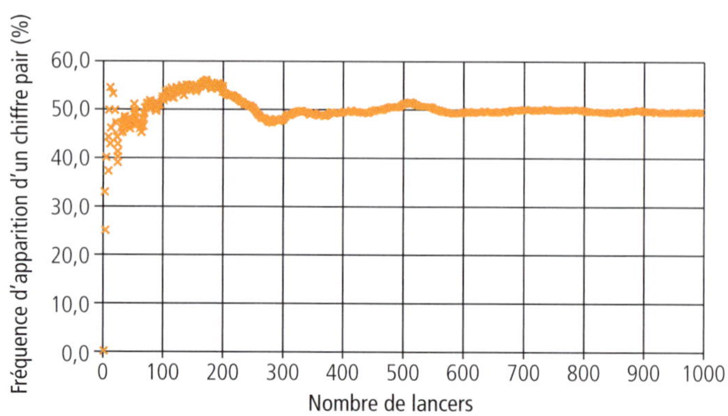

Exercice guidé

Comment profiter d'un café gratuit ?

Pour gagner un café gourmand, un restaurateur propose le jeu suivant : il faut obtenir « 7 » en additionnant les nombres obtenus avec deux dés. Voici le tableau regroupant les différentes possibilités de résultat lorsque l'on lance deux dés.

Somme des 2 dés		Valeur 2e dé					
		1	2	3	4	5	6
Valeur 1er dé	1	2	3	4	5	6	7
	2	3	4	5	6	7	8
	3	4	5	6	7	8	9
	4	5	6	7	8	9	10
	5	6	7	8	9	10	11
	6	7	8	9	10	11	12

1. Quel est le nombre d'issues possibles ?
2. Quels sont les résultats possibles ?
3. **Calculer** la probabilité d'obtenir :
   a. « 5 » ;
   b. « 7 ».
   Arrondir les résultats à 0,01.
4. Pourquoi le restaurateur a-t-il choisi le résultat « 7 » pour offrir un café gourmand ?
   Justifier la réponse.
5. Le restaurateur mène une étude sur les résultats obtenus par ses clients pendant une semaine.
   Il les présente sous la forme d'un diagramme en bâtons.

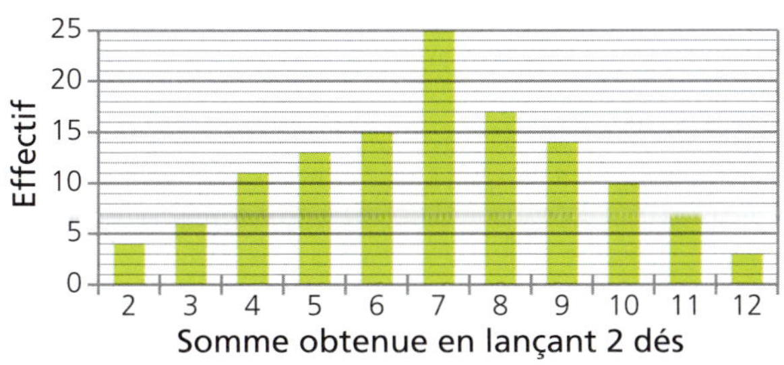

a. Les résultats confirment-ils la réponse à la question 4 ? **Justifier** la réponse.
b. Calculer la fréquence de sortie du résultat « 7 ». L'effectif total est de 125.
c. Comparer cette fréquence à la probabilité d'obtenir « 7 » (question 3.b).

Aide

- **Multiplier** le nombre de lignes par le nombre de colonnes.
- **Lister** les sommes possibles.
- La probabilité p se calcule à l'aide de la formule : p = (nombre d'issues favorables)/(nombre d'issues possibles).
- Dans le tableau, **regarder** quel est le résultat qui a le plus de chances de sortir.
- L'effectif est le nombre de fois où est sorti chaque résultat.
  Exemple : le résultat « 9 » est sorti 14 fois en une semaine.
- **Observer** le diagramme en bâtons.
- La fréquence, c'est l'effectif partiel divisé par l'effectif total.

Corrigé

1. Nombre d'issues possibles : $6 \times 6 = 36$.
2. Résultats possibles : 2 ; 3 ; 4 ; 5 ; 6 ; 7 ; 8 ; 9 ; 10 ; 11 ; 12.
3.a. $p(5) = 4/36 = 0{,}11$. **b.** $p(7) = 6/36 = 0{,}17$.
4. Le résultat « 7 » est le résultat qui a le plus de chances de sortir.
5.a. Oui car le résultat « 7 » est celui qui obtient l'effectif le plus important.
b. $f(7) = 25/125 = 0{,}2$.
c. $f(7) = 0{,}2$ et $p(7) = 0{,}17$; ce sont deux valeurs proches.

Exercices

Exercices d'application

Utiliser des notions élémentaires des probabilités

Exercice 1 ★

Un sac contient 10 boules rouges, 6 boules noires, 4 boules jaunes et 7 boules bleues.
On tire une boule au hasard.

1. Quelles sont les issues possibles ?

2. Est-ce une expérience aléatoire ?

3. Donner un exemple d'événement.

Exercice 2 ★

Aline possède deux dés très particuliers. Le patron de chacun de ces deux dés est donné ci-dessous.

Elle lance ces deux dés puis elle note le nombre obtenu avec le premier dé et celui obtenu avec le second dé. Elle calcule ensuite la somme de ces deux nombres. Par exemple, si elle obtient un « 4 » avec le dé n° 1 et un « 5 » avec le dé n° 2, la somme est égale à 9.

▶ **Aline a obtenu une somme égale à 8. Écrire toutes les possibilités de lancers qui correspondent à ce résultat.**

Exercice 3 ★★

Guillaume dispose de trois dés de 6 faces.

▶ **Les expériences suivantes sont-elles des expériences aléatoires ?**

– Exp. 1 : Choisir la couleur du dé.

– Exp.2 : Lancer un dé et noter le résultat de la face supérieure.

Construire et utiliser un tableau de répartition de fréquences

Exercice 4 ★

Dans le cadre d'une semaine sur la santé au lycée, Alexiane interroge au hasard quelques camarades afin de connaître leur groupe sanguin.

Elle obtient le tableau de répartition de fréquences suivant.

Groupe Sanguin	O+	AB+	A–	B+	A+	O–
Effectif	8	1	1	2	6	2
Fréquence (%)	40	5	5	10	30	10

1. Combien d'élèves a interrogés Alexiane ?

2. Donner la fréquence du groupe sanguin O– puis celle du groupe sanguin B+.

Exercice 5 ★

Noah lance 20 fois une pièce de monnaie et il note la face sur laquelle elle tombe : « pile » (notée P) ou « face » (notée F).
Voici les résultats de ses 20 lancers.
P, P, F, P, F, P, F, P, F, P, P, P, P, F, F, F, P, F, P, P.

▶ **Recopier et compléter le tableau.**

	Face	Pile	Total
Nombre d'apparitions	…	…	…
Fréquence (%)	…	…	…

Exercice 6 ★

Un dé cubique a 6 faces peintes : une en bleu, une en violet, une en jaune, une en vert et deux en rose. On jette ce dé cent fois et on note à chaque fois la couleur de la face sortie.
Le diagramme en bâtons donne la répartition des couleurs obtenues lors de ces cent lancers.

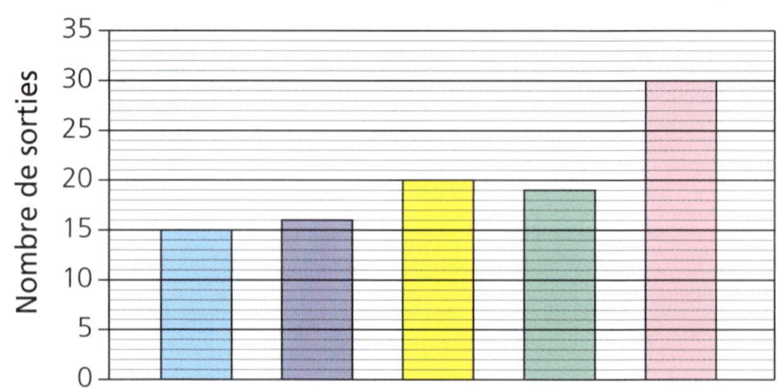

▶ **Recopier et compléter le tableau de répartition des fréquences.**

Couleur	Bleu	Violet	Jaune	Vert	Rose	Total
Effectif	…	16	…	…	…	…
Fréquence (%)	…	…	20	…	…	…

Calculer une probabilité

Exercice 7 ★

Parmi les 4 cartes ci-contre, quelle est la probabilité de tirer :

1. un as rouge ?
2. un as noir ?
3. un as de cœur ?
4. un as ?

Exercice 8 ★★

Un petit lac contient 15 carpes, 42 gardons et 48 truites. Chaque poisson a la même probabilité d'être pêché.

Sachant qu'Adrien a pêché un poisson, calculer la probabilité des événements suivants :

1. Le poisson pêché est un gardon.
2. Le poisson pêché n'est pas une truite.
3. Le poisson pêché n'est ni une carpe ni un gardon.

Exercice 9 ★★

Voici, pour la production de l'année 2013, le relevé des longueurs des gousses de vanille d'un cultivateur de Madagascar.

Longueur en cm	12	15	17	22	23
Effectif	600	800	1 800	1 200	600

On prélève au hasard une gousse de vanille.

1. Calculer le nombre total de gousses récoltées.
2. Calculer la probabilité de tirer une gousse de longueur :
a. 22 cm ;
b. 12 cm.

Exercice 10 ★★

Salim lance simultanément deux dés de 6 faces numérotés de 1 à 6.

1. Quelle est la probabilité d'obtenir le résultat « 6 » à l'aide d'un seul dé ?
2. Pour obtenir deux « 6 » à l'aide de deux dés, la probabilité s'obtient en multipliant la probabilité d'obtenir un « 6 » avec un dé et la probabilité d'obtenir un « 6 » avec l'autre dé.
Calculer cette probabilité.

Exercice 11 ★★★

À bord d'un bateau de croisière de passage à Tahiti, il y avait 4 000 personnes, dont aucun enfant.
Chaque personne à bord du bateau est soit un touriste, soit un membre de l'équipage.
Voici le tableau qui donne la composition des personnes à bord.

	Hommes	Femmes	Total
Touristes	1 400	1 700	…
Membres de l'équipage	440	…	…
Total	…	…	4 000

1. Recopier puis compléter le tableau.
2. On choisit, à bord du bateau, une personne au hasard.
a. Peut-on dire qu'il y a plus d'une chance sur deux que ce soit un homme ? Justifier.
b. Quelle est la probabilité que cette personne fasse partie des touristes ?
c. Quelle est la probabilité que cette personne soit un homme membre de l'équipage ?

Exercice 12 ★

Il existe de nombreux types de dés adaptés aux différents jeux de société pratiqués. On trouve ainsi des dés avec des faces qui peuvent varier de 4 à 30 !

Dé de 4 faces — Dé de 6 faces — Dé de 12 faces — Dé de 20 faces

Le dé à 4 faces possède 4 faces numérotées de 1 à 4. C'est le même principe pour le dé à 6 faces, le dé à 12 faces et le dé à 20 faces.
On souhaite obtenir le résultat « 6 ».

1. Calculer la probabilité d'obtenir « 6 » avec :
a. le dé à 4 faces.
b. le dé à 6 faces.
c. le dé à 12 faces.
d. le dé à 20 faces.
2. En déduire le dé qui offre le plus de chances d'obtenir « 6 ».

Exercices

Auto-évaluation

Pour chaque amorce de phrase, recopier la (ou les) bonne(s) réponse(s).

1 Obtenir un « 5 » avec un dé de six faces est :
a) possible b) impossible c) une issue possible

2 On a lancé 8 fois une pièce équilibrée et on a obtenu les résultats : PFPFPFPP. La fréquence d'apparition du côté pile P est égale à :
a) $\frac{5}{8}$ b) 0,625 c) 62,5 %

3 On lance deux dés et on relève le résultat de leurs faces supérieures. Cette expérience donne :
a) 36 issues b) 6 issues c) 12 issues

4 Si on multiplie le nombre de lancers, la fréquence se rapproche de :
a) la probabilité b) 100 % c) 0

Concernant les 9 boules colorées et numérotées ci-contre :

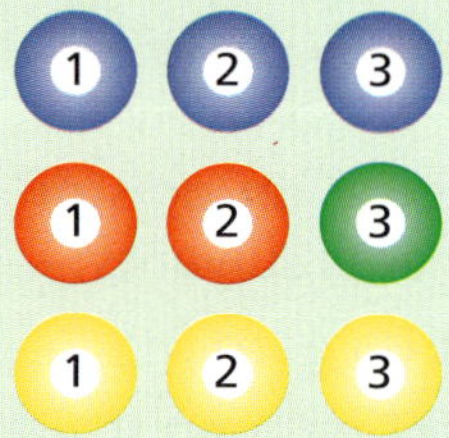

5 La probabilité de tirer une boule bleue et la probabilité de tirer une boule jaune sont :
a) différentes b) presque égales c) égales

6 La probabilité de tirer une boule numérotée 2 est :
a) $\frac{3}{9}$ b) $\frac{1}{3}$ c) $\frac{1}{2}$

7 La probabilité de tirer une boule verte est égale à :
a) $\frac{1}{6}$ b) $\frac{1}{9}$ c) $\frac{1}{3}$

8 Les boules étant indiscernables au toucher, tirer une boule relève d'une expérience :
a) impossible b) liée au hasard c) aléatoire

→ Réponses p. 192

Exercices d'approfondissement

Exercice 13 ★★

Quand on lance deux dés de six faces et que l'on additionne les résultats obtenus sur les faces supérieures, la somme 7 est la plus facile à obtenir.

La photo ci-contre présente deux solutions pour obtenir 7 : « 5 + 2 » et « 4 + 3 ».

▶ Les deux solutions ont-elles la même probabilité de sortir ? Justifier la réponse.

Exercice 14 ★★

On considère l'expérience aléatoire suivante : on tire au hasard une carte dans un jeu bien mélangé de 32 cartes (il y a 4 « familles » : cœur, trèfle, carreau et pique et on a 8 cœurs, 8 trèfles, 8 carreaux et 8 piques).
On relève pour la carte tirée la « famille » (trèfle, carreau, cœur ou pique) puis on remet la carte dans le jeu et on mélange.

On note A l'évènement : « la carte tirée est un trèfle ».

1. Quelle est la probabilité de l'événement A ?

2. On répète 24 fois la même expérience aléatoire. La représentation graphique ci-dessous donne la répartition des familles obtenues lors des 24 tirages.

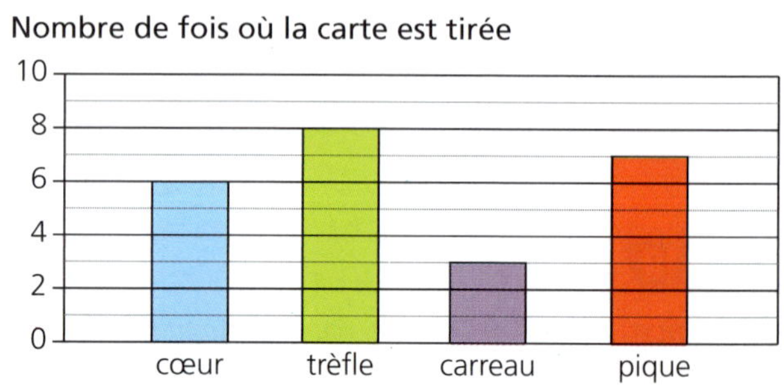

Calculer la fréquence d'une carte de la famille cœur et celle d'une carte de la famille trèfle.

3. On reproduit la même expérience qu'à la question 2. Arthur mise sur une carte de la « famille » cœur et Julie mise sur une carte de la « famille » trèfle. Est-ce que l'un d'entre eux a plus de chance que l'autre de gagner ?

Exercice 15 ★★

Tom lance 50 fois deux dés de six faces parfaitement équilibrés. Il note dans un tableau les sommes obtenues à chaque lancer. Il obtient le résultat suivant.

Somme obtenue	2	3	4	5	6	7
Nombre d'apparitions	3	1	4	6	9	9

Somme obtenue	8	9	10	11	12
Nombre d'apparitions	7	3	5	3	0

1. Vérifier par un calcul que Tom a effectué 50 lancers.

2. Calculer la fréquence d'apparition de la somme 8. Exprimer le résultat en pourcentage.

3. Tom en déduit que s'il lance ces deux dés, il n'a aucune chance d'obtenir la somme 12. A-t-il tort ou raison ?

Exercice 16 ★★★

Lisa a construit une pyramide de dés de six faces de 6 couleurs différentes. Chaque niveau de dés est plein : la base de dés violets comporte 6 × 6 soit 36 dés.

1. Recopier et compléter le tableau suivant donnant le nombre de dés par niveau.

Couleur de dé	violet	bleu	vert	jaune	orange	rouge
Nombre de dés	36	...	...	...	...	...

2. Calculer le nombre de dés constituant la pyramide.

3. Lisa détruit la pyramide puis mélange les dés. Elle demande à son frère Damien de prélever, les yeux fermés, un dé.
Calculer la probabilité que Damien tire :
a. un dé orange ;
b. un dé vert.

4. Peut-on affirmer que Damien a deux fois plus de chance de tirer un dé vert plutôt qu'un dé orange ?

Exercice 17 ★★★

On lance une punaise de bureau et on note la position dans laquelle elle est tombée.

Deux positions sont possibles.
On s'intéresse au cas où la punaise tombe la pointe vers le bas (position PB).

Pointe en bas (PB)

Pointe en haut (PH)

1. Est-ce une expérience aléatoire ?

2. Quelles sont les issues possibles ?

3. Faire 10 lancers et noter le nombre de fois où la punaise tombe dans la position PB.
Calculer la fréquence d'apparition de la position PB.

4. Une expérimentation à plus grande échelle donne les résultats suivants : sur 5 000 lancers, la punaise tombe dans la position PB 4 152 fois.
Calculer la fréquence d'apparition de la position PB.

5. Comparer les deux fréquences précédentes. Comment peut-on expliquer cette différence ?

Exercice 18 ★★

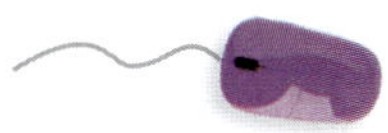

Jérémy souhaite prolonger l'activité 4 page 69 en représentant graphiquement la fréquence d'apparition d'un « 4 » lors du lancer d'un dé à six faces.

1. Ouvrir le fichier Chap7_Ex18.

2. Sélectionner l'ensemble des cellules des colonnes C et D.

3. Avec Excel 2007-2010, cliquer sur l'onglet Insertion et choisir Nuage de points avec marqueurs uniquement.
Avec LibreOffice Calc, cliquer sur l'icône Diagramme puis choisir XY (dispersion).

4. Améliorer le graphique afin qu'il ressemble à celui ci-dessous.

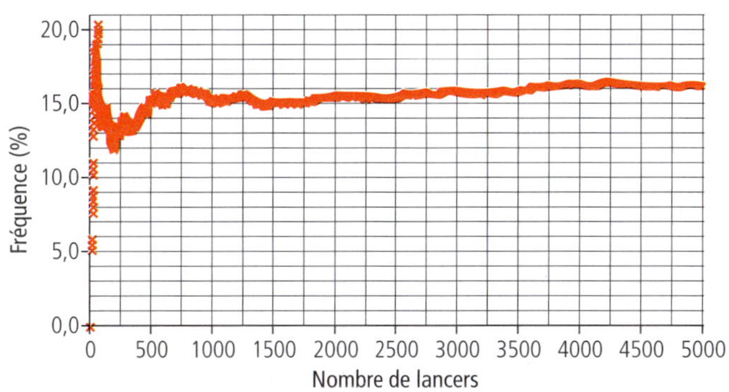

Vers l'examen

Compétences	Capacités	Questions
S'approprier	Rechercher, extraire et organiser l'information.	1 ; 2
Analyser Raisonner	Émettre une conjecture, une hypothèse. Proposer une méthode de résolution, un protocole expérimental.	5
Réaliser	Choisir une méthode de résolution, un protocole expérimental. Exécuter une méthode de résolution, expérimenter, simuler.	3
Valider	Contrôler la vraisemblance d'une conjecture, d'une hypothèse. Critiquer un résultat, argumenter.	4
Communiquer	Rendre compte d'une démarche, d'un résultat, à l'oral ou à l'écrit.	5

Situation

La roussette rousse est une espèce de chauve-souris, endémique au territoire de la Nouvelle-Calédonie. Elle fut la mascotte officielle des XIVe Jeux du Pacifique en 2011.

Elle est aussi la vedette d'un jeu lors d'une kermesse de fin d'année. Dans une urne, on a dix boules indiscernables au toucher portant les lettres du mot ROUSSETTES.

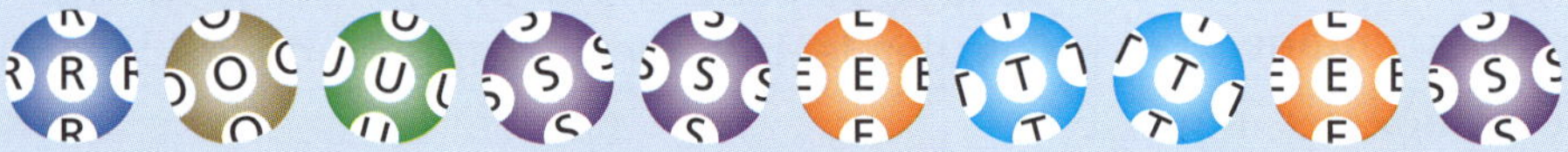

On tire au hasard une boule dans cette urne et on regarde la lettre inscrite dessus.

Questions

1 Quels sont les six résultats possibles à l'issue d'un tirage ?

2 Recopier et compléter le tableau présentant le nombre de chaque lettre dans le mot ROUSSETTES.

Lettre	R	O	U	S	E	T
Effectif	…	…	…	…	…	…

3 Calculer les probabilités des événements suivants :

a. la lettre tirée est un R notée $p(\text{R})$;

b. la lettre tirée est un S notée $p(\text{S})$;

c. la lettre tirée est un E notée $p(\text{E})$.

4 Recopier et compléter l'expression $p(\text{E})$ … $p(\text{T})$ par un signe mathématique : $=$, $>$ ou $<$. Justifier la réponse par une phrase.

5 Julie affirme qu'elle a plus de chance d'obtenir une voyelle qu'une consonne à l'issue d'un tirage. A-t-elle raison ? Justifier la réponse.

Éléments de géométrie

Chapitre **8**

Je vais apprendre à...

- **Construire un segment de longueur donnée.**
- **Tracer une droite parallèle ou une droite perpendiculaire passant par un point donné.**
- **Tracer un angle de mesure donnée et mesurer un angle.**
- **Construire une bissectrice, une médiatrice.**
- **Utiliser la symétrie axiale et la symétrie centrale.**

Je découvre

Le château de Vaux-le-Vicomte (département de Seine-et-Marne) a été construit au XVIIe siècle par le surintendant des Finances de Louis XIV, Nicolas Fouquet.

Les jardins du château sont l'œuvre d'André Le Nôtre. Ils sont représentatifs d'un style géométrique avec de nombreux effets de symétrie. Plus tard, Louis XIV fit réaliser les jardins du château de Versailles sur le même principe.

Cette photo montre la première partie des jardins, celle qui se situe juste en-dessous du château.

1. Comment André Le Nôtre a-t-il conçu le parterre 1 du jardin par rapport au parterre 2 ?
2. Comment se situe l'allée 3 par rapport à l'allée 4, l'allée 9 par rapport à l'allée 10 ?
3. D'autres parterres présentent-ils la même configuration que les parterres 1 et 2 ?

Château de Vaux-le-Vicomte

Activités

ACTIVITÉ 1 Utiliser la bonne notation en géométrie

Ludovic doit maîtriser parfaitement le vocabulaire et les notations de géométrie. Il a trouvé un tableau de synthèse mais celui-ci comporte des erreurs ; les notations ne semblent pas correspondre au vocabulaire annoncé.

Vocabulaire		
A ×——— B ×——— (*d*)	Droite	1
A ×——— B ×——— *x*	Demi-droite	2
A ×——— × B	Segment	3
	Longueur du segment [AB]	4

Notation	
m	AB
n	[AB) ou [A*x*)
o	(AB) ou (*d*)
p	[AB]

▶ Aider Ludovic à associer chaque terme du vocabulaire géométrique à la notation correspondante.

ACTIVITÉ 2 Construire des segments, des droites parallèles et perpendiculaires

Dans le cadre de la rénovation d'un chalet savoyard, un menuisier doit concevoir l'emplacement d'une baie vitrée sur un mur en pente. Le mur et la baie vitrée sont représentés sur le dessin ci-contre.

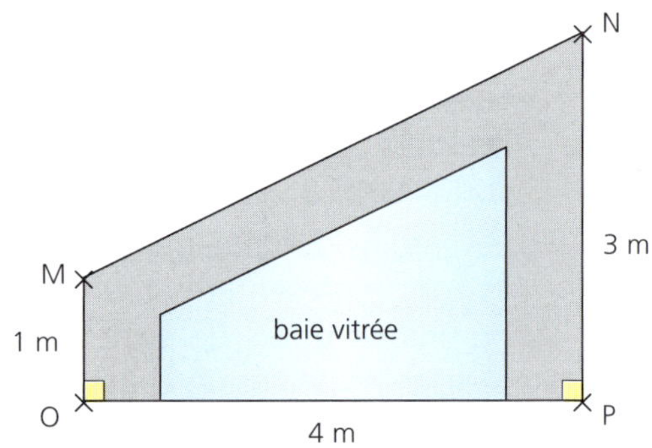

1. Sur une feuille blanche, dessiner le mur en prenant pour échelle 2 cm pour 1 m.
   Par exemple, [OP] sera représenté par un segment de longueur : $4 \times 2 = 8$ cm.
2. Sur [OP], placer un point J tel que OJ = 2 cm.
3. Tracer à l'équerre la perpendiculaire (*d*) à [OP] passant par J. Placer sur (*d*) un point A au-dessus de J tel que AJ = 1,5 cm.
4. Tracer la droite (*d'*) parallèle à [MN] passant par A.
5. Sur la droite (*d'*), placer un point B tel que AB = 4,5 cm.
6. Du point B, tracer le segment [BH] perpendiculaire à [OP]. Le point H est situé sur [OP].
   L'emplacement prévu pour la baie vitrée est le quadrilatère ABHJ.

Méthode Pour tracer une droite parallèle à une autre droite en passant par un point, il faut :
– positionner la règle et l'équerre comme sur le schéma ;
– bloquer la règle, faire glisser le **petit côté** de l'équerre le long de la règle jusqu'à ce que le **grand côté** de l'équerre atteigne le point A ;
– tracer la droite (*d'*) passant par A parallèle à la droite (*d*) en suivant le **grand côté** de l'équerre.

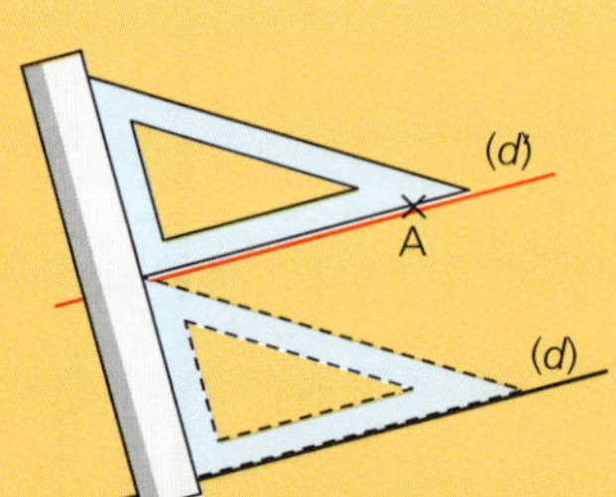

ACTIVITÉ 3 Mesurer et construire un angle

Lorsqu'il y a beaucoup d'humidité dans l'atmosphère, il est possible d'observer dans le ciel les trajectoires laissées par les avions.

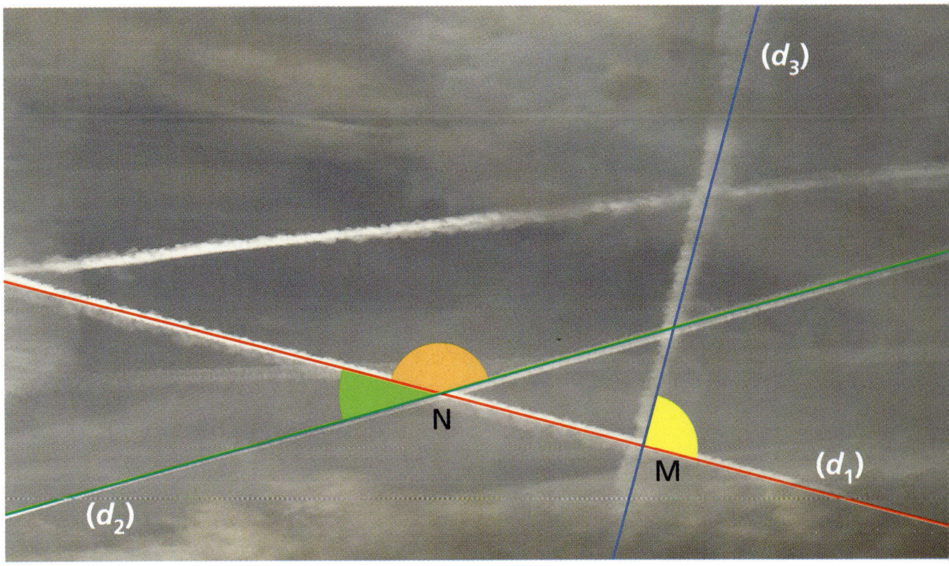

1. (d_1) et (d_2) sont sécantes en N. À l'aide du rapporteur, mesurer l'angle $\widehat{N}$ colorié en vert et l'angle $\widehat{N}$ colorié en orange.
2. Faire la somme des deux mesures, qu'obtient-on ?
3. **a.** Mesurer l'angle $\widehat{M}$ jaune. Quelle est sa mesure ?
   b. Que peut-on en déduire quant à la position de (d_3) par rapport à (d_1) ?
4. Sur une feuille, reconstituer ces tracés d'avions.

Méthode Pour mesurer l'angle $\widehat{N}$ vert, positionner le centre du rapporteur sur le sommet N et aligner le zéro sur la droite (d_2). Lire la mesure de l'angle à la graduation avec la droite (d_1).

ACTIVITÉ 4 Construire la médiatrice d'un segment

Un architecte doit remettre en état la charpente d'une salle de sport. Une première poutre traverse intégralement la salle. Au milieu de cette poutre, une autre poutre est fixée perpendiculairement et rejoint le faîte du toit. C'est cette seconde poutre que l'architecte doit changer.
Il prépare un dessin technique de cette charpente.

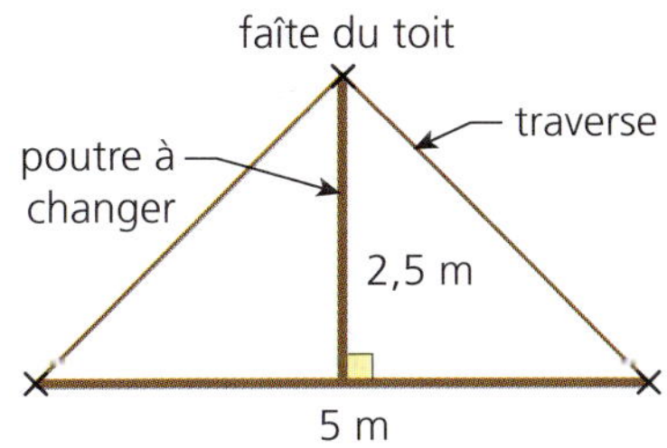

1. Tracer un segment [AB] de 5 cm représentant la première poutre.
2. Construire la médiatrice (d) de [AB] représentant la direction de la deuxième poutre en suivant la méthode donnée.
3. **a.** Soit M le point d'intersection entre (d) et [AB]. Mesurer à la règle [AM] et [MB]. Que représente le point M pour [AB] ?
   b. À l'aide du rapporteur, mesurer l'angle $\widehat{M}$.
   c. Proposer une définition de la médiatrice d'un segment.
4. Placer sur la droite (d) un point N, représentant le faîte du toit, tel que NM = 2,5 cm. Tracer les deux traverses.

Méthode Pour tracer la médiatrice d'un segment, respecter les étapes suivantes.
L'écartement du compas ne doit pas être modifié durant tout le tracé.

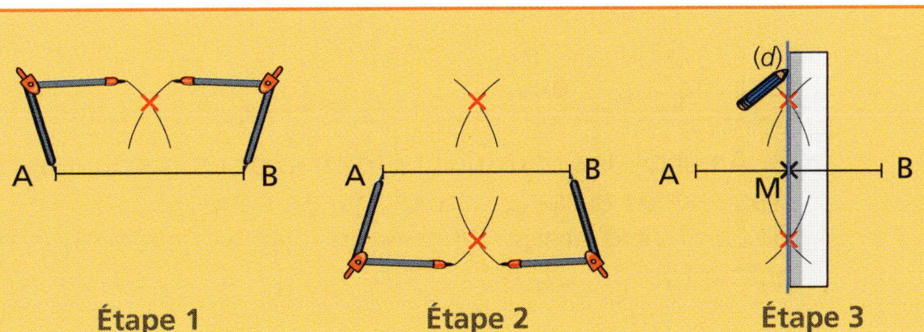

Activités

ACTIVITÉ 5 Construire la bissectrice d'un angle

Monsieur Lemoine souhaite installer un système d'arrosage automatique sur son terrain représenté par le polygone OBCD. Une seule **buse** devra arroser l'ensemble du terrain. Le meilleur emplacement se situe sur l'axe de la bissectrice de l'angle $\widehat{O}$ pour que chaque côté soit arrosé de façon égale. M. Lemoine souhaite réaliser un schéma.

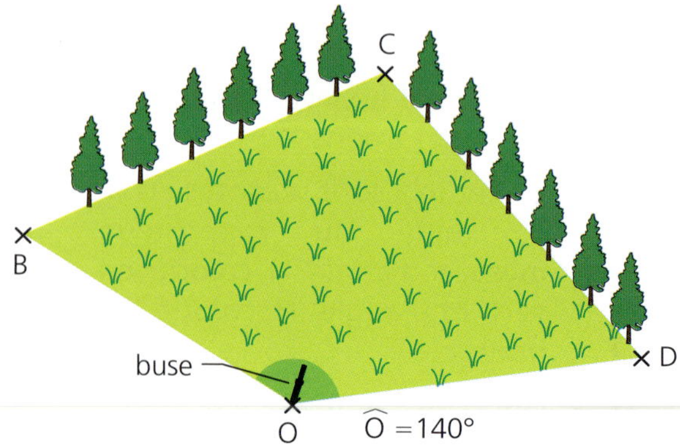

1. Construire au rapporteur un angle $\widehat{BOD}$ de 140°.
2. Avec le compas, tracer un arc de cercle de centre O (le rayon du cercle est quelconque). Cet arc de cercle coupe [OB] en M et [OD] en N.
3. À partir des points M et N et en gardant le même écartement, tracer deux arcs de cercle qui se coupent en P.
4. Tracer [OP]. C'est la bissectrice de l'angle $\widehat{O}$.
5. En s'aidant du rapporteur, donner les mesures des deux angles formés.
6. Proposer une définition de la bissectrice d'un angle.

Une **buse** est un système d'arrosage enterré.

ACTIVITÉ 6 Construire une figure par symétrie axiale

Julien a construit le quadrilatère ABCD sur son cahier. En utilisant uniquement le compas, il veut construire le symétrique A'B'C'D' de ABCD par rapport à la droite (*d*).

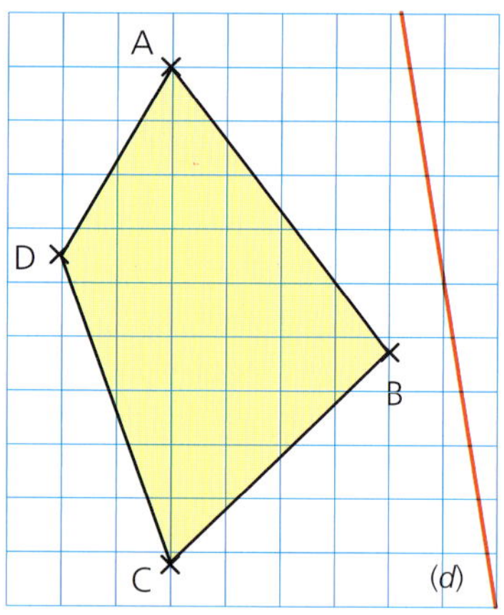

1. Sur le cahier, construire un quadrilatère ABCD et une droite (*d*).
2. Construire le symétrique A' du point A par rapport à la droite (*d*) en suivant les étapes de la méthode donnée ci-dessous.
3. Construire de la même façon les symétriques B', C' et D' des points B, C et D.
4. Construire le quadrilatère A'B'C'D'.
5. Comparer les mesures des côtés et des angles de ABCD et de A'B'C'D'. En déduire une propriété de la symétrie axiale.

Méthode Pour tracer le symétrique A' d'un point A par rapport à une droite (*d*), suivre les étapes suivantes.

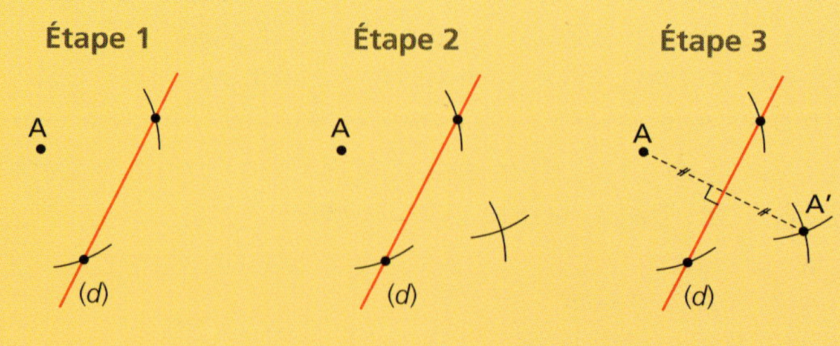

1. Au compas, tracer un cercle de centre A qui coupe la droite (*d*) en deux points.
2. À partir des deux points formés et en gardant le même écartement, tracer deux arcs de cercles qui se coupent.
3. Le point d'intersection est le point A', symétrique du point A par rapport à (*d*).

ACTIVITÉ 7 Construire une figure par symétrie centrale

Leïla fabrique une guirlande pour décorer la chambre de sa petite sœur. Elle choisit comme thème principal un sapin de Noël qu'elle veut reproduire de façon identique plusieurs fois de suite, mais à chaque fois de façon inversée.

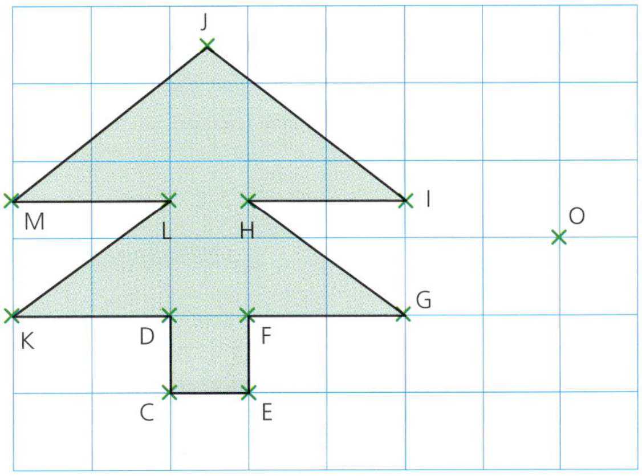

Tous les tracés se font à la règle et au compas.

1. Reproduire sur une feuille quadrillée le dessin du sapin et placer le point O.
2. Tracer les symétriques C' et E' des points C et E par rapport au point O. Tracer le segment [C'E']. C'est la base du nouveau sapin.
3. Tracer les symétriques D' et F' des points D et F par rapport au point O. Tracer les segments [C'D'] et [E'F'] qui constituent le tronc du sapin.
4. Continuer la figure en traçant de la même manière les symétriques des points K, L, M, J, I, H et G par rapport au point O.
5. Mesurer [GF] et [G'F']. Mesurer les angles $\widehat{DKL}$ et $\widehat{D'K'L'}$.
6. Comparer les valeurs. En déduire une propriété de la symétrie centrale.

Méthode

Pour tracer le symétrique A' d'un point A par rapport à un point O :
– à la règle, tracer la droite (AO) ;
– au compas, reporter la longueur AO de l'autre côté du point O pour obtenir le point A'.

ACTIVITÉ 8 Construire une feuille d'érable

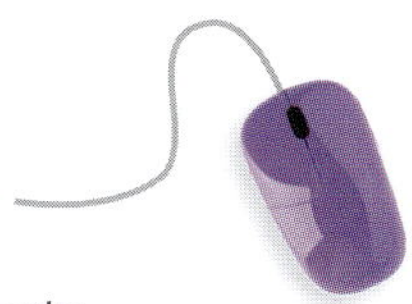

Le dessin ci-dessous représente une demi-feuille d'érable. En cours d'arts appliqués, Laurent doit la terminer et vérifier certaines propriétés de la symétrie axiale en utilisant les outils d'un logiciel de géométrie.

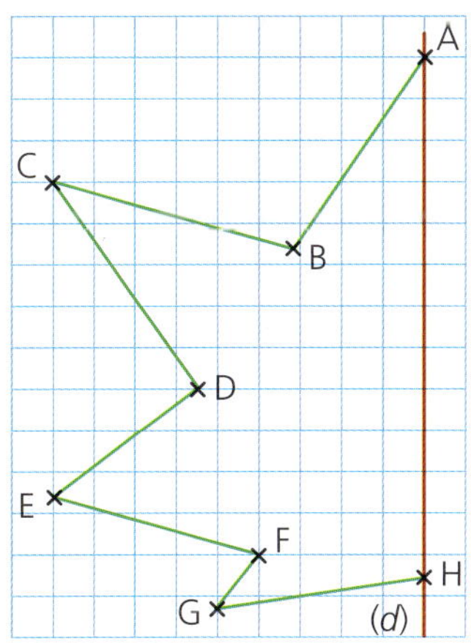

1. Ouvrir le fichier Chap8_Activité8.
2. a. En utilisant l'outil Symétrie axiale, construire le symétrique B' du point B par rapport à la droite (*d*).
   b. Faire le même travail pour les points C, D, E, F, G. Les points A et H sont leur propre symétrique.
3. a. En utilisant l'outil Segment entre deux points, créer le segment [AB'].
   b. De la même manière, créer tous les autres segments constituant la feuille d'érable.
4. Vérifier une propriété de la symétrie axiale en affichant avec l'outil Distance les mesures de tous les segments constituant la feuille d'érable.
5. Vérifier une autre propriété de la symétrie axiale en affichant avec l'outil Mesure des angles la mesure de l'angle $\widehat{C}$ puis celle de l'angle $\widehat{C'}$.

L'essentiel

Droites parallèles et perpendiculaires – Angles

Droites

– Deux droites sécantes se coupent en un point appelé « point d'intersection ».
– Deux droites perpendiculaires se coupent en formant un angle droit.
– Deux droites parallèles sont deux droites qui ne se coupent pas.

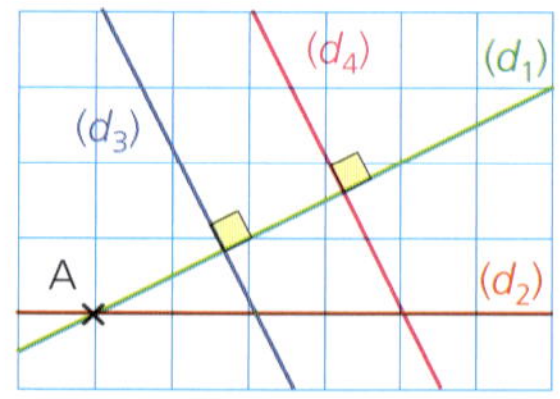

EXEMPLE :
(d_1) et (d_2) sont sécantes en A.
(d_3) et (d_4) sont parallèles. (d_3) et (d_4) sont perpendiculaires à (d_1).

Angles

Un angle se mesure en degrés (°). La construction et la mesure d'un angle s'obtiennent avec un rapporteur.

EXEMPLE : $\widehat{N} = 124°$

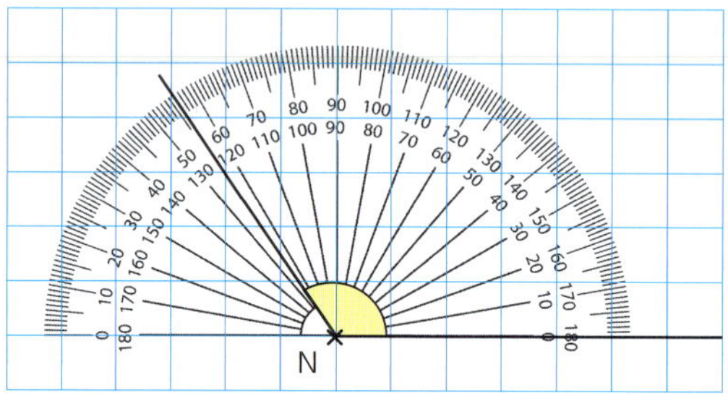

Médiatrice d'un segment – Bissectrice d'un angle

La médiatrice d'un segment est la droite qui coupe perpendiculairement ce segment en son milieu.

EXEMPLE :
La droite (d) est la médiatrice du segment [AB].

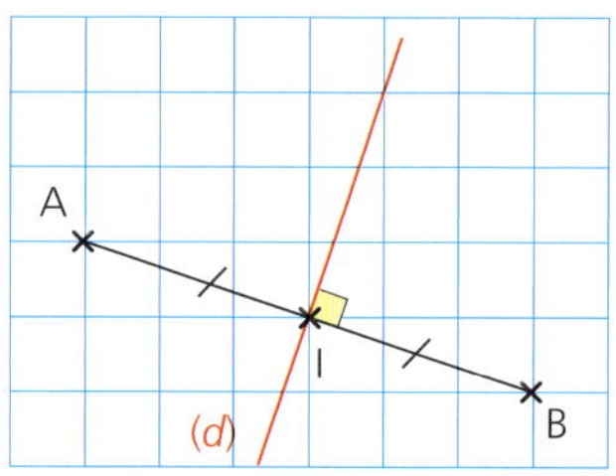

La bissectrice d'un angle partage cet angle en deux angles égaux.

EXEMPLE :
La demi-droite [O*z*) est la bissectrice de l'angle $\widehat{xOy}$.

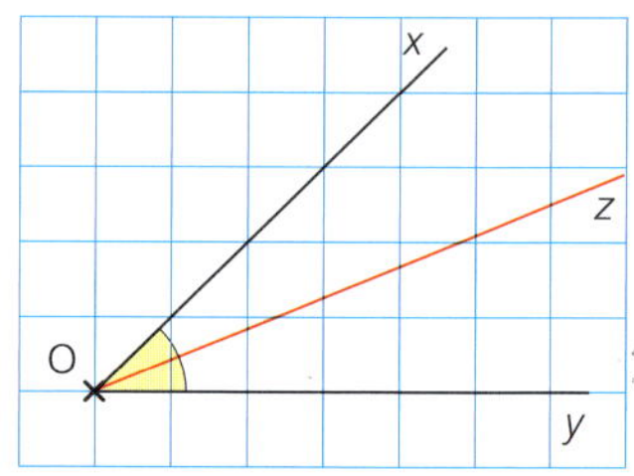

Symétries

Symétrie centrale

Dire que deux figures sont symétriques par rapport à un point signifie que, en effectuant un demi-tour autour de ce point, les deux figures se superposent.

EXEMPLE : A′ est le symétrique de A par rapport à O.

Symétrie axiale

Dire que deux figures sont symétriques par rapport à une droite signifie que, en effectuant un pliage le long de la droite, les deux figures se superposent.

EXEMPLE : D″ est le symétrique de D par rapport à (d).

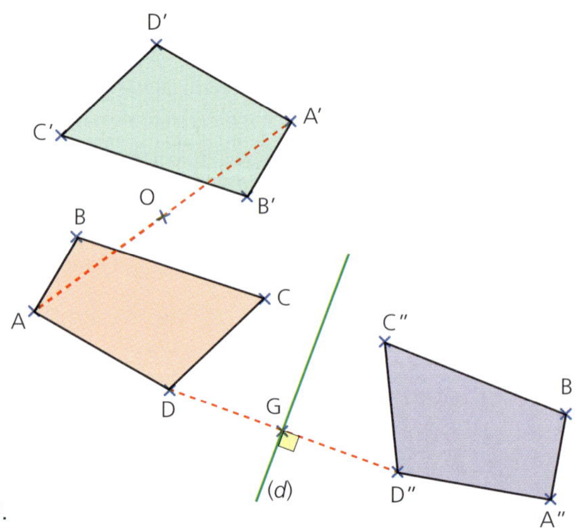

La symétrie conserve les longueurs, les mesures d'angle, les périmètres et les aires.

Comment représenter un fond d'aquarium ?

Un particulier décide d'installer un aquarium d'angle dans sa maison.
Pour terminer la réalisation de l'aquarium, il lui reste à achever le dessin représentant le fond en verre (partie en bleu sur le schéma).

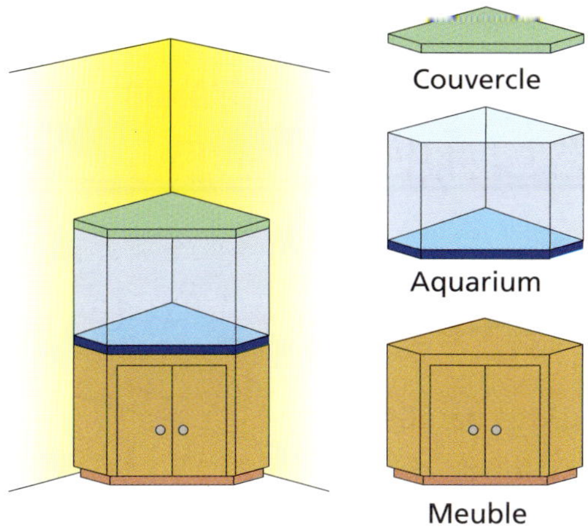

1. **Tracer** un rectangle ABCD tel que AB = 5,4 cm et BC = 7 cm.
2. **Tracer** la bissectrice de l'angle $\widehat{A}$. Elle coupe [BC] en E.
3. **Mesurer** l'angle $\widehat{BAE}$.
4. **Justifier** la valeur de l'angle précédent.
5. **Placer** un point F sur [CD] tel que $\widehat{AEF}$ = 90°. **Tracer** [EF].
6. **Construire** le point G symétrique du point E par rapport à [AD].
7. **Construire** le point H symétrique du point F par rapport au point D.
8. Que représente (AD) pour le segment [FH] ? **Justifier** la réponse.
9. **Construire** le polygone AEFHG. Le **colorier** en bleu.

Aide

1. Un rectangle possède 4 angles droits et des côtés opposés parallèles et égaux.
2. Utiliser le **compas**. L'écartement du compas doit rester le même pendant la construction de la bissectrice.
3. Utiliser le **rapporteur** en positionnant son centre sur le point A et le « zéro » des graduations sur la droite (AE).
5. Pour tracer l'angle droit, utiliser **l'équerre.**
6. Utiliser la **règle** et le **compas**. La symétrie axiale conserve les longueurs.
7. Utiliser la **règle** et le **compas**. La symétrie par rapport à un point conserve les longueurs.
8. **Utiliser** une propriété de la symétrie axiale.

Corrigé

1. Voir dessin.
2. Voir dessin.
3. $\widehat{BAE}$ = 45°.
4. La bissectrice d'un angle partage cet angle en 2 angles égaux. $\widehat{BAE}$ = 90 ÷ 2 = 45°.
5. Voir dessin.
6. Voir dessin.
7. Voir dessin.
8. (AD) est la médiatrice de [FH] puisque H est le symétrique du point F par rapport au point D. La symétrie conserve les longueurs. FD = DH.
9. Voir dessin.

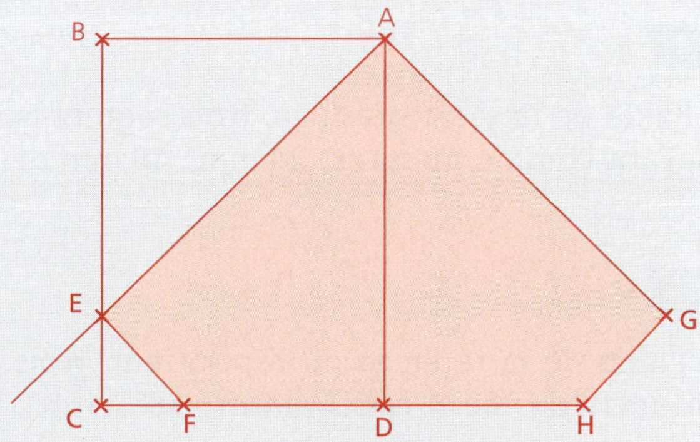

Exercices

Exercices d'application

Reconnaître et tracer des droites parallèles ou perpendiculaires

Exercice 1 ★

Parmi les droites du dessin, citer :

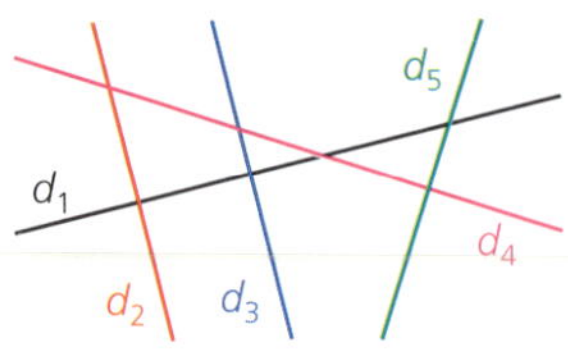

1. deux droites parallèles.
2. trois couples de droites perpendiculaires.
3. trois couples de droites sécantes.

Exercice 2 ★★

Effectuer la construction suivante.

1. Tracer deux droites sécantes (d_1) et (d_2) et placer un point E n'appartenant pas à ces droites.
2. Tracer la droite (d_3) parallèle à (d_1) et passant par E.
3. Tracer à l'équerre la droite (d_4) perpendiculaire à (d_2) passant par E.

Mesurer, construire des angles et des segments

Exercice 3 ★

À l'aide de la règle graduée, mesurer (en mm) les longueurs des segments ci-dessous.

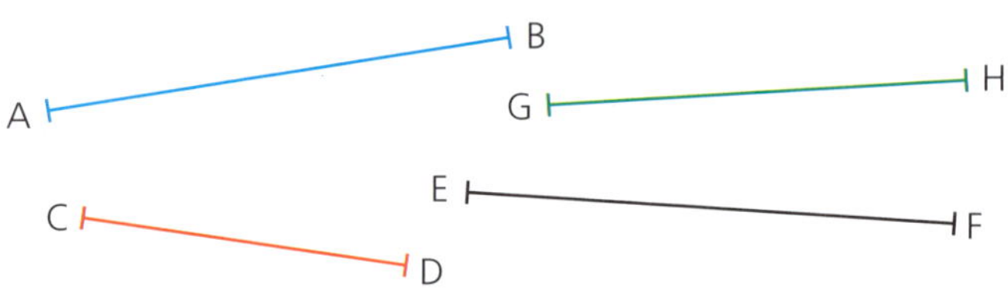

Exercice 4 ★

Tracer, à l'aide de la règle graduée, trois segments distincts ayant comme mesures : 24 mm ; 48 mm et 3,4 cm.

Exercice 5 ★

Tracer, à l'aide de la règle et du rapporteur, trois angles distincts de mesures suivantes : 38° ; 108° ; 63°.

Exercice 6 ★★

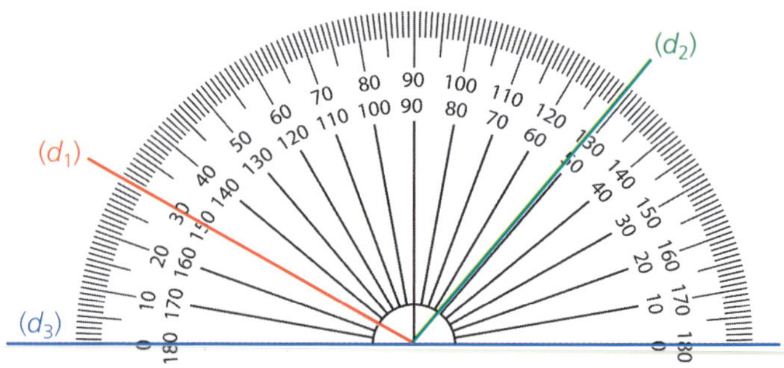

1. a. Lire sur le rapporteur les mesures des deux angles formés par les droites (d_3) et (d_1).
b. Lire sur le rapporteur les mesures des deux angles formés par les droites (d_3) et (d_2).
2. En déduire la mesure de l'angle formé par les droites (d_1) et (d_2).

Construire la médiatrice d'un segment

Exercice 7 ★

Tracer à la règle un segment [AB] de 4,7 cm. Construire sa médiatrice à la règle et au compas.

Exercice 8 ★★

Effectuer la construction suivante.

1. Tracer un segment [MN] tel que MN = 54 mm.
2. À la règle et au compas, tracer sa médiatrice qui coupe [MN] en P.
3. Placer sur la médiatrice un point Q tel que QP = 3,2 cm.
4. Mesurer (en mm) à la règle graduée les longueurs des segments [QM] et [QN].

Construire la bissectrice d'un angle

Exercice 9 ★

Tracer un angle de 54°. Tracer sa bissectrice.

Exercice 10 ★★

1. Tracer une droite (AB). Placer un point O sur cette droite.
2. Tracer un angle $\widehat{AOC}$ de mesure 50°.
3. Tracer les bissectrices des angles $\widehat{AOC}$ et $\widehat{COB}$.

Reconnaître une symétrie et construire des symétriques

Exercice 11 ★

Parmi ces différents triangles, nommer le symétrique du triangle 1 (rouge) par la symétrie centrale par rapport au point O.

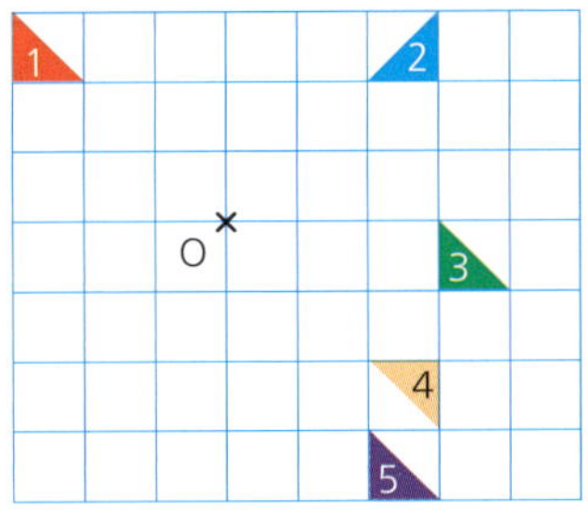

Exercice 12 ★

Les triangles rouge et vert sont symétriques par rapport à un point. Lequel ?

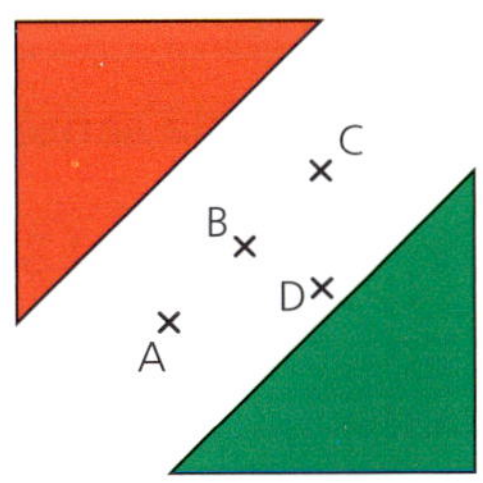

Exercice 13 ★★

Les mots en caractères gras ci-dessous sont appelés des palindromes. Ils présentent la même particularité. Quelle est-elle ? Expliquer la réponse.

- **XAMAX** : nom du club de football de Neuchâtel (Suisse).
- **AOXOMOXOA** : nom d'un album du groupe Gratefull Dead (États-Unis).

Exercice 14 ★

1. Sur une feuille blanche, placer deux points O et P.

2. Construire à la règle et au compas, le point O' symétrique du point O par rapport à P.

Exercice 15 ★★

1. Reproduire la figure ci-contre sur du papier quadrillé.

2. Construire à la règle et à l'équerre le symétrique A'B'C'D' de cette figure par rapport à la droite (*d*).

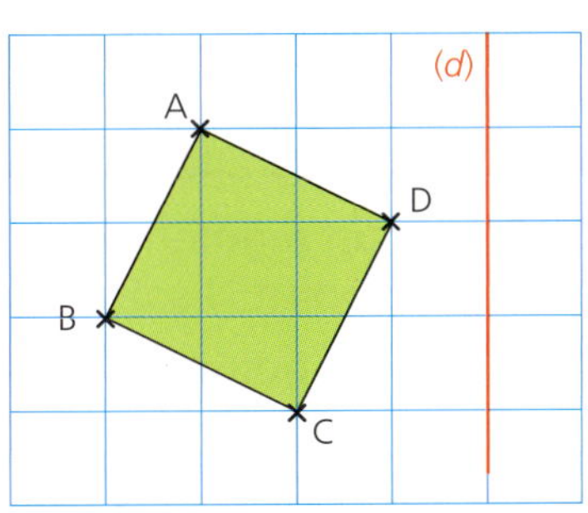

Exercice 16 ★★

1. Reproduire la figure ci-contre sur du papier quadrillé.

2. Tracer à la règle et au compas son symétrique par rapport au point O.

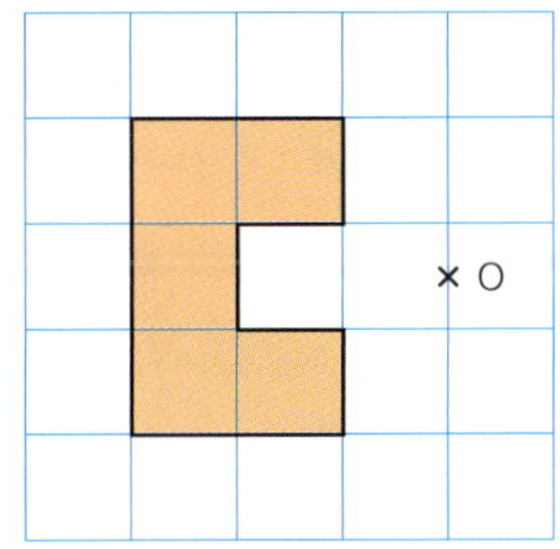

Exercice 17 ★★

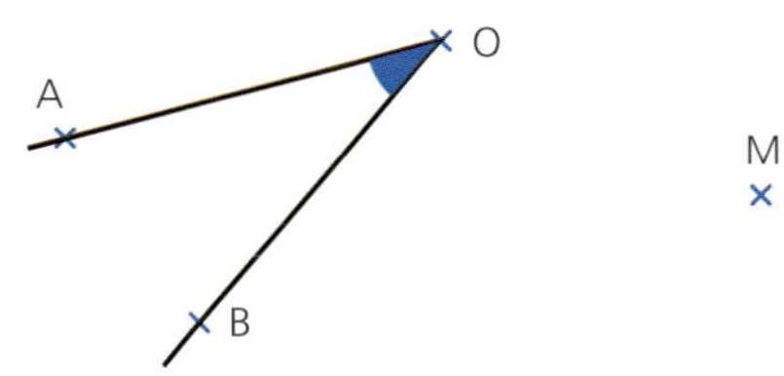

1. Reproduire la figure ci-dessus où $\widehat{O} = 35°$.

2. Construire à la règle et au compas, les symétriques O', A' et B' des points O, A et B par rapport au point M.

3. Tracer l'angle $\widehat{A'O'B'}$.

4. À l'aide du rapporteur, mesurer l'angle $\widehat{A'O'B'}$.

5. Quelle propriété vient d'être vérifiée ?

Exercice 18 ★★★

1. Sur une feuille blanche, tracer un triangle ABC quelconque.

2. Construire en rouge le symétrique du triangle ABC par rapport au point A.

3. Construire en vert le symétrique du triangle ABC par rapport au point B.

4. Construire en bleu le symétrique du triangle ABC par rapport au point C.

Exercice 19 ★★

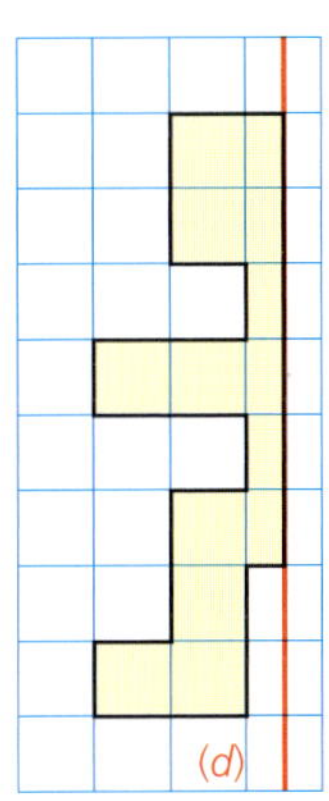

Reproduire ce dessin sur papier quadrillé et construire à la règle son symétrique par rapport à la droite (*d*).

Exercices

Auto-évaluation

Pour chaque amorce de phrase, recopier la (ou les) bonne(s) réponse(s).

1 Le groupe de chardons qui présente une symétrie centrale est le groupe :

a) 
b) 
c) 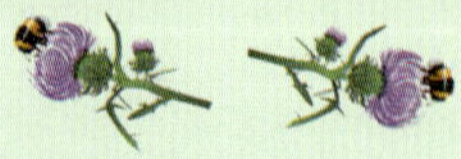

2 Une règle mesure 25 cm, ce qui donne en mètres :
a) 250 b) 0,25 c) 2,5

3 La symétrie axiale conserve :
a) les distances b) les angles c) les droites parallèles et perpendiculaires

4 Soit un angle $\widehat{MON}$ de 58° et sa bissectrice [OP], alors :
a) $\widehat{MOP} = 27°$ b) $\widehat{NOP} = 29°$ c) $\widehat{MOP} = 29°$

5 Sur la figure ci-contre, si $\widehat{BOC}$ vaut 50°, alors $\widehat{AOB}$ vaut :
a) 180° b) 130° c) 60°

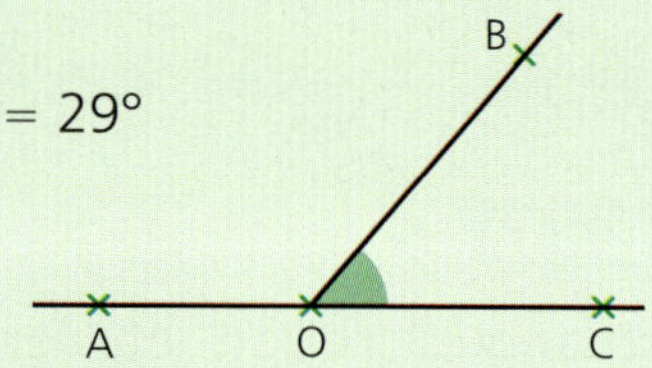

6 Le pictogramme  qui désigne un « Danger pour la santé » présente :
a) 1 axe de symétrie b) 2 axes de symétrie c) 3 axes de symétrie

7 Deux droites parallèles :
a) ne se coupent jamais b) peuvent être sécantes c) sont perpendiculaires

8 Un point situé sur la médiatrice d'un segment est :
a) à égale distance des 2 extrémités du segment b) n'a pas de propriété particulière
c) est situé sur l'axe de symétrie de ce segment

→ Réponses p. 192

Exercices d'approfondissement

Exercice 20 ★★

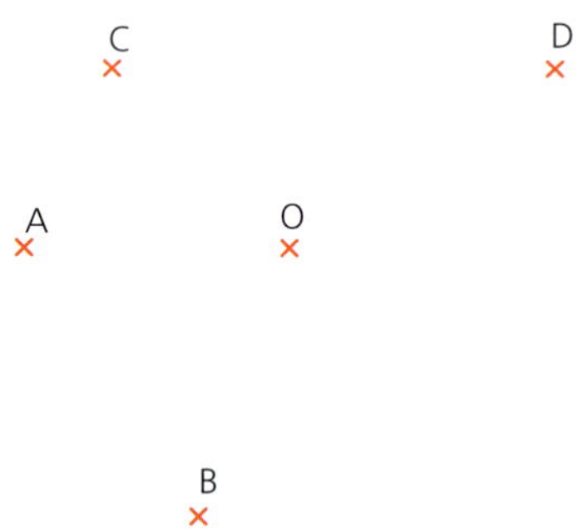

1. Placer sur une feuille 5 points A, B, C, D et O.

2. Construire les points A′, B′ et C′ symétriques des points A, B et C par rapport au point O.

3. Construire les points O′ et D′ symétriques des points O et D par rapport à la droite (AB).

Exercice 21 ★★★

Gaëlle doit dessiner un voilier. Comme point de départ, elle se sert du schéma ci-après qui représente la base du bateau. Ensuite, elle le terminera en suivant le protocole donné.

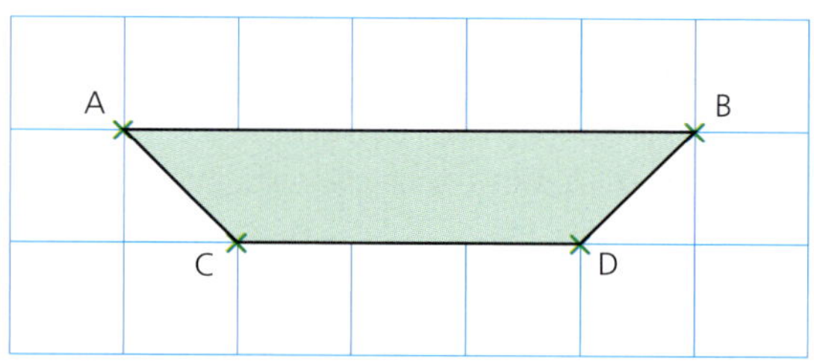

1. Reproduire la figure.

2. À l'aide du compas, tracer la médiatrice (*d*) du segment [AB]. Elle coupe [AB] en H.

3. Placer sur (*d*) un point N au-dessus de H tel que NH = 1 cm.

4. Tracer la parallèle (d_1) à [AB] passant par N.

5. Tracer un segment [EF] de longueur 3 cm sur (d_1) tel que le point N soit le milieu de [EF].

6. Placer un point L sur (*d*) tel que LH = 4,5 cm.

7. Tracer [LE] et [LF]. Les mesurer.

8. Que représente (LN) pour [EF] ?

Exercice 22 ★★

Les dessinateurs des drapeaux suivants ont tracé plusieurs axes pour s'aider à les construire.

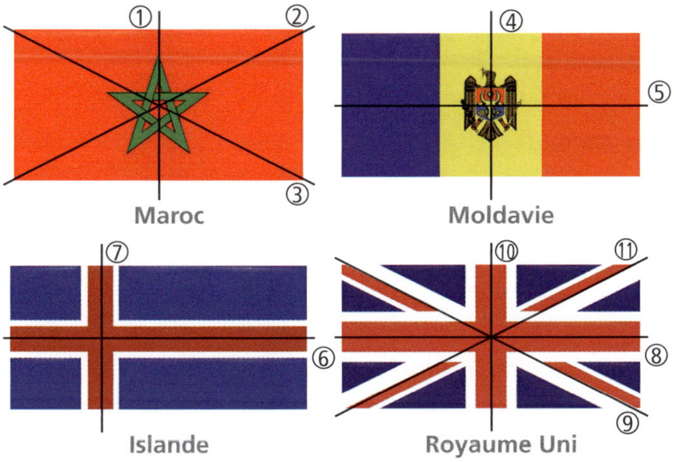

1. Nommer le (ou les) drapeau(x) qui ne présente(nt) pas d'axe de symétrie.

2. Donner les numéros des axes de symétrie pour les drapeaux possédant une symétrie.

Exercice 23 ★★

Martin souhaite schématiser le logo actuel d'une grande marque de voitures. Il utilise comme outils de géométrie uniquement la règle et le compas et travaille sur du papier quadrillé.

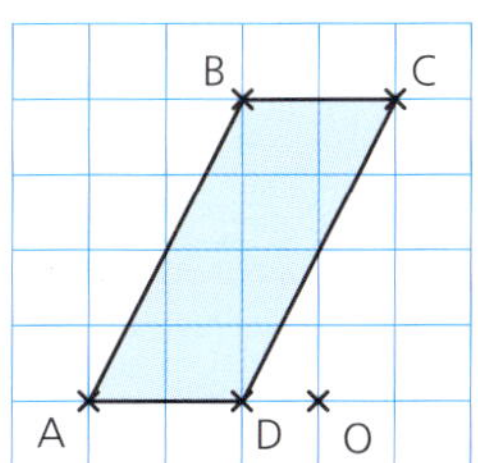

1. Reproduire au milieu d'une feuille quadrillée le quadrilatère ABCD.

2. a. À la règle et au compas, construire les points E, H, G et F symétriques respectivement des points A, B, C et D par la symétrie de centre O.
b. Construire le quadrilatère EFGH.

3. Tracer les segments [CE], [AG], [BF] et [DH] pour former le logo entier.

4. Colorier en gris les quatre quadrilatères obtenus ABCD, BCEF, EFGH et ADHG.

Exercice 24 ★★

Monsieur Girard se propose de refaire lui-même un vieux portail à deux battants. Il établit le déroulé des opérations à suivre pour représenter le premier battant. Il pense qu'il ira plus vite en dessinant le second battant par symétrie du premier.

1. Sur une feuille A4, tracer un segment [AB] tel que AB = 10 cm.

2. a. Tracer la droite (d_1) perpendiculaire à [AB] en A.
b. Tracer la droite (d_2) parallèle à (d_1) passant par B.
c. Comment se situe la droite (d_2) par rapport à [AB] ?

3. a. Placer le point D sur la droite (d_1) au-dessus de A tel que AD = 7 cm.
b. Placer le point C sur la droite (d_2) au-dessus de B tel que BC = 4 cm.
c. Tracer le segment [DC].

4. a. Tracer A' le symétrique de A et D' le symétrique de D par rapport à la droite (d_2).
b. Tracer les segments [D'C], [BA'] et [A'D'].

Exercice 25 ★★★

Damien, élève charpentier, doit mettre en ordre le programme de construction du modèle de charpente ci-dessous.

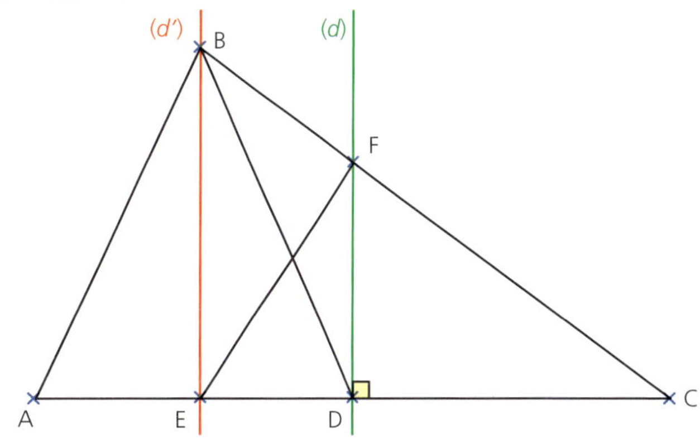

Les instructions qu'il a récupérées sont données dans le désordre.

1. Remettre dans l'ordre les différentes étapes de construction de la charpente.

1. tracer un arc de cercle de centre C et de rayon 6,5 cm.
2. tracer un segment [AC] tel que AC = 7 cm.
3. les deux arcs de cercle se coupent en B. Tracer [AB].
4. tracer la médiatrice (*d*) de [AC]. Elle coupe [AC] en D.
5. tracer un arc de cercle de centre A et de rayon 4,3 cm.
6. tracer [BC]. Il coupe (*d*) en F.
7. tracer la parallèle (*d'*) à (*d*) passant par B. Elle coupe [AC] en E.
8. terminer la construction en traçant [BD] et [EF].

2. Comment se situe (*d'*) par rapport à [AC] ? Justifier la réponse.

Vers l'examen

Compétences	Capacités	Questions
S'approprier	Rechercher, extraire et organiser l'information.	1
Analyser Raisonner	Émettre une conjecture, une hypothèse. Proposer une méthode de résolution, un protocole expérimental.	4
Réaliser	Choisir une méthode de résolution, un protocole expérimental. Exécuter une méthode de résolution, expérimenter, simuler.	1 ; 2 ; 3 ; 5 ; 7 ; 8 ; 9
Valider	Contrôler la vraisemblance d'une conjecture, d'une hypothèse. Critiquer un résultat, argumenter.	6 ; 10
Communiquer	Rendre compte d'une démarche, d'un résultat, à l'oral ou à l'écrit.	4

Situation

Madame Chamane restaure petit à petit une ferme classée au patrimoine de sa commune. Elle doit refaire à l'identique des volets abimés.
Elle confie le travail à un menuisier, qui dessine sur place le croquis d'un volet à main levée.
De retour à l'atelier, le menuisier demande à Chloé, son apprentie, de faire un dessin correct du volet en suivant un protocole détaillé.
La base du volet sera un triangle MNP rectangle en N tel que MN = 3 cm et $\widehat{NMP} = 60°$.

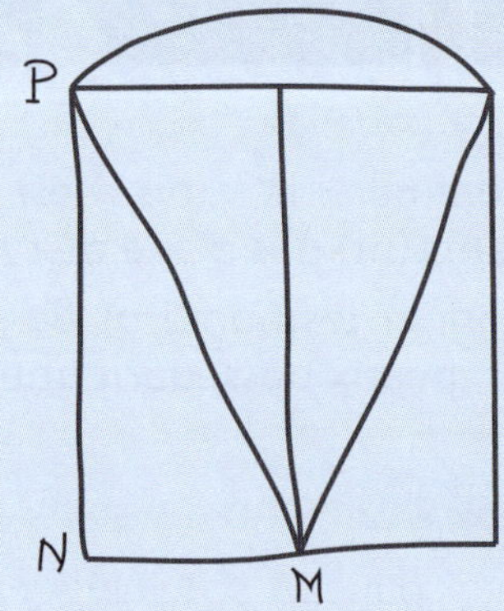

Croquis du menuisier

Questions

Réaliser le protocole donné à Chloé.

1. Tracer le triangle MNP selon les données de la situation en utilisant la règle, l'équerre et le rapporteur.
2. Tracer le point T symétrique du point N par rapport au point M.
3. Par le point P, tracer la parallèle (d_1) à (NT).
4. Comment se situe (d_1) par rapport à [NP] ? Justifier la réponse.
5. Par le point T, tracer la perpendiculaire (d_2) à (NT).
6. Placer le point L à l'intersection de (d_1) et (d_2).
7. Tracer le segment [ML]. Le mesurer en cm.
8. Mesurer l'angle $\widehat{LMP}$. Tracer la bissectrice de cet angle.
9. Tracer l'arc de cercle $\overset{\frown}{LP}$ de centre M et de rayon [LM].
10. Placer le point O, intersection de $\overset{\frown}{LP}$ et de la bissectrice de l'angle $\widehat{LMP}$.

Le dessin réalisé par l'apprentie Chloé correspond-il au croquis fait à main levée par le menuisier ?

Chapitre 9

Figures simples – Périmètres et aires

Je vais apprendre à…

- **Identifier un triangle isocèle, équilatéral ou rectangle, un parallélogramme, un losange, un rectangle, un carré.**
- **Tracer un triangle, un rectangle ou un carré.**
- **Tracer un cercle de rayon et de centre donnés.**
- **Calculer le périmètre et l'aire d'un triangle, d'un parallélogramme, d'un rectangle, d'un carré et d'un disque.**
- **Convertir des unités de longueurs et d'aires.**

Je découvre

Auguste Herbin est un peintre français qui s'est consacré à une peinture entièrement géométrique, faite de formes simples de couleurs vives.

En 1946, il met au point son « Alphabet plastique », qui fait correspondre à chaque lettre de l'alphabet une forme géométrique et une couleur.

Par exemple, la lettre D est représentée uniquement par un disque rouge alors que la lettre H peut être représentée soit par un triangle soit par un disque orangé.

Vendredi I, 1951

1. En examinant attentivement le tableau « Vendredi I », citer les formes géométriques simples utilisées par Auguste Herbin pour le concevoir.
2. Essayer, à la manière d'Auguste Herbin, de créer une composition représentant le mot « peintre » en utilisant son « Alphabet plastique ».

Alphabet plastique

Activités

ACTIVITÉ 1 Reconnaître des formes géométriques

Émeric, professeur des écoles, utilise des gommettes pour faire réaliser des dessins à ses élèves et les initier à la géométrie.

Gommettes	Liste de figures géométriques
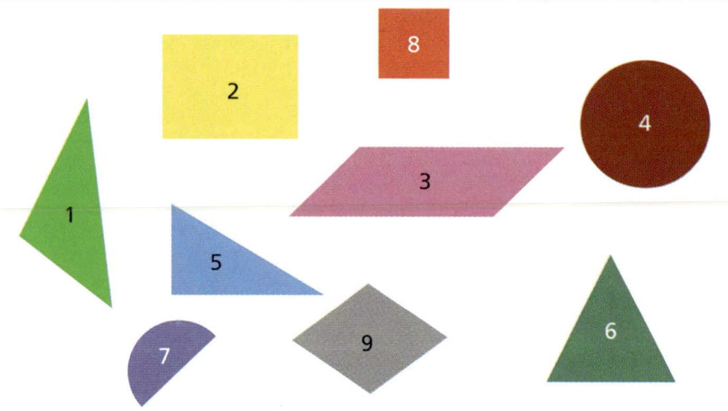	• Parallélogramme • Carré • Triangle • Rectangle • Losange • Triangle isocèle • Disque • Triangle rectangle • Demi-disque

▸ Aider Émeric à associer chaque forme de gommette à un nom proposé dans la liste des figures géométriques.

ACTIVITÉ 2 Identifier et tracer un triangle

La professeure d'arts plastiques de la classe de Djibril propose à ses élèves de travailler sur les formes triangulaires dans le but de créer un logo pour le club de fitness du lycée.
Elle leur demande de réfléchir sur un projet construit avec un logiciel de géométrie.

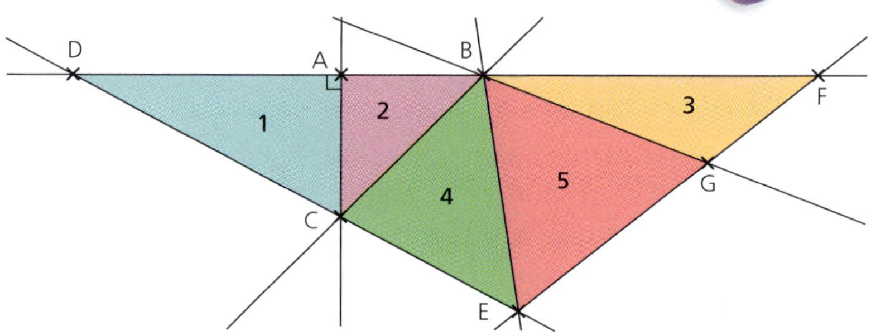

Projet de logo

1. Ouvrir le fichier Chap9_Activité2.
2. Les cinq triangles du dessin ont-ils les mêmes caractéristiques ?
3. En s'aidant des outils et , afficher les caractéristiques (mesures des côtés et des angles) des cinq triangles.
4. Rédiger une phrase pour chaque triangle en indiquant ses caractéristiques (côtés et angles) et associer à chacun un nom parmi la liste donnée : *triangle équilatéral – triangle isocèle – triangle rectangle – triangle quelconque – triangle rectangle isocèle*.
5. Calculer la somme des angles pour les triangles 1 et 3.
6. Avec la souris, déplacer le point D.
   Les triangles 1 et 3 se déforment mais la valeur trouvée à la question 5. a-t-elle changé ? Rédiger une propriété sur la somme des angles d'un triangle.
7. Sur une feuille, reproduire en utilisant la règle, le compas et l'équerre, et en gardant les mêmes mesures que sur le dessin, les triangles 2 et 5.

ACTIVITÉ 3 Calculer le périmètre d'une figure

La mairie d'une commune construit un terrain de jeux pour enfants selon la figure orange. Sur le pourtour, elle désire poser une clôture pour empêcher l'entrée des animaux. Elle a deux solutions :
– soit elle construit la clôture sous la forme d'un cercle englobant le terrain de jeux en entier (1) ;
– soit elle la construit en respectant parfaitement les limites du terrain de jeux (2).
Afin d'évaluer la longueur de clôture nécessaire pour chaque solution, elle demande que l'on calcule le périmètre du cercle bleu et celui de la figure orange.

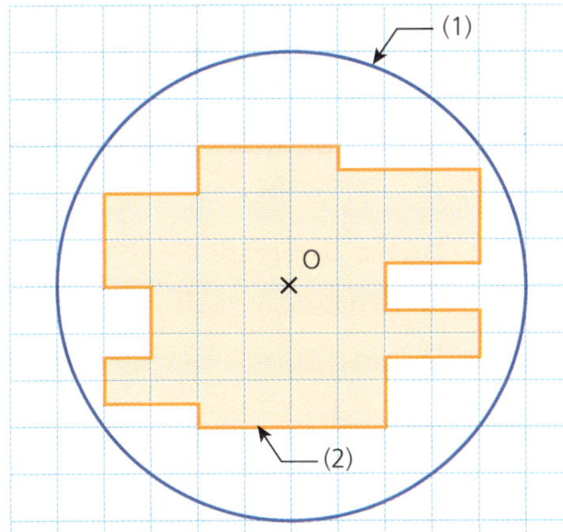

chaque carré a pour côté 1 m

1. Proposer une définition du périmètre d'une figure.
2. Sans calcul, quelle figure semble avoir le plus grand périmètre : le cercle bleu de centre O ou le polygone orange ?
3. En s'aidant du quadrillage, donner le rayon (en m) du cercle bleu de centre O.
4. Calculer le périmètre (en m) du cercle bleu de centre O.
5. Calculer le périmètre (en m) de la figure orange.
6. Quelle est la figure qui a le plus grand périmètre ?

Périmètre d'un cercle de rayon R

P (cercle) = 2π R

ACTIVITÉ 4 Calculer le périmètre et l'aire d'un disque

Paul s'interroge sur la taille de la piste gravée d'un disque compact (CD). Sur son cahier, il représente le CD par deux cercles **concentriques** de centre O. Le petit cercle a pour diamètre D_1 50 mm et le grand cercle a pour diamètre D_2 116 mm.

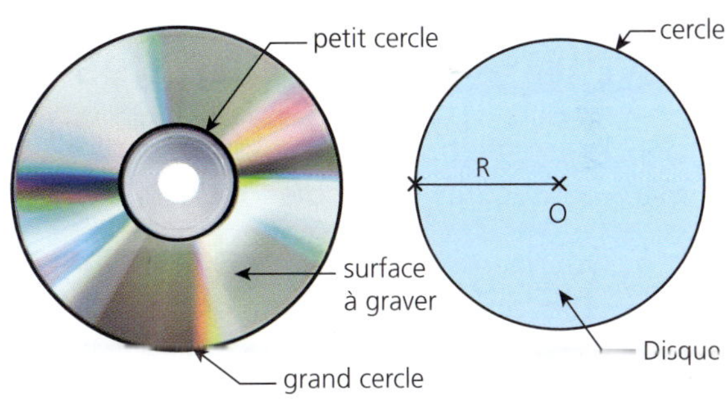

1. Calculer (en mm) les rayons R_1 et R_2 de chacun des cercles. Tracer les deux cercles de centre O.
2. a. Calculer (en mm) les périmètres P_1 et P_2 des deux cercles.
   b. Convertir ces résultats en mètres.
3. Pour connaître la surface de la piste gravée :
   a. calculer l'aire (en mm²) du petit disque de rayon 25 mm ;
   b. calculer l'aire (en mm²) du grand disque de rayon 58 mm ;
   c. en déduire l'aire (en mm²) de la surface de la piste. Arrondir à l'unité.
4. Colorier la partie gravée du disque.

Des cercles sont **concentriques** lorsqu'ils ont le même centre.

$\mathcal{A}$(disque) = $\pi \times R^2$

Méthode

Tableau de conversion d'unités de longueurs

km	hm	dam	m	dm	cm	mm
			4	*5*	*0*	

Exemple : convertir 45 dm en cm.
Repérer le chiffre des unités du nombre 45, le placer dans la colonne de l'unité donnée.
Placer les autres chiffres du nombre dans le tableau, un par unité de mesure.
Compléter les colonnes vides par des zéros jusqu'à la colonne de l'unité demandée, ici le cm : 45 dm = 450 cm.

Activités

ACTIVITÉ 5 Découvrir le parallélogramme

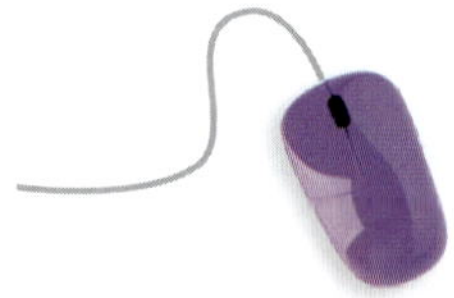

Un artisan doit refaire à l'identique une surface dallée de 25 m². Ce dallage est constitué de dalles ayant la forme d'un **parallélogramme**. L'artisan s'aide d'un logiciel de géométrie pour déterminer les caractéristiques d'une dalle afin de pouvoir calculer le nombre de dalles nécessaires pour effectuer le travail demandé.

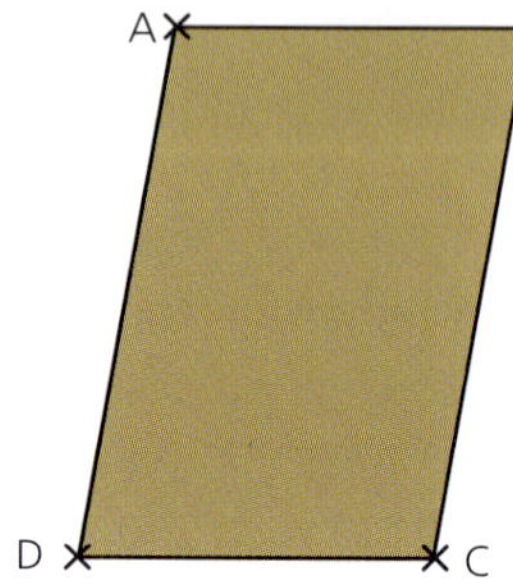

1. Ouvrir le fichier Chap9_Activité5.
2. En utilisant l'outil [outil], afficher la mesure de [DC].
3. a. Construire la perpendiculaire à (DC) passant par A avec l'outil [outil].
   b. Construire le point d'intersection E entre (DC) et sa perpendiculaire avec l'outil [outil].
   c. Construire le segment [AE] et afficher sa mesure.
   d. Que représente [AE] pour le parallélogramme ABCD ?
4. Calculer l'aire (en cm²) du parallélogramme ABCD en utilisant la formule donnée où b = DC et h = AE.
5. a. Tracer la diagonale [AC] du parallélogramme ABCD. Nommer les deux figures obtenues.
   b. En déduire la formule de l'aire d'un triangle.
6. Calculer l'aire (en cm²) du triangle DAC.
7. Sachant que l'aire d'une dalle est de 0,0384 m², calculer le nombre de dalles que doit acheter l'artisan pour couvrir 25 m². Arrondir à l'unité.

Un **parallélogramme** est un quadrilatère qui a ses côtés opposés parallèles deux à deux.

$\mathcal{A}$ (parallélogramme) = base × hauteur = $b \times h$

ACTIVITÉ 6 Étudier des quadrilatères particuliers

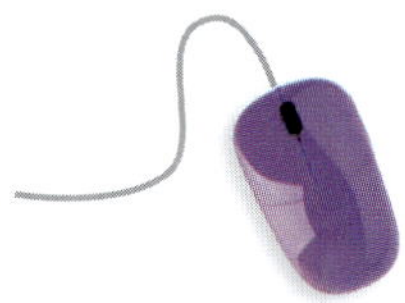

Léa doit vérifier si l'affirmation suivante est exacte : « Un **rectangle** qui a deux côtés consécutifs de même longueur est un **carré**. »

1. Ouvrir une feuille de travail du logiciel GeoGebra, garder le quadrillage, enlever les axes. L'unité est le cm.
2. a. Tracer un rectangle ABCD avec AB = 8 et BC = 4.
   b. Calculer son périmètre (en cm) et son aire (en cm²).
3. a. Tracer, à l'aide de l'outil [outil] les diagonales [AC] et [BD] du rectangle.
   b. Les mesurer à l'aide de l'outil [outil].
   c. Construire le point E, intersection des diagonales, avec l'outil [outil].
   d. Donner les caractéristiques des diagonales d'un rectangle.
4. Déplacer les points B et C de façon à construire un quadrilatère ayant 4 côtés égaux à [AD]. Justifier que cette nouvelle figure est un carré.
5. Déterminer la mesure de l'angle $\widehat{E}$. Énoncer la caractéristique supplémentaire des diagonales d'un carré par rapport à celles d'un rectangle.
6. Afficher l'aire du carré à l'aide de l'outil [outil]. Vérifier, avec la formule, la valeur affichée.
7. L'affirmation de Léa est-elle vérifiée ?

Un **rectangle** est un quadrilatère qui a quatre angles droits.
Un **carré** est un quadrilatère qui a quatre angles droits et quatre côtés de même longueur.

P (rectangle) = 2 (L + ℓ)
$\mathcal{A}$ (rectangle) = L × ℓ
P (carré) = 4 × c
$\mathcal{A}$ (carré) = c × c = c².

ACTIVITÉ 7 Découvrir le losange

Chloé souhaite offrir à une amie, pour son anniversaire, un pendentif en forme de **losange**.
Le bijoutier lui propose trois bijoux en lui assurant que tous les trois correspondent à sa demande.

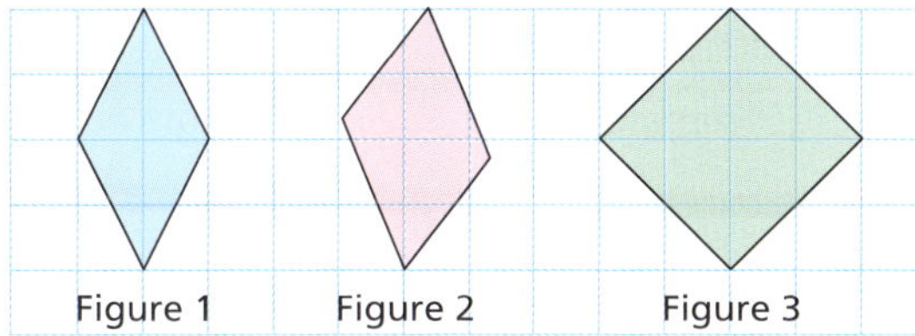

1. En s'aidant du quadrillage, reproduire sur une feuille quadrillée les trois figures.
2. Donner les caractéristiques (côtés et angles) de la figure 3. Nommer cette figure.
3. Mesurer les côtés des figures 1 et 2.
4. a. Quelle caractéristique ne possèdent pas les côtés de la figure 2 par rapport à ceux de la figure 1 ?
   b. Donner le nom de la figure 2.
5. En déduire le nom de la figure 1.
6. a. Tracer les diagonales du losange.
   b. Quelles sont leurs caractéristiques ?
7. Le bijoutier avait-il raison ?

Un parallélogramme qui a deux côtés consécutifs égaux est un **losange**.

ACTIVITÉ 8 Calculer le périmètre et l'aire d'une figure composée

Un menuisier est chargé de refaire le plancher en parquet d'une salle représentée par le polygone ABCDEFG. Les plinthes qui entourent la salle doivent également être remplacées.
Axel, son apprenti, doit calculer le périmètre et l'aire du polygone sur lequel les unités de longueurs sont toutes différentes.
On donne GH = HF.

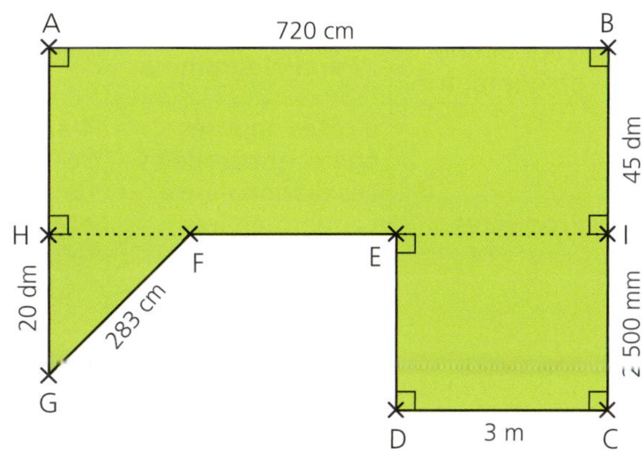

La figure ne respecte pas les proportions.

1. Nommer les trois figures géométriques constituant le polygone.
2. Exprimer toutes les longueurs connues en cm.
3. Calculer la longueur du segment [EF] en cm.
4. Calculer le périmètre du polygone en cm. Le convertir en mètres.
5. Calculer les aires de chacune des trois figures en cm^2.
6. Calculer l'aire totale de la pièce en cm^2 puis en m^2.

Méthode

Exemple : convertir 45,28 cm^2 en m^2.
Repérer le chiffre des unités du nombre 45,28 ; le placer dans la colonne de l'unité donnée (chaque colonne contient 2 chiffres).
Placer les autres chiffres du nombre, deux par deux, dans les colonnes du tableau.
Compléter les colonnes vides par des zéros jusqu'à la colonne de l'unité demandée.
Placer la virgule si nécessaire.

Tableau de conversion d'unités d'aires

km^2	hm^2	dam^2	m^2	dm^2	cm^2	mm^2
..	..	..	*00,*	*00*	*45*	*28*

L'essentiel

Les triangles

Un triangle est une figure géométrique à trois côtés dont la somme des angles est égale à 180°.

Triangle isocèle	Triangle équilatéral	Triangle rectangle	Triangle rectangle isocèle
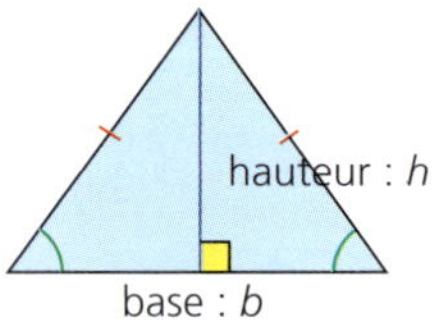	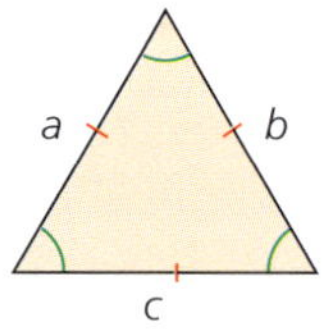	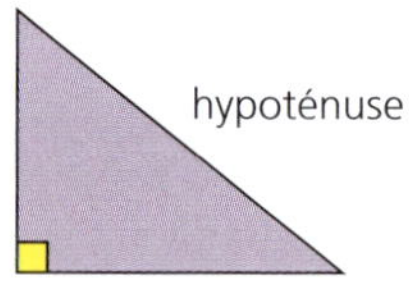	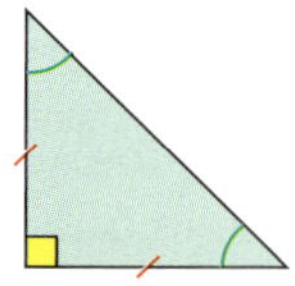
2 côtés égaux 2 angles égaux	3 côtés égaux 3 angles égaux chacun à 60°	Un angle droit	Un angle droit 2 côtés égaux 2 angles égaux à 45°

- **Le périmètre d'un triangle se calcule en faisant la somme des mesures des trois côtés : $P = a + b + c$.**
- **L'aire d'un triangle se calcule par la formule : $\mathcal{A} = \dfrac{b \times h}{2}$**

EXEMPLE : Pour un triangle avec $b = 4{,}2$ cm et $h = 2{,}5$ cm, alors $\mathcal{A} = \dfrac{4{,}2 \times 2{,}5}{2} = 5{,}25$ cm^2.

Les quadrilatères

Un quadrilatère est un polygone possédant 4 côtés.

Forme géométrique	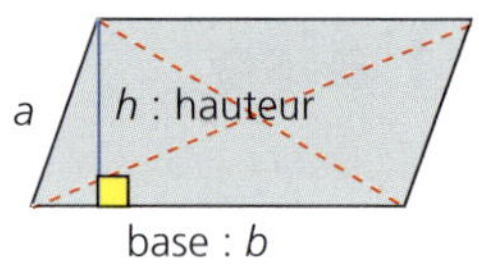	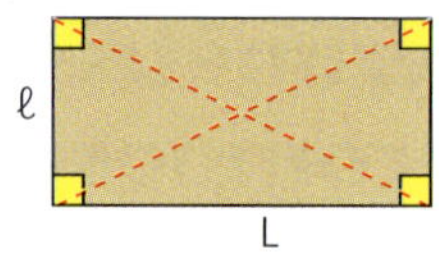	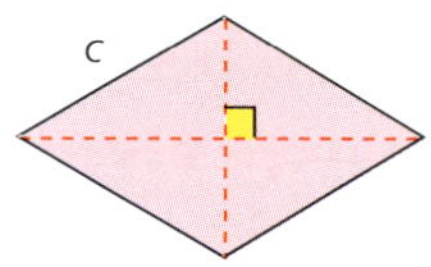	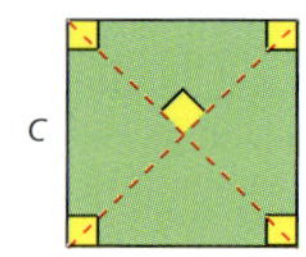
Nom donné en géométrie	Parallélogramme	Rectangle	Losange	Carré
Propriétés	2 côtés opposés égaux et parallèles. Les diagonales se coupent en leur milieu.	4 angles droits. Les diagonales sont de même longueur et se coupent en leur milieu.	4 côtés égaux. Les diagonales sont perpendiculaires et se coupent en leur milieu.	4 angles droits. 4 côtés égaux. Les diagonales sont perpendiculaires et de même longueur. Elles se coupent en leur milieu.
Périmètre	$P = (a + b) \times 2$	$P = 2\,(L + \ell)$	$P = 4 \times c$	$P = 4 \times c$
Aire	$\mathcal{A} = b \times h$	$\mathcal{A} = L \times \ell$		$\mathcal{A} = c \times c = c^2$

EXEMPLE :
– Pour un parallélogramme où $b = 8$ dm et $h = 3{,}5$ dm, alors $\mathcal{A} = 8 \times 3{,}5 = 28$ dm^2.
– Pour un rectangle où $L = 4$ m et $\ell = 1{,}8$ m, alors
$P = 2\,(4 + 1{,}8) = 11{,}6$ m et $\mathcal{A} = 4 \times 1{,}8 = 7{,}2$ m^2.
– Pour un carré de côté $c = 5{,}2$ mm, alors $P = 4 \times 5{,}2 = 20{,}8$ mm et $\mathcal{A} = 5{,}2^2 = 27{,}04$ mm^2.

Le cercle et le disque

Le cercle de centre O et de rayon R est l'ensemble des points situés à une distance de O égale à R.
La surface délimitée par le cercle s'appelle le disque.

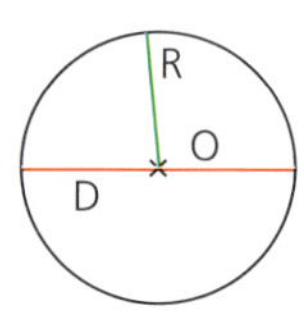

- **$P = 2 \times \pi \times R$**
- **$\mathcal{A} = \pi \times R^2$**

EXEMPLE : Pour un cercle de rayon $R = 3{,}2$ dm, alors
$P = 2 \times \pi \times 3{,}2 \approx 20{,}1$ dm et $\mathcal{A} = \pi \times 3{,}2^2 \approx 32{,}2$ dm^2.

Exercice guidé

Comment créer son propre cerf-volant ?

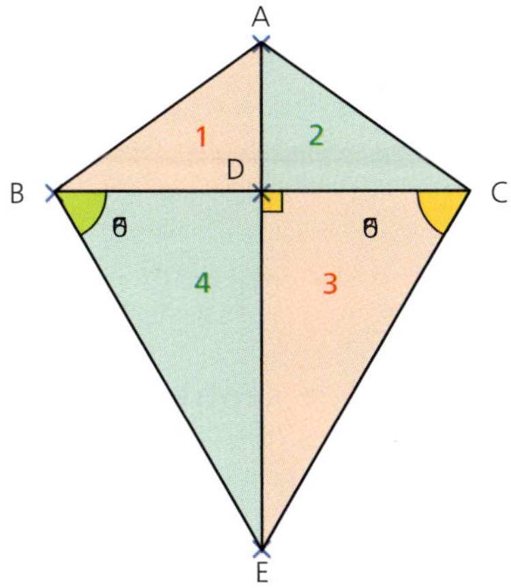

Fanny décide de créer son propre cerf-volant selon le schéma proposé ci-contre. Elle souhaite calculer la surface de tissu plastifié nécessaire à sa confection. Les parties 1 et 3 seront de couleur rouge et les parties 2 et 4 de couleur verte.
On donne : AB = AC = 36 cm ;
BC = 60 cm ; DE = 50 cm ;
AD = 20 cm.
D milieu de [BC].

1. **Donner** la nature du triangle ABC. Justifier la réponse.
2. Dans le triangle BEC, **calculer** la mesure de l'angle $\widehat{E}$. En déduire la nature exacte du triangle BEC.
3. Fanny consolide son cerf-volant en créant une armature composée de deux baguettes de bois correspondant à [BC] et [AE].
   Calculer, en cm, la longueur de baguettes nécessaire.
4. **Justifier** que l'on a CD = 30 cm.
5. **Nommer** les triangles qui semblent avoir la même aire.
6. **Calculer**, en cm^2, l'aire du triangle CDE.
7. **a.** Sachant que l'aire du triangle ABD est égale à 300 cm^2, **calculer** l'aire, en cm^2, de tissu de couleur rouge.
   b. En déduire l'aire, en cm^2, de tissu de couleur verte.
8. **Calculer** l'aire totale, en cm^2, de tissu nécessaire. **Convertir** le résultat en m^2.

Aide

- (1) **Rechercher** dans le texte les informations nécessaires.
- (2) **Utiliser** la propriété de la somme des angles d'un triangle.
- (3) **Rechercher** dans l'énoncé les valeurs des longueurs. **Écrire** la somme des longueurs.
- (6) $\mathcal{A} = \dfrac{b \times h}{2}$ avec b = CD et h = DE.
- (7a) Où trouve-t-on la couleur rouge ?
- (7b) **Comparer** les triangles aux numéros verts avec ceux aux numéros rouges.
- (8) **Faire** un tableau de conversion au brouillon si nécessaire.

Corrigé

1. Le triangle ABC est isocèle en A. Il a 2 côtés égaux. AB = AC = 36 cm.
2. On sait que la somme des angles d'un triangle est égale à 180°. $\widehat{E} = 180 - (2 \times 60) = 60°$.
Le triangle BEC a ses 3 angles égaux chacun à 60°, c'est donc un triangle équilatéral.
3. BC + AD + DE = 60 + 20 + 50 = 130 cm.
4. D est le milieu de [BC] donc CD = BC/2 = 30 cm.
5. Les triangles 1 et 2 ont la même aire. Les triangles 3 et 4 ont la même aire.
6. Aire (CDE) = (CD × DE)/2 = (30 × 50)/2 = 750 cm^2.
7. a. Les parties 1 et 3 sont en rouge, ce sont les triangles ABD et CDE.
Aire de tissu rouge = $\mathcal{A}$ (ABD) + $\mathcal{A}$ (CDE).
$\mathcal{A}$ (rouge) = 300 + 750 = 1 050 cm^2.
b. Il n'est pas nécessaire de faire un autre calcul pour connaître l'aire de tissu vert. Les triangles ABD et ACD sont semblables ainsi que les triangles BDE et CDE. L'aire de tissu vert est égale à l'aire de tissu rouge, soit 1 050 cm^2.
8. Aire totale = 2 × 1 050 = 2 100 cm^2 = 0,21 m^2.

Exercices

Exercices d'application

Reconnaître et construire une figure géométrique

Exercice 1 ★

Parmi les quadrilatères suivants, lesquels semblent être des parallélogrammes ?

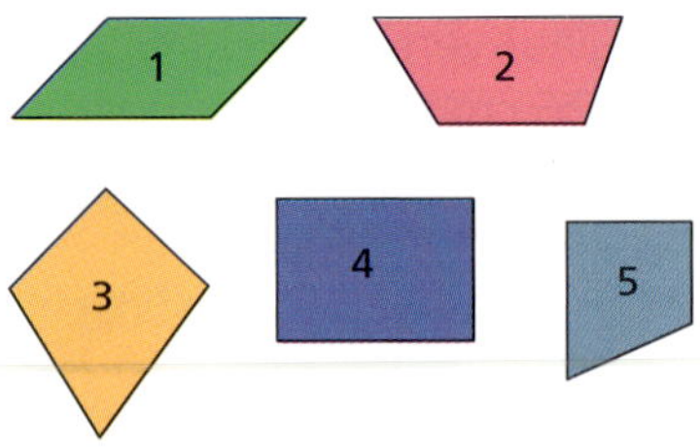

Exercice 2 ★

Parmi ces drapeaux, citer ceux où l'on trouve un ou plusieurs parallélogrammes.

Trinidad-et-Tobago

Tanzanie

République du Congo

Exercice 3 ★

Le dessin ci-contre a été obtenu en utilisant les 7 pièces d'un jeu d'assemblage.

- Donner le nom des figures géométriques constituant le dessin.

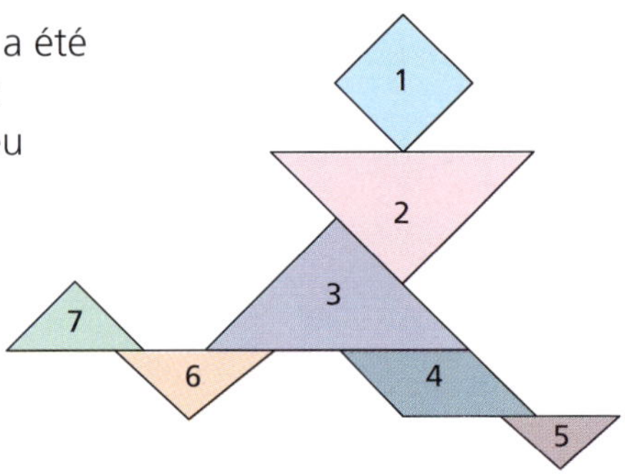

Exercice 4 ★

Construire à la règle et au compas le triangle ABC ayant comme mesures AB = 4,5 cm ; BC = 3 cm et AC = 4 cm.

Exercice 5 ★

1. Construire à la règle et au compas un triangle OPI isocèle en P tel que OP = 2,5 cm et OI = 3,4 cm.

2. Construire à la règle et à l'équerre un triangle PLU rectangle en L tel que PL = 18 mm et LU = 42 mm.

Exercice 6 ★

1. Construire un carré NUIT de côté 32 mm.

2. Construire un rectangle LUNE tel que LU = 4,2 cm et LE = 23 mm.

Exercice 7 ★

1. Construire un cercle $\mathscr{C}$ de centre O et de rayon R = 24 mm.

2. Construire un cercle $\mathscr{C}'$ de centre O' et de diamètre D = 6,8 cm.

Exercice 8 ★

Identifier les 9 figures géométriques constituant ce dessin.

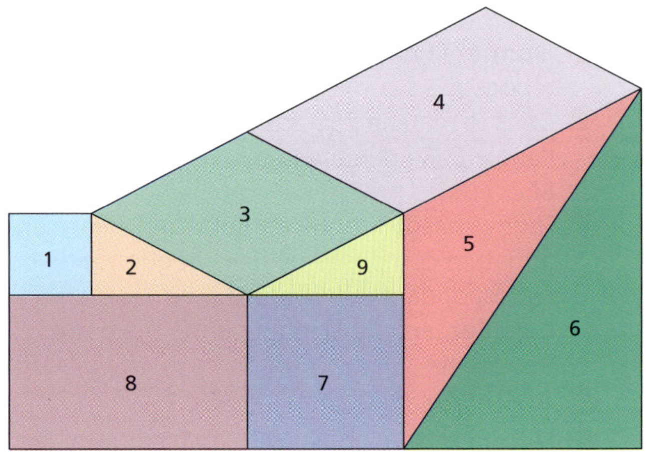

Exercice 9 ★★

1. a. Construire un triangle équilatéral TUC tel que UC = 4,2 cm.

b. Mesurer chaque angle avec le rapporteur. Qu'observe-t-on ?

2. a. Construire un triangle ONU rectangle en N tel que OU = 6,5 cm et $\widehat{NUO}$ = 53°.

b. Mesurer avec le rapporteur $\widehat{NOU}$.

c. Est-il possible de retrouver cette valeur sans avoir à mesurer l'angle ?

Exercice 10 ★★

1. Construire un triangle POM rectangle et isocèle en P tel que PO = 38 mm.

2. Citer une propriété du triangle rectangle isocèle qui permet de connaître la mesure de $\widehat{PMO}$ et celle de $\widehat{POM}$ sans utilisation du rapporteur.

3. La vérifier sur le dessin.

Convertir des unités de longueurs et d'aires

Exercice 11 ★

1. Convertir en mètres les longueurs suivantes :
a. 235 mm **b.** 4,8 dm **c.** 123 cm **d.** 18 mm

2. Convertir en mm les longueurs suivantes :
a. 24 cm **b.** 3,54 m **c.** 21 dm **d.** 35,7 cm

Exercice 12 ★★

1. Convertir en cm^2 :
a. 33 dm^2 **b.** 45 300 mm^2 **c.** 0,348 m^2

2. Convertir en m^2 :
a. 356 000 mm^2 **b.** 38 cm^2 **c.** 4 dm^2 **d.** 128 mm^2

Calculer des périmètres et des aires

Exercice 13 ★

1. Calculer l'aire (en mm^2) du triangle ci-contre.

2. Convertir le résultat en cm^2.

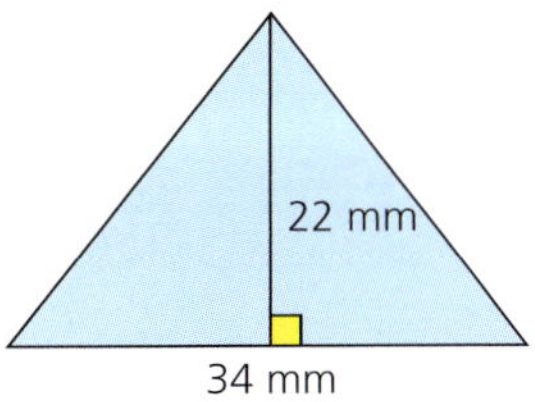

Exercice 14 ★★

1. a. Calculer le périmètre (en cm) de ce carré.
b. Le convertir en mm.

2. a. Calculer son aire (en cm^2).
b. La convertir en mm^2.

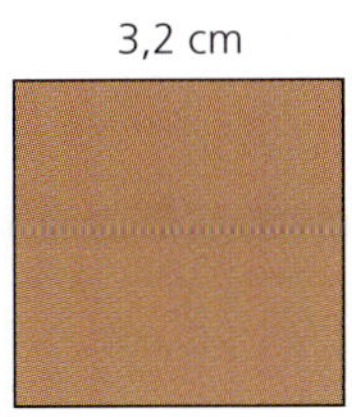

Exercice 15 ★★

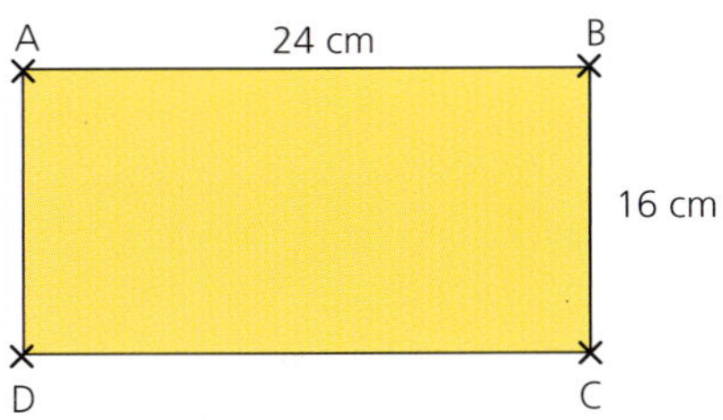

1. a. Calculer le périmètre (en cm) du rectangle ABCD.
b. Le convertir en dm.

2. a. Calculer son aire en cm^2.
b. La convertir en dm^2.

Exercice 16 ★★

1. a. Calculer le périmètre (en mm) du cercle $\mathscr{C}$, arrondir à l'unité.
b. Le convertir en cm.

2. a. Calculer l'aire (en mm^2) du disque, arrondir à l'unité.
b. La convertir en cm^2.

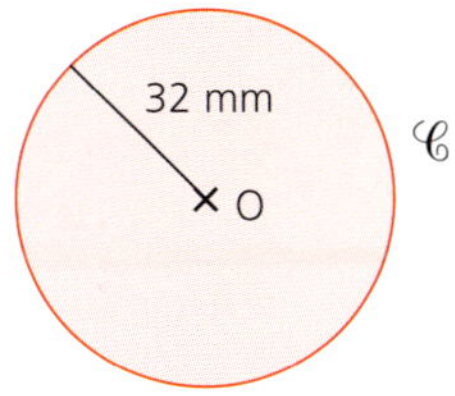

Exercice 17 ★

Calculer le périmètre (en mètres) d'un cercle de diamètre 4,5 m. Arrondir à l'unité.

Exercice 18 ★

Calculer le périmètre (en dm) de la figure ci-dessous.

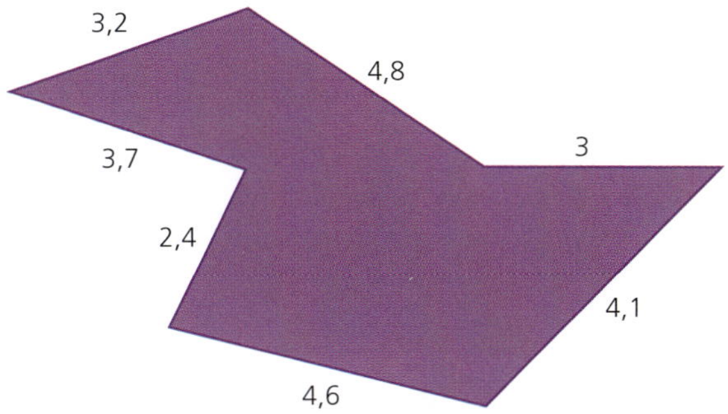

Les dimensions sont en dm

Exercice 19 ★★★

Les murs et le plafond du local suivant doivent être peints.

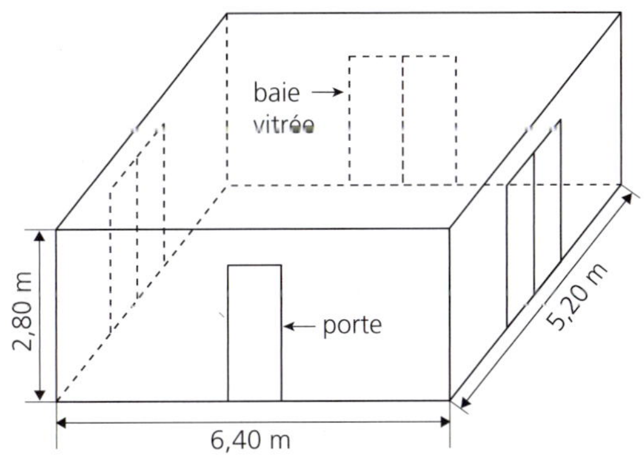

Vue du local en 3 dimensions

1. Calculer l'aire (en m^2) du plafond.

2. a. Calculer (en m^2) l'aire des murs y compris la porte et les baies vitrées.
b. La porte a pour dimensions 2 m sur 0,80 cm. Calculer (en m^2) son aire.

3. Les trois baies vitrées représentent une surface d'aire 9,6 m^2.
Calculer l'aire de la surface réelle (en m^2) à peindre.

Exercices

Auto-évaluation

Pour chaque amorce de phrase, recopier la (ou les) bonne(s) réponse(s).

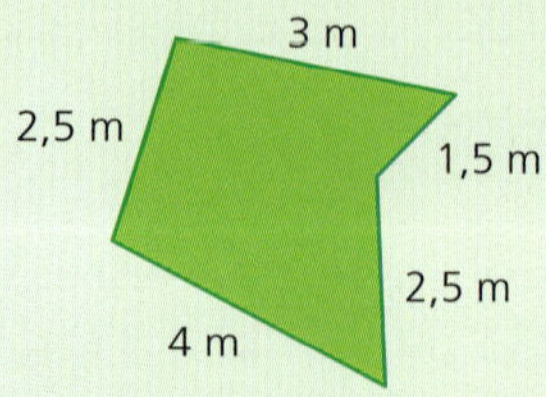

1 Le périmètre du polygone vert est :
a) 19 m b) 13,5 m c) 9,25 m

2 Le périmètre d'un cercle de rayon 4 cm, arrondi à 0,1, est égal à :
a) 25,1 cm b) 50,3 cm c) 12,6 cm

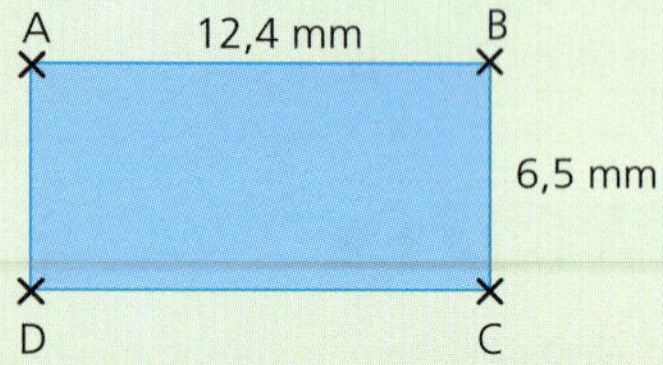

3 Le périmètre du rectangle bleu est :
a) 18,9 mm b) 37,8 mm c) 18,9 mm^2

4 L'aire d'un carré est 0,4 568 m^2. En cm^2, cela donne :
a) 45,68 cm^2 b) 4 568 cm^2 c) 4,568 cm^2

5 Un carré possède :
a) des diagonales égales b) quatre angles droits c) quatre côtés égaux

6 Si les diagonales d'un quadrilatère sont de même longueur, se coupent en leur milieu et sont perpendiculaires, alors c'est :
a) un rectangle b) un carré c) un losange

7 Un triangle qui possède deux angles égaux et un angle droit est :
a) un triangle rectangle b) un triangle rectangle isocèle c) un triangle isocèle

8 Un losange qui a deux côtés consécutifs perpendiculaires est :
a) un rectangle b) un parallélogramme c) un carré

→ Réponses p. 192

Exercices d'approfondissement

Exercice 20 ★★

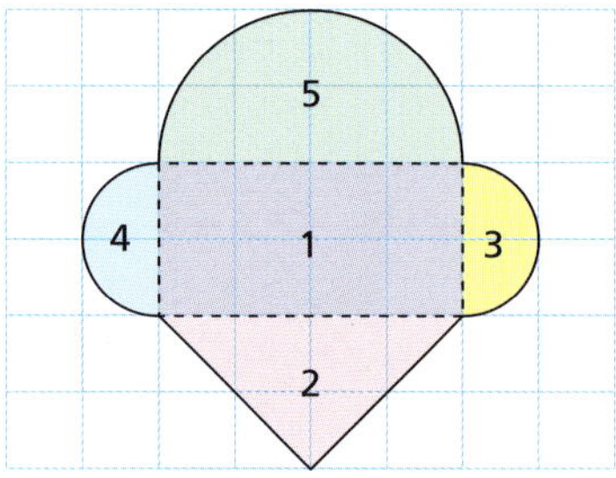

Le schéma ci-contre représente une aire de jeux pour enfants. Cette aire est composée de cinq figures géométriques. La figure 2 est un triangle rectangle isocèle dont les 2 côtés égaux mesurent 2,8 m.
La totalité de l'aire de jeux doit être revêtue d'un matériau anti-choc.
Le quadrillage est constitué de carrés de 1 m de côté.

1. Nommer les quatre autres figures géométriques de l'aire de jeu.

2. a. En s'aidant du quadrillage, donner les mesures de la figure 1.
b. Puis la mesure du rayon des figures 3, 4 et 5.

3. a. Calculer l'aire (en m^2) des figures 1 et 5.
b. Calculer l'aire (en m^2) de la figure 2.
c. Puis celle des figures 3 et 4.

4. Calculer l'aire totale (en m^2) qui sera recouverte de matériau anti-choc. Arrondir à l'unité.

Exercice 21 ★★

Monsieur Burger habite dans le sud de la France. Il souhaite profiter des nombreuses heures d'ensoleillement de sa région pour produire de l'électricité. Pour cela, il installe des panneaux photovoltaïques de forme rectangulaire de dimensions 2 m sur 1 m.
Le pan du toit à recouvrir est représenté par un rectangle de 15 m sur 8 m.

1. Vérifier que l'aire de ce pan de toit est 120 m^2.

2. Calculer le nombre de panneaux à acheter afin de recouvrir 20 m^2. Arrondir à l'unité.

3. Monsieur Burger ne veut recouvrir que 30 % du pan du toit en panneaux photovoltaïques. La surface de 20 m^2 remplit-elle cette condition ? Justifier la réponse.

Exercice 22 ★★★

Pour son examen de fin d'année, Bruno, élève pâtissier, crée une structure en nougatine. La base est un carré représenté ci-contre. Les côtés sont des triangles qui seront maintenus au sommet par une fleur en sucre. Bruno dessine un patron sur une feuille de papier.

1. Reproduire au centre d'une feuille un carré ABCD dont le côté mesure 4 cm.

2. Au compas et à l'extérieur du carré ABCD, tracer le triangle AEB tel que AE = BE = 4 cm.

3. Quelle est la nature du triangle AEB ? Justifier la réponse.

4. Au compas et à l'extérieur du carré ABCD, tracer le triangle BFC tel que BF = CF = 4 cm.

5. De la même manière, tracer à l'extérieur du carré ABCD, les triangles AGD et DHC.

Exercice 23 ★★★

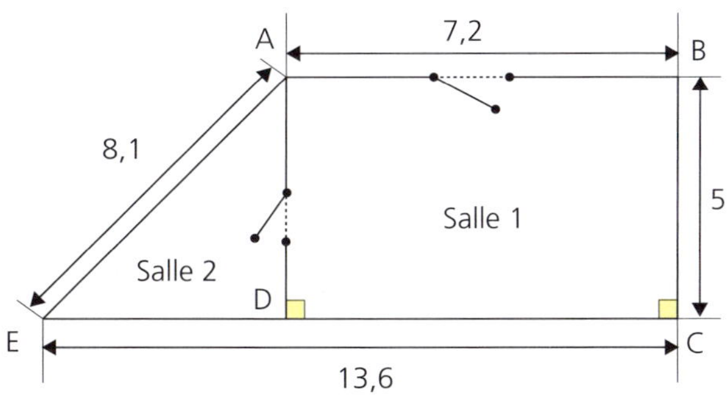

Un carreleur établit un devis pour changer le carrelage du sol d'un laboratoire. Ce laboratoire comprend deux salles. Les cotes sont en mètres et le dessin ne respecte pas les proportions.

Le carreleur choisit un carrelage rectangulaire de 40 cm sur 25 cm.

1. Indiquer la nature de chacune des salles.

2. Calculer, en mètres, la longueur ED.

3. Calculer, en m², l'aire $\mathcal{A}_1$ de la salle 1.

4. Vérifier que l'aire $\mathcal{A}_2$ de la salle 2 est égale à 16 m².

5. Calculer, en m², l'aire totale du laboratoire.

6. Calculer l'aire, en cm², d'un carreau du carrelage choisi. Convertir le résultat en m².

7. Calculer le nombre de carreaux que le carreleur devra poser pour refaire le sol du laboratoire.

Exercice 24 ★★

Gaëtan dispose d'un bon télescope et consacre du temps à observer la planète Mars et ses centaines de milliers de cratères. Si cela était possible, il irait en faire le tour dans un module spatial pour pouvoir les observer de plus près.

Le diamètre de Mars est égal à 6 787 km. Le rayon du cratère Albi mesure 1,644 km, celui du cratère Alexis Tolstoï 5,5 km et celui du cratère Amsterdam 0,643 km.

1. Calculer le rayon (en km) de Mars.

2. Gaëtan imagine faire le tour de Mars. Calculer le périmètre (en km) de Mars. Arrondir à l'unité.

3. Calculer l'aire (en km²) du cratère Alexis Tolstoï.

4. Calculer l'aire (en km²) du cratère Amsterdam.

5. L'aire du cratère Albi vaut 8,5 km². Est-il plus grand ou plus petit que le cratère Alexis Tolstoï ?

Exercice 25 ★★★

Un architecte doit procéder à la rénovation d'une salle des fêtes ayant la forme ci-dessous.

La buvette, les sanitaires et l'entrée sont carrelés ; la salle principale est parquetée.

Un artisan menuisier effectue la pose d'un parquet collé, un carreleur pose le carrelage.

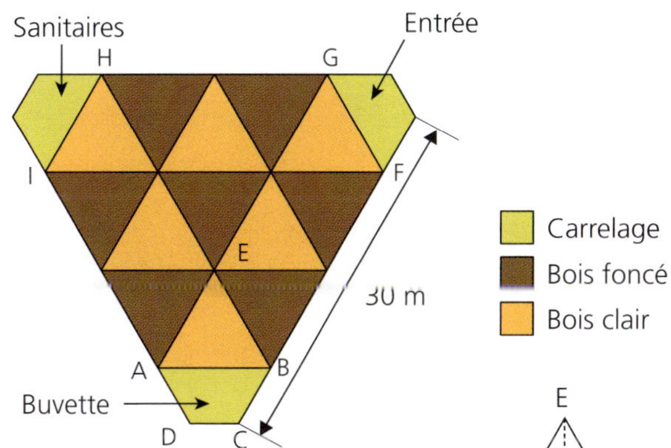

Les dessins géométriques du parquet sont identiques.
AB = AE = EB = 10 m

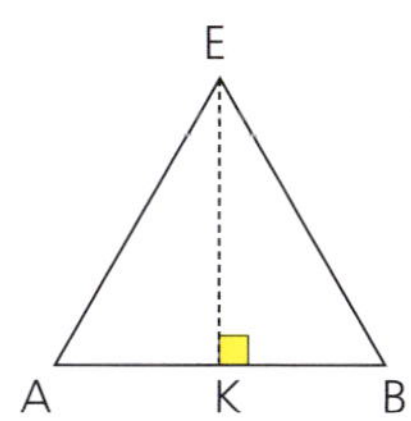

1. Afin de connaître la longueur de plinthes en parquet à poser, calculer le périmètre p de la surface à parqueter ABFGHI.

2. Donner le nom précis du polygone ABE.

3. On donne EK = 8,7 cm. Calculer l'aire (en m²) du triangle AEB.

4. Calculer l'aire totale (en m²) à parqueter en bois clair.

Vers l'examen

Compétences	Capacités	Questions
S'approprier	Rechercher, extraire et organiser l'information.	1 ; 2 ; 4 ; 5
Analyser Raisonner	Émettre une conjecture, une hypothèse. Proposer une méthode de résolution, un protocole expérimental.	9
Réaliser	Choisir une méthode de résolution, un protocole expérimental. Exécuter une méthode de résolution, expérimenter, simuler.	1 ; 2 ; 3 ; 5 ; 6 ; 7 ; 8
Valider	Contrôler la vraisemblance d'une conjecture, d'une hypothèse. Critiquer un résultat, argumenter.	9
Communiquer	Rendre compte d'une démarche, d'un résultat, à l'oral ou à l'écrit.	9

Situation

« Chaque année, 285 milliards de canettes sont vendues dans le monde. En acier ou en aluminium, la canette présente un atout indéniable sur le plan environnemental : elle est recyclable à 100 % sans que pour cela le métal perde ses propriétés mécaniques et ce, indéfiniment, quel que soit le nombre de cycles de recyclage effectués. » (Site Internet Cannibal, le recyclage ludique)

Avec une feuille d'aluminium conditionnée en rouleau de 9 tonnes, on fabrique 750 000 canettes.

Une canette est un cylindre dont les bases sont deux disques de même diamètre.

La longueur du rectangle du patron d'une canette est égale au périmètre du cercle de centre O.

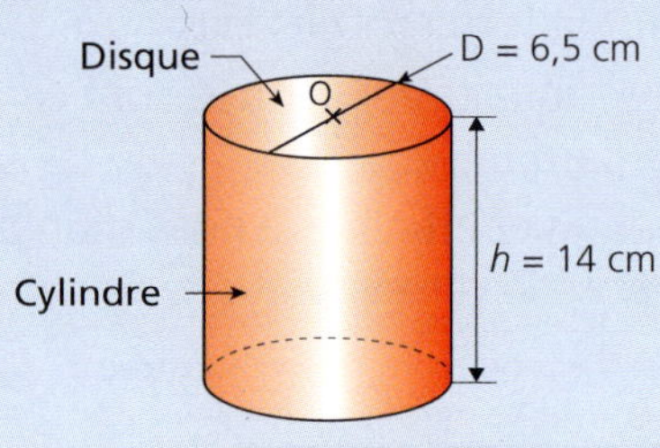

Canette

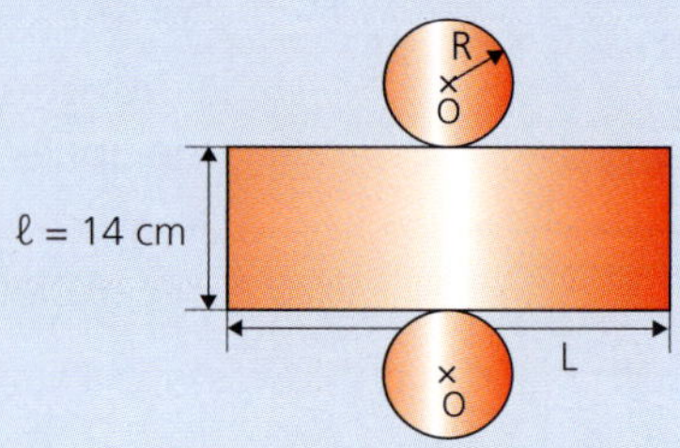

Patron d'une canette

Questions

1. Citer les formes géométriques qui constituent le patron d'une canette.
2. Relever la mesure du diamètre d'un disque. Calculer (en cm) le rayon R de ce disque.
3. Calculer le périmètre (en cm) du cercle de centre O et de rayon R. Arrondir à 0,01.
4. Relever la largeur du rectangle du patron.
5. À quoi est égale la longueur de ce rectangle ?
6. Calculer l'aire (en cm^2) d'aluminium représentée par un disque. Arrondir à l'unité.
7. En admettant que la longueur du rectangle est égale à 20,42 cm, calculer l'aire (en cm^2) de ce rectangle. Arrondir à l'unité.
8. Calculer l'aire totale (en cm^2) d'aluminium pour une canette. La convertir en m^2.
9. En France, chaque année, 4,1 milliards de canettes sont vendues. Cela représente une surface de métal à recycler d'environ 144 km^2. Cette surface correspond-elle à :
   - un cercle de rayon 8 km ?
   - un carré de 12 km de côté ?
   - un rectangle de 18 km sur 10 km ?

   Justifier et rédiger la réponse.

Solides usuels

Chapitre

10

Je vais apprendre à…

- **Identifier un cube, un parallélépipède rectangle, un cylindre de révolution, une sphère, un cône de révolution.**
- **Calculer l'aire et le volume d'un cube, d'un parallélépipède rectangle, d'un cylindre de révolution.**
- **Convertir des aires et des volumes.**

Je découvre

Dans le but d'utiliser l'eau de pluie qui s'écoule de son toit, Lucas décide d'installer un récupérateur d'eau dans le sol de son jardin. La profondeur dont il dispose est de 2,5 m et il souhaite choisir le réservoir offrant le volume le plus important.

Un fabricant lui propose trois modèles de réservoirs. Les dimensions indiquées sur le catalogue sont en mètres.

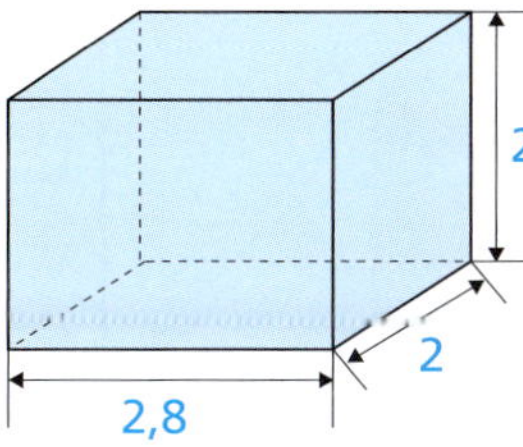

Modèle n° 1
Volume : 14 m^3

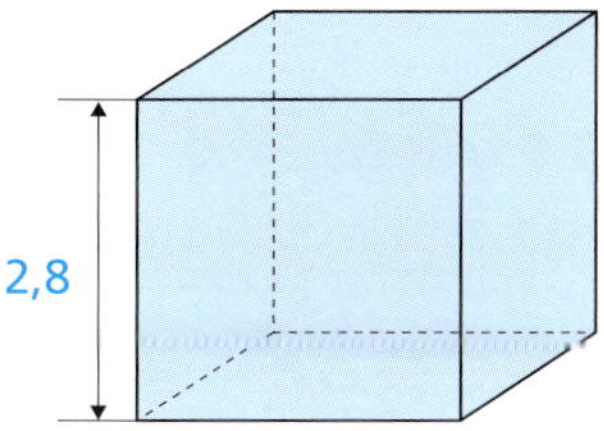

Modèle n° 2
Volume : 22 m^3

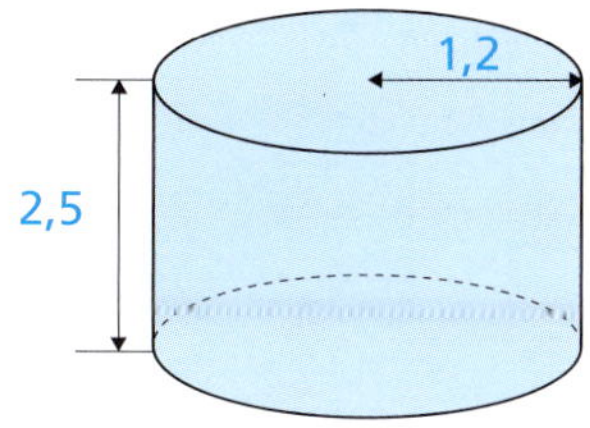

Modèle n° 3
Volume : 11,3 m^3

Extrait du catalogue du fabricant de récupérateurs d'eau

1. Quel modèle du catalogue ne convient pas à cause de la profondeur du sol du jardin de Lucas ? Justifier la réponse.
2. Le catalogue précise le volume du réservoir en m^3. Quel est le modèle, parmi les deux respectant la contrainte de profondeur, qui offre le volume le plus important ?
3. En conclusion, rédiger une phrase expliquant quel récupérateur d'eau doit choisir Lucas.

Activités

ACTIVITÉ 1 Identifier des solides

Sandra doit mettre à jour un blog illustrant l'utilisation des mathématiques dans la vie courante. Elle souhaite donner le nom mathématique des **solides** présents dans différents objets de la vie quotidienne.

Un **solide** est une figure en 3 dimensions (3D).

Objets

Solides

- cylindre
- sphère
- cube
- cône
- parallélépipède rectangle

- Aider Sandra à associer chaque objet au nom du solide qui lui correspond.

ACTIVITÉ 2 Calculer des volumes

Un industriel propose à un client trois formes différentes d'emballage pour ses produits. Le client étudie les trois propositions et demande à l'un de ses salariés de choisir celle offrant le volume le plus important.

Solide 1

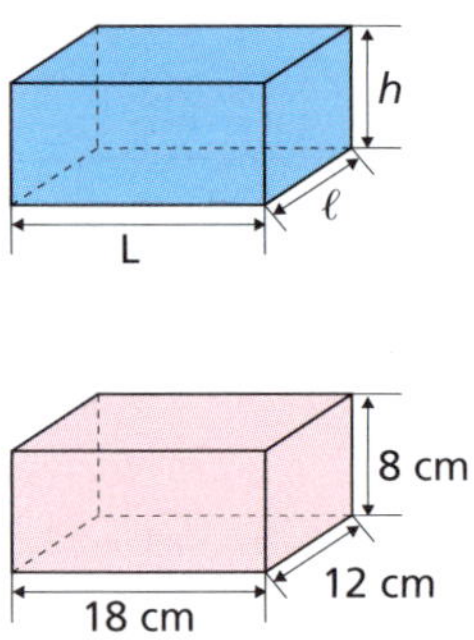

Solide 2

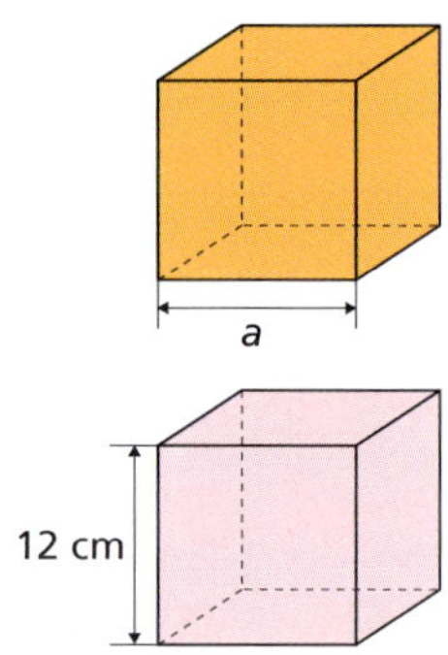

Solide 3

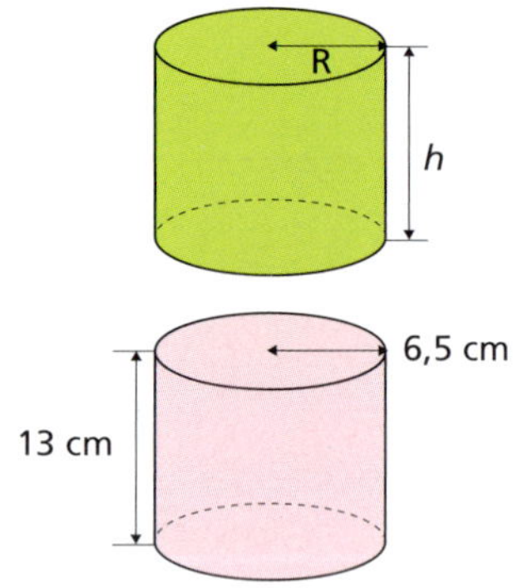

Formules de calculs de volumes

$V = \pi \times R^2 \times h$

$V = L \times \ell \times h$

$V = a^3$

1. Donner le nom de chaque solide.
2. Associer à chaque solide la formule permettant de calculer son volume V.
3. Calculer le volume de chaque solide à partir des dimensions indiquées.
4. Le salarié peut-il faire le choix de l'emballage ? Justifier la réponse.

FICHE « Calculer le carré et le cube d'un nombre » p. 184

Méthode Pour calculer un volume, il faut que les dimensions soient exprimées dans la même unité. Si toutes les dimensions sont données en cm par exemple, alors le volume s'exprime en cm^3 (centimètre cube).

ACTIVITÉ 3 Calculer des aires

Pour des raisons économiques, le client de l'activité 2 souhaite choisir l'emballage qui demande le moins de matière pour être fabriqué.

Patron n° 1 Patron n° 2 Patron n° 3

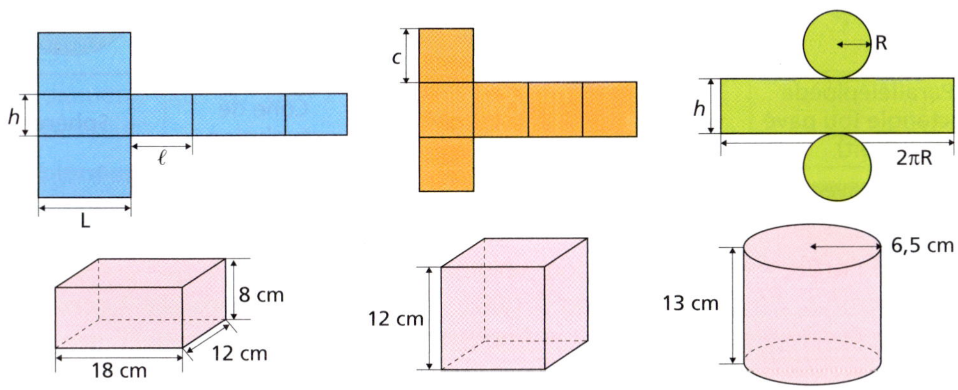

Le **patron** d'un solide est un dessin qui permet d'obtenir ce solide par pliage.

1. Identifier à quel solide est associé chaque patron.
2. Pour chaque patron, donner le nombre et la nature de ses faces.
3. Associer à chaque **patron** la formule permettant de calculer son aire $\mathscr{A}$ à l'aide des formules données.
4. Calculer l'aire de chaque solide avec les dimensions indiquées.
5. En déduire le choix fait par le client.

Formules de calculs d'aires

$\mathscr{A} = 2\pi R^2 + 2\pi R h$

$\mathscr{A} = 2L\ell + 2Lh + 2h\ell$

$\mathscr{A} = 6c^2$

ACTIVITÉ 4 Convertir à l'aide d'un logiciel

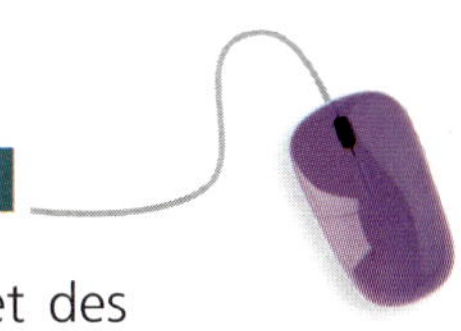

Le logiciel Convertir permet de revoir les règles de conversion des aires et des volumes. Il corrige le placement des chiffres dans les tableaux de conversion. Installer le logiciel Convertir en saisissant les mots-clés « convertir maths logiciel » dans un moteur de recherche.

Convertir, c'est passer d'une unité à l'autre, par exemple du dm^2 au cm^2.

1. **Les aires**
   a. Sélectionner dans le menu du logiciel Mode Entraînement, Niveau 1 et Conversions d'aires.
   b. Cocher l'option Autorise le tableau de conversion et cliquer sur Commencer.
   c. Répondre à la série des 20 questions proposées par le logiciel.

Exemple de conversion d'aire

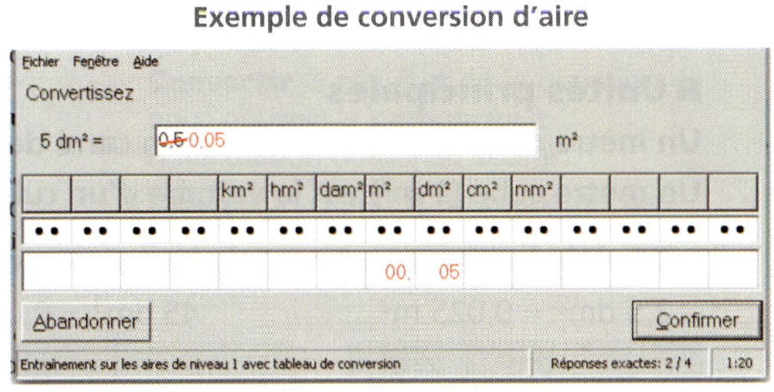

2. **Les volumes**
   a. Sélectionner Mode Entraînement, Niveau 1 et Conversions de volumes.
   b. Cocher l'option Autorise le tableau de conversion et cliquer sur Commencer.
   c. Répondre à la série des 20 questions proposées par le logiciel.

Exercices

Auto-évaluation

Pour chaque amorce de phrase, recopier la (ou les) bonne(s) réponse(s).

1 Un parallélépipède rectangle possède des faces :
a) carrées **b)** rectangulaires **c)** toutes identiques

2 Un cube d'arête 2 cm a pour volume :
a) 6 cm^3 **b)** 8 cm^3 **c)** 12 cm^3

3 1 m^3 est égal à :
a) 1000 L **b)** 1 000 dm^3 **c)** 10 dm^3

4 Un plot de chantier a la forme d'un :
a) cône **b)** cylindre **c)** rectangle

Plot de chantier

5 La base d'un cylindre est :
a) un cercle **b)** une sphère **c)** un disque

6 Un disque de diamètre 5 cm a pour aire :
a) $\pi \times 5^2$ **b)** $\pi \times 2,5^2$ **c)** $2 \times \pi \times 5$

7 Si je convertis 650 cm^2 en m^2, j'obtiens :
a) 6,5 **b)** 0,65 **c)** 0,065

8 Un parallélépipède rectangle de dimensions 15 cm ; 12 cm ; 10 cm a pour volume :
a) 1 800 cm^3 **b)** 270 cm^3 **c)** 900 cm^3

→ Réponses p. 192

Exercices d'approfondissement

Exercice 15 ★★

Un chef cuisinier prépare des cakes au citron cuits dans des moules en carton. James est chargé de remplir les moules.

Le volume de pâte à cuire est de 2 900 cm^3. La hauteur de pâte dans les moules ne doit pas dépasser 4 cm.

Les moules sont assimilés à des parallélépipèdes rectangles.

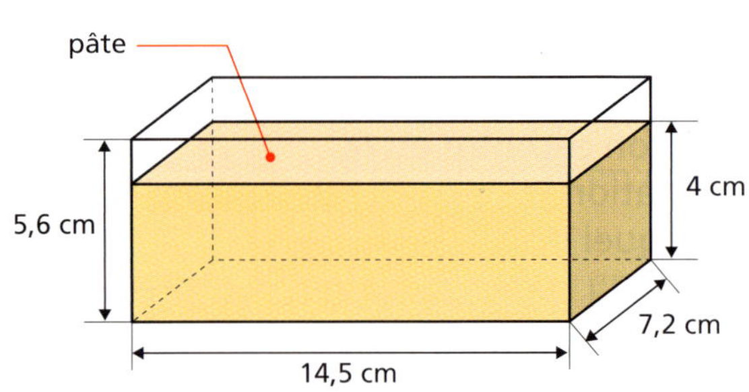

1. Dans le moule, la pâte prend une forme géométrique. Laquelle ?

2. Calculer le volume occupé par la pâte dans un moule.

3. En déduire le nombre de moules que devra garnir James.

Exercice 16 ★★★

Sur le chantier de sa future maison, Rémi croise un maçon qui semble avoir des difficultés à porter une tige d'acier pleine, de forme cylindrique.

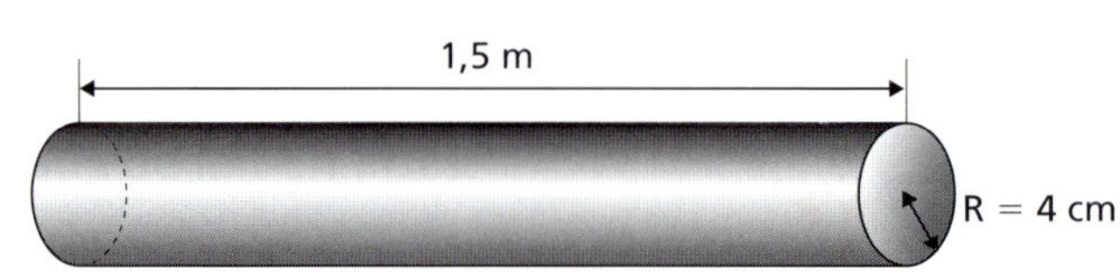

Cette tige mesure 1,5 m de long et a un rayon de base de 4 cm.

Rémi s'interroge. Est-il possible qu'une simple tige soit aussi lourde à porter ?

1. Calculer l'aire de la base circulaire de la tige. Arrondir à l'unité.

2. Convertir la longueur de 1,5 m en cm.

3. En déduire le volume de la tige en cm^3.

4. Sachant que la masse volumique de l'acier est de 7,85 g/cm^3, calculer la masse de cette tige en kg (7,85 g/cm^3 signifie que pour 1 cm^3 de fer, la masse est de 7,85 g).

5. Les difficultés du maçon sont-elles justifiées ?

Exercice 17 ★★★

Le maçon qui travaille dans la maison de Rémi utilise de très nombreuses briques. Chacune des briques a la forme d'un parallélépipède rectangle dont les dimensions sont indiquées sur cette photo.

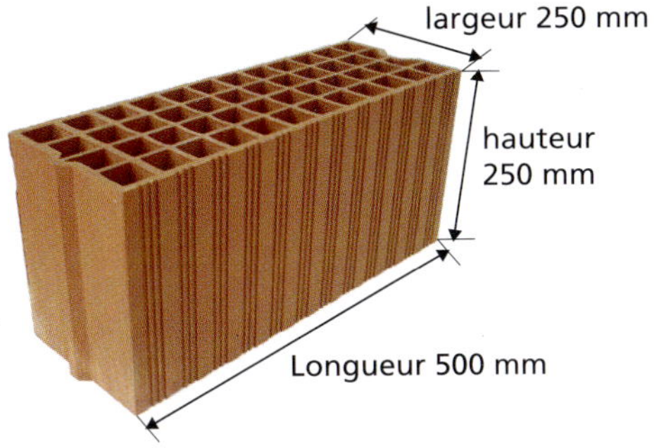

1. Calculer le volume d'une brique. Ce volume sera exprimé en mm^3 puis en m^3.

2. Le constructeur de la brique indique qu'elle a une masse de 20,7 kg.
Calculer la masse volumique de la brique en kg/m^3 sachant qu'elle se calcule en divisant la masse en kg par le volume en m^3.

Exercice 18 ★★★

Le réservoir d'eau distillée ci-contre a la forme d'un parallélépipède rectangle.

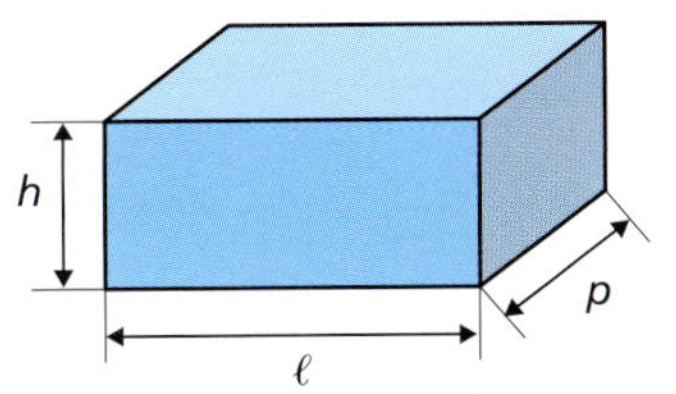

$\ell = 30$ cm ; $p = 15$ cm ; $h = 20$ cm

1. Calculer, en cm^3, le volume total V de ce réservoir.

2. Une inscription figure sur le réservoir : « volume maximum de remplissage : 9/10 du volume total du réservoir. »
Calculer, en cm^3, le volume maximum conseillé V_m de remplissage.

3. Donner, en litres, la capacité maximale de remplissage du réservoir.

Exercice 19 ★★★

Une cartonnerie fabrique des boîtes pour des bouteilles de jus de fruits. Chaque boîte a la forme d'un parallélépipède rectangle. L'unité de longueur est le cm ; l'unité d'aire est le cm^2.

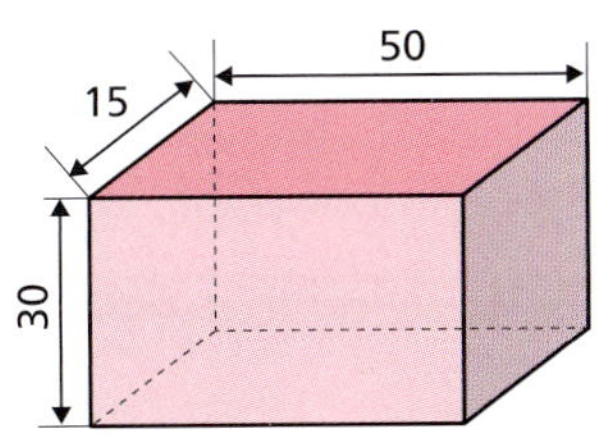

1. Préciser la nature des faces de ces boîtes et leurs dimensions.

2. Montrer que l'aire totale des faces de la boîte est 5 400 cm^2.

3. Sachant que pour les découpes il faut prévoir 20 % de plus de carton, combien de m^2 de carton seront nécessaires pour fabriquer 100 boîtes ?

Exercice 20 ★★★

Afin de stocker ses récoltes de céréales, une coopérative agricole a acquis quatre silos à grains.

1. Décrire la composition géométrique de chaque silo à grains.

2. La partie reposant sur le sol a pour hauteur 10 m et pour rayon 2,5 m.
Calculer son volume en m^3. Arrondir à l'unité.

3. Chaque partie haute a un volume de 16 m^3.
Montrer que le volume total d'un silo est égal à 212 m^3.

4. Les cultivateurs de la coopérative ont récolté 650 m^3 de céréales cette année.
Toute la récolte pourra-t-elle être conservée dans les quatre silos qui contiennent déjà 300 m^3 de grains ?

Exercice 21 ★★★

Une usine fabrique des boîtes cylindriques de contenance 250 cm^3 dont la représentation est donnée ci-dessous.

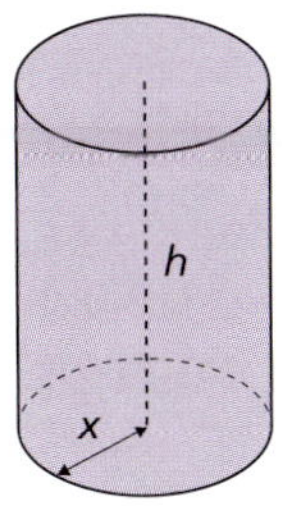

Boîte cylindrique

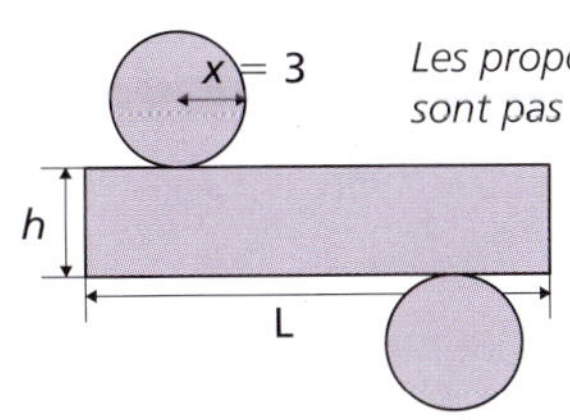

Les proportions ne sont pas respectées

Patron

1. Que représente x ?

2. Montrer que $h = 8,8$ cm sachant que le volume d'un cylindre est : $V = \pi \times R^2 \times h$.

3. La longueur L représente le périmètre P du cercle. On donne $P = 2 \times \pi \times R$.

Calculer la longueur L. Arrondir à 0,1.

Vers l'examen

Compétences	Capacités	Questions
S'approprier	Rechercher, extraire et organiser l'information.	1 ; 2 ; 3 ; 6
Analyser Raisonner	Émettre une conjecture, une hypothèse. Proposer une méthode de résolution, un protocole expérimental.	1
Réaliser	Choisir une méthode de résolution, un protocole expérimental. Exécuter une méthode de résolution, expérimenter, simuler.	2 ; 4 ; 5 ; 7
Valider	Contrôler la vraisemblance d'une conjecture, d'une hypothèse. Critiquer un résultat, argumenter.	6
Communiquer	Rendre compte d'une démarche, d'un résultat, à l'oral ou à l'écrit.	6

Situation

97,2 % de l'eau présente sur la Terre est salée. Pour les besoins humains, il peut être nécessaire de transformer de l'eau de mer en eau douce.
Afin de stocker l'eau de mer traitée pour dessalement, Mathilde doit étudier la mise en place d'un réservoir dont la capacité minimale doit atteindre 1 000 m^3. Elle consulte un modèle dont le schéma est donné ci-dessous.

Caractéristiques du réservoir

Diamètre D = 18 m
Hauteur h = 4,50 m

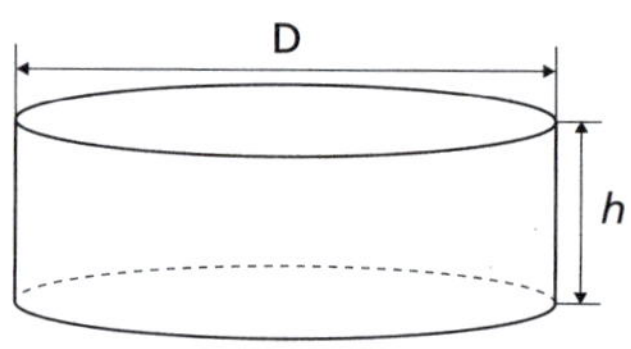

Le schéma ne respecte pas les proportions

Questions

1. L'eau existe sous deux formes sur Terre : eau salée et eau douce.
Calculer le pourcentage d'eau douce présente.
2. Nommer le solide correspondant à la forme du modèle de réservoir étudié par Mathilde.
3. La base du solide est un disque de diamètre connu.
Relever la valeur de ce diamètre et en déduire la valeur du rayon R.
4. Calculer, en m^2, l'aire $\mathcal{A}$ de la base de ce solide.
On donne $\mathcal{A} = \pi \times R^2$. Arrondir le résultat au centième.
5. En prenant $\mathcal{A}$ = 254 m^2, calculer, en m^3, le volume V de ce réservoir.
On donne : $V = \mathcal{A} \times h$.
6. Indiquer si le modèle de réservoir consulté par Mathilde convient. Justifier la réponse.
7. Afin de protéger les agents d'entretien d'une chute, Mathilde décide de faire installer un garde-corps en haut du réservoir.
Calculer la longueur de ce garde-corps.
On donne $L = 2 \times \pi \times R$. Arrondir le résultat à l'unité.

Chapitre 11

Propriétés de Pythagore et de Thalès

Je vais apprendre à...

- **Calculer la longueur d'un côté d'un triangle rectangle.**
- **Identifier un triangle rectangle.**
- **Calculer la longueur d'un segment dans un triangle.**

Je découvre

Loïc participe à un rallye consacré aux mathématiques.
Arrivé en finale, il lui reste à passer la dernière épreuve de géométrie : il doit proposer des relations entre les côtés de deux triangles (BAC et BRS).
Pour cela, on lui a donné les dimensions des côtés.

BA	AC	BC	BR	RS	BS
8	6	10	4	3	5

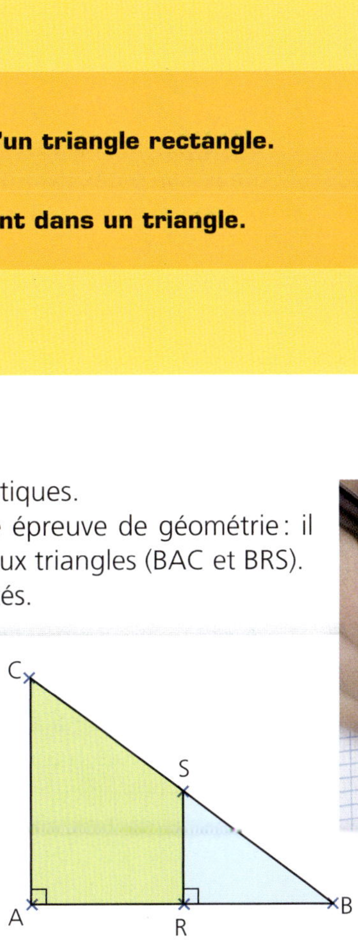

1. Observer les angles des triangles BAC et BRS. Comment appelle-t-on ces triangles ?
2. Quelle est la position des côtés [RS] et [AC] l'un par rapport à l'autre ?
3. Loïc remarque que les longueurs du grand triangle sont deux fois plus importantes que celles du petit triangle. Traduire cette observation en recopiant et en complétant l'égalité : $\frac{BA}{BR} = \ldots\ldots\ldots\ldots$
4. En utilisant la touche « carré » x^2 de la calculatrice, calculer le carré de chaque longueur. En déduire une relation entre :
   – BA^2, AC^2 et BC^2 ;
   – BR^2, RS^2 et BS^2.

Activités

ACTIVITÉ 1 Calculer une longueur à l'aide de la propriété de Pythagore

Soit trois triangles rectangles dont on connaît la mesure de deux côtés. La valeur du troisième côté sera déterminée à l'aide de la **propriété de Pythagore**.

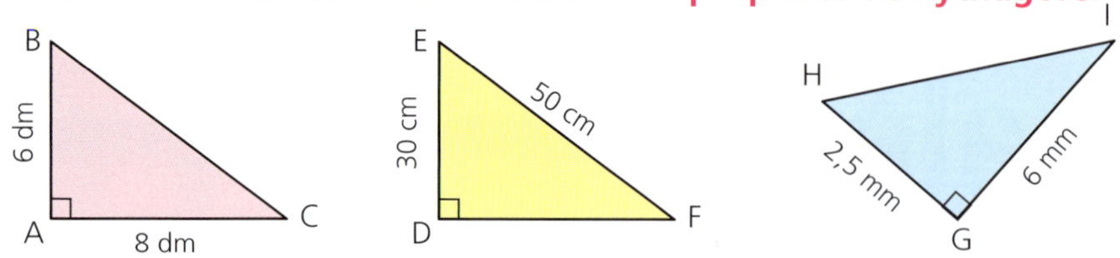

Propriété de Pythagore : le carré de l'hypoténuse est égal à la somme des carrés des deux autres côtés.

1. Pour le triangle ABC, calculer BC en suivant les étapes :
   – Étape 1 : Je repère l'hypoténuse (c'est le côté opposé à l'angle droit) et je traduis sous forme d'équation la propriété de Pythagore.
   – Étape 2 : Je remplace par les valeurs.
   – Étape 3 : Je calcule le carré des nombres.
   – Étape 4 : J'additionne et j'applique la racine carrée.
   – Étape 5 : J'écris le résultat avec l'unité.
2. Appliquer la même méthode pour le triangle DEF afin de calculer DF.
3. Calculer HI dans le triangle GHI.

FICHE
« Calculer le carré d'un nombre »
« Calculer une racine carrée »
p. 184

Méthode Même si le côté recherché n'est pas l'hypoténuse, suivre rigoureusement les trois premières étapes. Isoler l'inconnue en suivant les règles de la résolution d'une équation à une inconnue avant d'appliquer la racine carrée.

ACTIVITÉ 2 Vérifier qu'un triangle est rectangle

Dans le cadre d'un projet associatif, Paul fabrique des pièces en bois pour offrir des jeux à une école maternelle. Il veut vérifier si les triangles formés par certaines pièces sont bien rectangles. Pour cela, il a relevé les mesures de trois pièces.

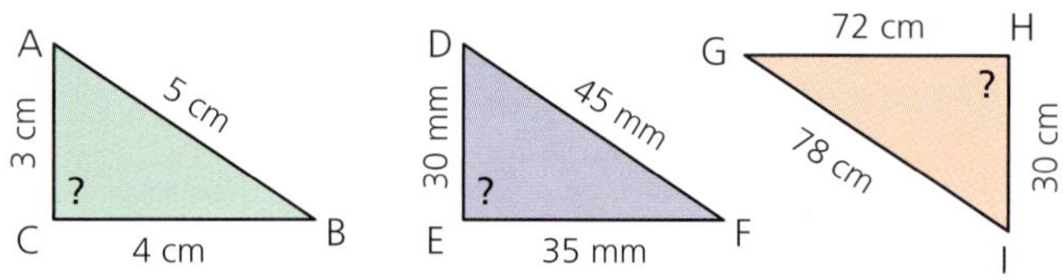

1. Pour savoir si le triangle ABC est un triangle rectangle, suivre les étapes :
   – Étape 1 : Je repère le plus grand des trois côtés et je donne sa longueur.
   – Étape 2 : Je calcule le carré de cette longueur.
   – Étape 3 : Je calcule la somme des carrés des longueurs des deux autres côtés.
   – Étape 4 : Je compare les deux résultats précédents.
   – Étape 5 : Je conclus sur la nature du triangle en appliquant la **réciproque de la propriété de Pythagore**.
2. Le triangle DEF est-il un triangle rectangle ?
3. Et le triangle GHI ?

Réciproque de la propriété de Pythagore : si dans un triangle, le carré de la longueur du côté le plus grand est égal à la somme des carrés des longueurs des deux autres côtés, alors le triangle est rectangle.

ACTIVITÉ 3 Calculer une longueur avec la propriété de Thalès

Alix souhaite calculer les longueurs TU et TS de la figure ci-contre :
BC = 4 cm ; BU = 1,5 cm ; AB = 3 cm
(ST) // (BC) et (TU) // (AB)
Le point T appartient à [AC], U à [BC] et S à [AB].

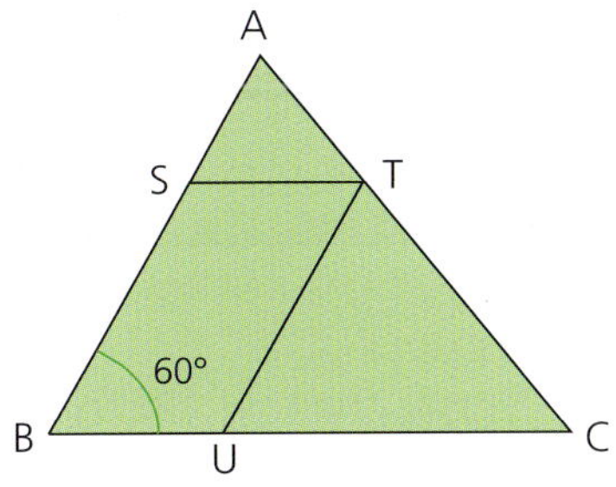

La figure ne respecte pas les proportions.

1. Reproduire le triangle ABC avec ses dimensions réelles.
2. À l'aide de la propriété de Thalès, calculer TU.
   Pour cela, suivre les étapes :
   – Étape 1 : Je nomme le triangle et les droites parallèles.
   – Étape 2 : J'écris la propriété de Thalès : $\frac{CU}{CB} = \frac{CT}{CA} = \frac{TU}{AB}$.
   – Étape 3 : Je remplace par les valeurs.
   – Étape 4 : J'applique le produit en croix et je calcule.
   – Étape 5 : J'écris le résultat avec l'unité.
3. De la même façon, calculer TS.
4. Compléter la figure en plaçant les points S, T et U.

ACTIVITÉ 4 Déterminer des longueurs

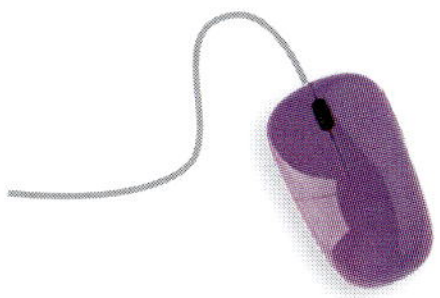

Tom veut barder (recouvrir) de bois la partie triangulaire ABC du pignon nord de son atelier (figure 1).
Il sait que : AB = 6 m et CM = 1,80 m. M est le milieu de [AB].
Il souhaite déterminer la longueur de tous les tasseaux de bois à découper, sachant qu'ils sont espacés de 0,50 m et qu'ils sont parallèles entre eux.

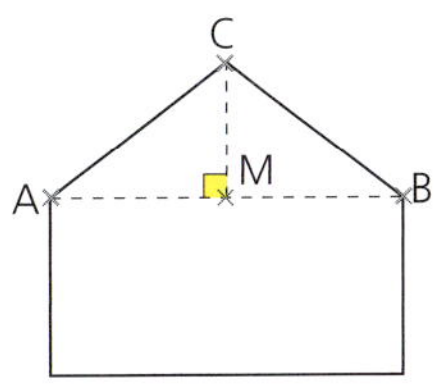

Figure 1

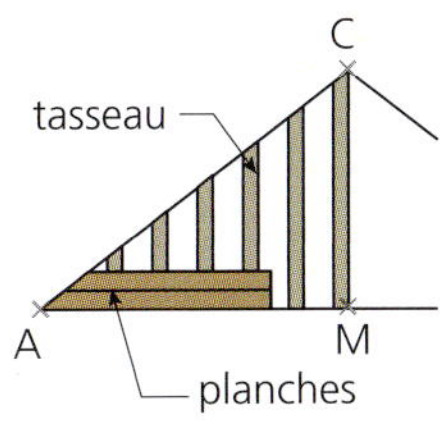

Figure 2

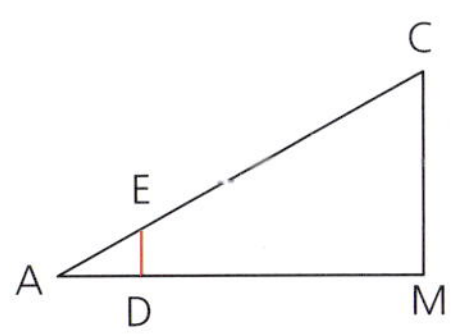

Figure 3

1. Calculer la longueur du premier tasseau représenté par le segment [DE], en appliquant la propriété de Thalès (figure 3).
2. Au lieu de répéter ce calcul pour les autres tasseaux, Tom utilise un logiciel de géométrie.
   Ouvrir le logiciel GeoGebra et placer les points A, B, M et C en entrant dans la barre de Saisie leurs coordonnées : A=(0,0) ; B=(6,0) ; M=(3,0) ; C=(3,1.8).
3. Relier les points de façon à reproduire la partie triangulaire du pignon nord de l'atelier (figure 1).
4. Pour le premier tasseau, suivre les étapes :
   – saisir D=(0.5,0) et tracer une droite parallèle à (CM) passant par D  ;
   – faire apparaître le point d'intersection E entre la droite précédente et [AC]  ;
   – tracer le segment [DE] et mesurer la distance DE .
5. La longueur du premier tasseau obtenue par le calcul (1.) est-elle vérifiée avec le logiciel ?
6. Faire la même chose jusqu'au sixième tasseau.
7. Réunir les valeurs obtenues dans un tableau.

L'essentiel

La propriété de Pythagore

La propriété de Pythagore permet de calculer la longueur d'un côté, connaissant celles de deux autres côtés d'un triangle rectangle.

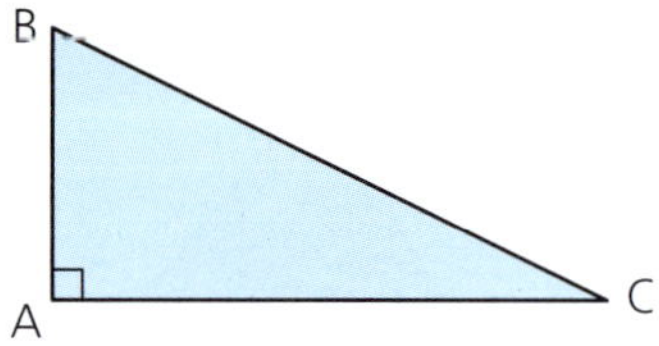

Dans un triangle rectangle, le carré de l'hypoténuse est égal à la somme des carrés des deux autres côtés.
La propriété de Pythagore appliquée au triangle ABC s'écrit :
$BC^2 = AB^2 + AC^2$

EXEMPLE :
Dans le triangle ABC ci-dessus, on a AB = 3 et BC = 5.
La propriété de Pythagore donne : $AB^2 + AC^2 = BC^2$.
En remplaçant par les valeurs, on obtient : $3^2 + AC^2 = 5^2$, soit $9 + AC^2 = 25$.
Donc $AC^2 = 25 - 9 = 16$; $AC = \sqrt{16} = 4$.

La réciproque de la propriété de Pythagore

Connaissant les mesures des trois côtés d'un triangle, la réciproque de la propriété de Pythagore permet de savoir si le triangle est rectangle ou non.
Si, dans un triangle ABC, $AB^2 + BC^2 = AC^2$, alors le triangle ABC est un triangle rectangle en B.

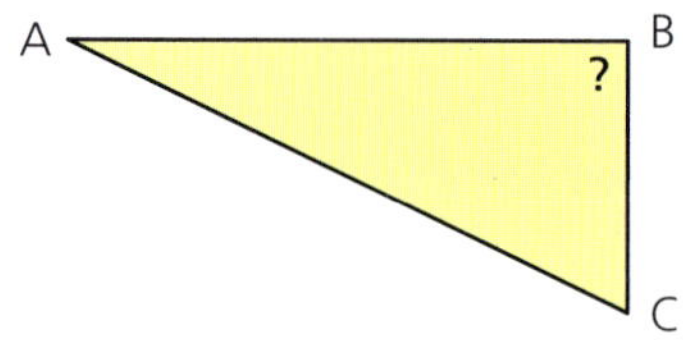

EXEMPLE :
Avec les mesures suivantes : AB = 5, BC = 3 et AC = 6, le triangle ABC est-il un triangle rectangle ?
On calcule séparément : $AC^2 = 6^2 = 36$ et $AB^2 + BC^2 = 5^2 + 3^2 = 25 + 9 = 34$.
Comme $36 \neq 34$, alors $AC^2 \neq AB^2 + BC^2$, le triangle ABC n'est pas un triangle rectangle.

La propriété de Thalès

La propriété de Thalès traduit la proportionnalité des longueurs des côtés de deux triangles dont l'un est un agrandissement de l'autre.
Pour écrire correctement la propriété de Thalès :

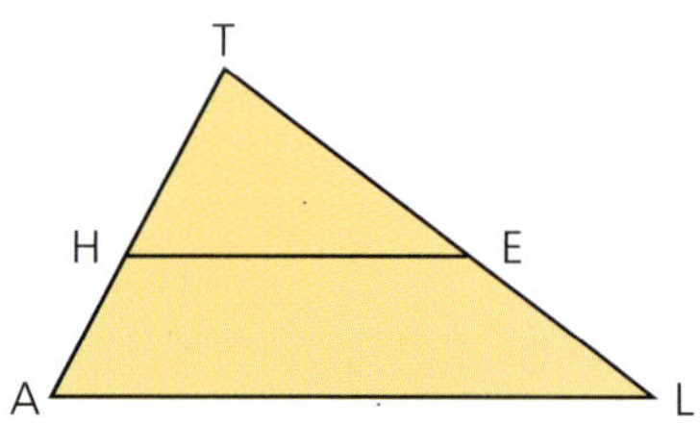

(HE)//(AL)

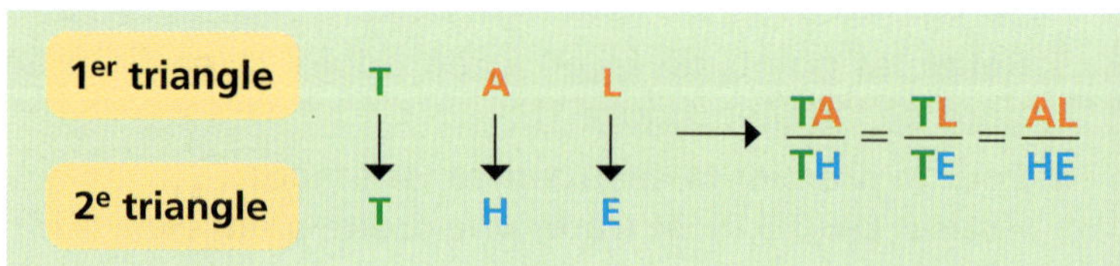

EXEMPLE :
Dans le triangle ci-dessus, on a les mesures suivantes : TA = 6, TH = 4, AL = 9 et on souhaite connaître la mesure HE.
$\frac{TA}{TH} = \frac{TL}{TE} = \frac{AL}{HE}$ devient $\frac{6}{4} = \frac{TL}{TE} = \frac{9}{HE}$ soit $\frac{6}{4} = \frac{9}{HE}$.
Le produit en croix donne $6 \times HE = 9 \times 4$ soit $HE = 36/6 = 6$.

Exercice guidé

Comment optimiser un espace perdu ?

Didier projette d'aménager un espace sous son escalier. Il doit calculer les dimensions des planches nécessaires afin qu'un magasin de bricolage les lui découpe.
Les parties hachurées du schéma seront réservées au rangement des souvenirs de voyage et les parties bleues aux livres en créant des étagères (planches parallèles à (BC)) et des séparations (planches parallèles à (AB)).

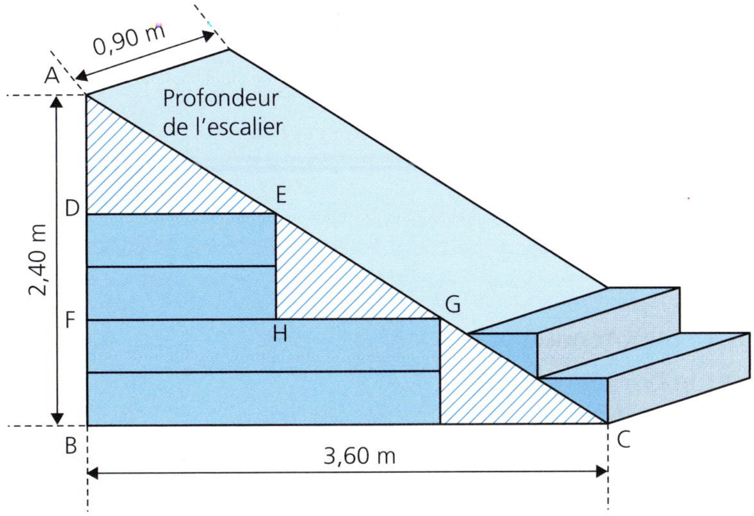

1 La hauteur [AB] est **divisée** en trois parties égales. **Donner** la valeur de [AD].

2 À l'aide de la propriété de Thalès appliquée au triangle ABC où (DE) // (BC), on a $\frac{AD}{AB} = \frac{AE}{AC} = \frac{DE}{BC}$
soit $\frac{1}{3} = \frac{DE}{3,6}$.
Calculer DE.

3 **Calculer** de la même façon FG.

4 Toutes les planches auront 1 cm d'épaisseur et 90 cm de profondeur. Leur largeur dépendra de leur position sous l'escalier.
Recopier et compléter le tableau.

Côté	Nombre de planches	Largeur (m)
[DE]	…	…
[FG]	2	2,4
[EH]	…	…

5 En finition, Didier souhaite coller une bande sur la tranche de l'escalier [AC].
Calculer la longueur AC à l'aide de la propriété de Pythagore. Arrondir à 0,1.

Aide

- **Observer** le schéma.
- Si $\frac{a}{c} = \frac{b}{d}$ alors $ad = bc$, c'est le **produit en croix**.
- **Utiliser** la propriété de Thalès dans le triangle ABC avec (FG) // (BC).
- La distance EH est égale à une distance déjà calculée car [AB] est divisé en trois parties égales.
- Le côté recherché est l'hypoténuse.

Corrigé

1. AD = 2,4/3 = 0,8 m.

2. $\frac{1}{3} = \frac{DE}{3,6}$ devient $3 \times DE = 1 \times 3,6$ soit $DE = \frac{3,6}{3} = 1,20$ m.

3. $\frac{AF}{AB} = \frac{AG}{AC} = \frac{FG}{BC}$; $\frac{1,6}{2,4} = \frac{AG}{AC} = \frac{FG}{3,6}$ soit $\frac{1,6}{2,4} = \frac{FG}{3,6}$.
Donc FG = 1,6 × 3,6/2,4 = 2,4.

4.

Côté	Nombre de planches	Largeur (m)
[DE]	2	1,2
[FG]	2	2,4
[EH]	2	0,8

5. $AC^2 = AB^2 + BC^2$; $AC^2 = 2,4^2 + 3,6^2$; $AC^2 = 18,72$;
$AC = \sqrt{18,72} = 4,3$ m.

Exercices

Exercices d'application

Calculer la longueur d'un côté d'un triangle rectangle

Exercice 1 ★

Le triangle ABC est un triangle rectangle en A.

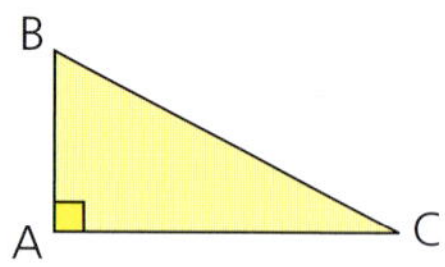

1. Nommer l'hypoténuse.

2. Recopier la bonne réponse.

La propriété de Pythagore appliquée au triangle ABC est :

a. $AB^2 = AC^2 + BC^2$ **b.** $AB^2 + AC^2 = BC^2$

c. $AC^2 = AB^2 + BC^2$

Exercice 2 ★

Calculer AB sachant que $AB^2 = 4^2 + 7^2$. Arrondir à 0,1.

Exercice 3 ★★

Calculer EF sachant que $6^2 = EF^2 + 2^2$. Arrondir à 0,1.

Exercice 4 ★★

Moana décide de participer à un triathlon. Il prend connaissance de la première épreuve : la natation.

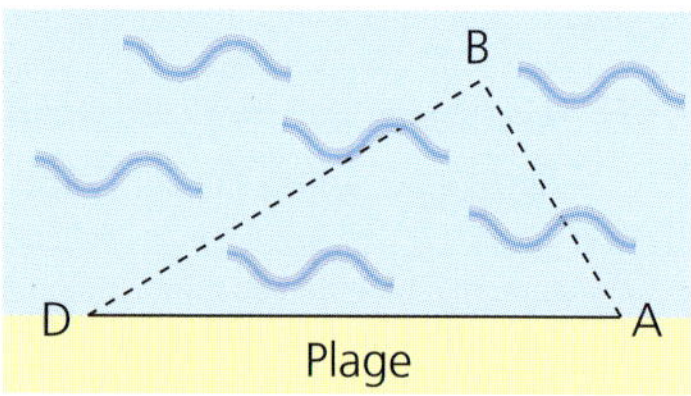

Le départ se fait sur la plage au point D. Les triathlètes doivent contourner une bouée située au point B, puis rejoindre la plage au point A.

On donne AB = 800 m, AD = 2 341 m et (AB) ⊥ (BD).

1. Calculer la longueur DB.

2. En déduire la longueur du parcours « natation » représentée par DB + BA. Arrondir à l'unité.

Identifier un triangle rectangle

Exercice 5 ★

Un triangle CAP a pour mesures : CA = 8 dm, AP = 15 dm et CP = 17 dm.

Alexandra souhaiterait savoir si le triangle CAP est un triangle rectangle.

1. Calculer CP^2.

2. Calculer $CA^2 + AP^2$.

3. Comparer CP^2 et $CA^2 + AP^2$.

4. Conclure sur la nature du triangle CAP.

Exercice 6 ★★

Au lycée professionnel, Jacques et Patrick, futurs maçons, s'entraînent en construisant un mur chacun. Leur professeur M. Debaker vient vérifier si chaque mur est bien « droit », c'est-à-dire perpendiculaire au sol. Ayant oublié sa caisse à outils dans son atelier, il ne possède que le mètre ruban qu'il a dans sa poche. Pour chacun des murs, M. Debaker place au pied du mur un point I puis un point H à 60 cm de hauteur sur le mur et un autre point S au sol à 80 cm de I, puis il mesure la longueur HS. Pour le mur de Jacques, il mesure 1 m et pour celui de Patrick 95 cm.

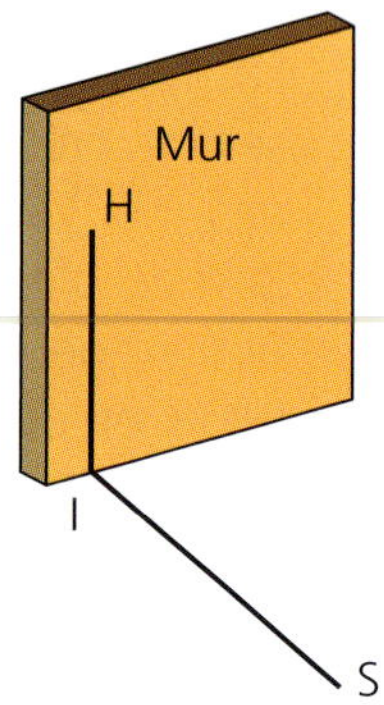

1. Recopier et compléter le tableau.

	HI (cm)	IS (cm)	HS (cm)
Jacques	…	…	…
Patrick	…	…	…

2. Dans les deux cas, nommer le côté le plus long de chaque triangle HIS.

3. Un des deux murs est « droit », lequel ? Justifier la réponse par un calcul.

Exercice 7 ★★

Si *a*, *b* et *c* sont trois nombres qui mesurent les longueurs des côtés d'un triangle rectangle, alors (*a*, *b*, *c*) est appelé un « triplet pythagoricien ».

1. En utilisant la touche « carré » de la calculatrice, recopier et compléter le tableau.

x	1	2	3	4	5	6	7	8	9	10
x^2	…	…	…	…	…	…	…	…	…	…

2. Trois nombres (*a*, *b*, *c*) constituent un triplet pythagoricien si $a^2 = b^2 + c^2$.

Donner, à partir du tableau, des exemples de triplet pythagoricien.

3. En déduire si les triangles ABC suivants sont rectangles à partir des mesures de leurs trois côtés :

a. AB = 3 cm, AC = 4 cm et BC = 5 cm.

b. AB = 4 cm, AC = 5 cm et BC = 6 cm.

c. AB = 6 cm, AC = 8 cm et BC = 10 cm.

Exercice 8 ★★★

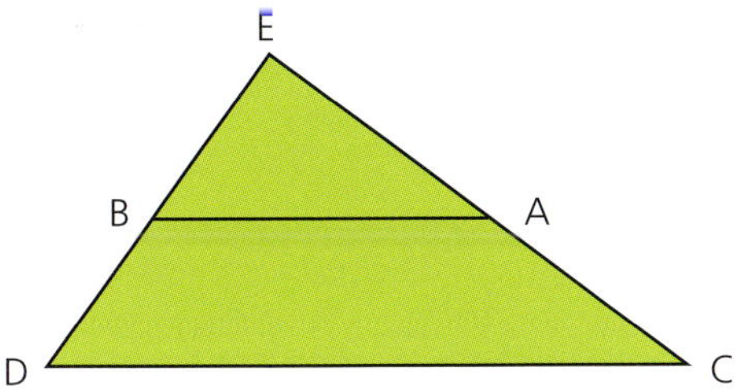

Dans le triangle ci-dessus, le point B appartient au segment [DE] et le point A au segment [CE].
On donne : ED = 9 ; EB = 5,4 ; EC = 12 ; EA = 7,2 et CD = 15.

Montrer que les droites (CE) et (DE) sont perpendiculaires.

Calculer la longueur d'un segment

Exercice 9 ★

Calculer AC à partir de l'égalité suivante : $\frac{AC}{3} = \frac{6}{9}$.

Exercice 10 ★

Calculer AB à partir de l'égalité suivante : $\frac{6}{AB} = \frac{15}{4}$.

Exercice 11 ★★

Un centre nautique souhaite effectuer une réparation sur une voile.
La voile a la forme du triangle PMW ci-dessous.
On souhaite faire une couture suivant le segment [CT].

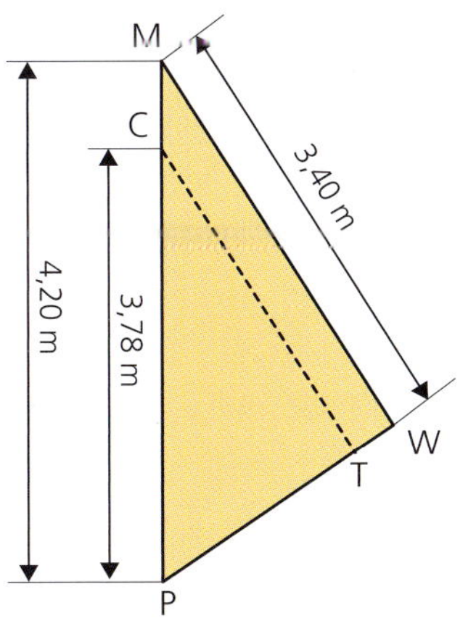

1. Si (CT) est parallèle à (MW), calculer la longueur de cette couture à l'aide de la propriété de Thalès.

2. La quantité de fil nécessaire est le double de la longueur de la couture.
Est-ce que 7 mètres de fil suffiront ?

Exercice 12 ★★★

Dans la configuration ci-dessous, les droites (SA) et (OK) sont parallèles. On sait que :
– SA = 5 cm ;
– OA = 3,8 cm ;
– OR = 6,84 cm ;
– KR = 7,2 cm.

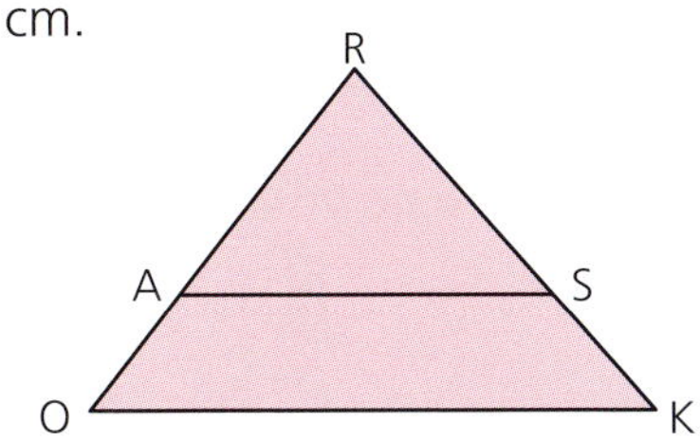

Les questions de cet exercice ont été effacées, mais il reste ci-dessous des calculs effectués par un élève, en réponse aux questions manquantes.

1. 6,84 – 3,8 = 3,04.

2. $\frac{5 \times 6{,}84}{3{,}04} = 11{,}25$.

3. 7,2 + 6,84 + 11,25 = 25,29.

En utilisant les calculs précédents, écrire les trois questions auxquelles l'élève a répondu.

Exercice 13 ★★

Une association d'habitants souhaite vérifier si les éoliennes posées sur leur commune respectent bien les dimensions qui ont été annoncées.
Ils savent que :
– les points O, A et C sont alignés ;
– les points O, B et D sont alignés ;
– les droites (AB) et (CD) sont parallèles ;
– OA = 11 m ; AC = 594 m ; AB = 1,5 m.

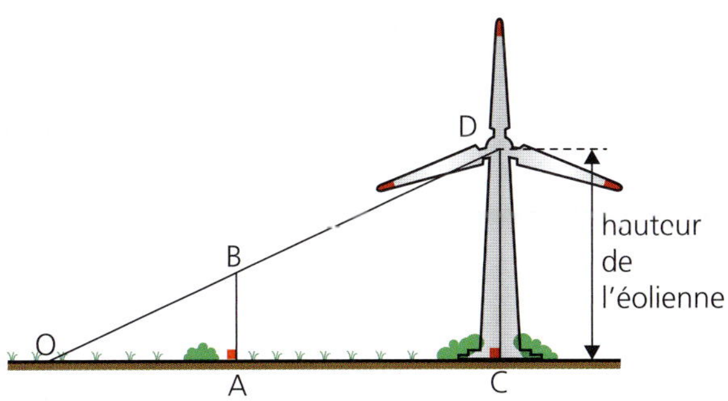

La figure ne respecte pas les proportions.

1. Nommer le segment de la figure qui représente la hauteur de l'éolienne.

2. Montrer, en appliquant la propriété de Thalès, que : $\frac{605}{11} = \frac{CD}{1{,}5}$.

3. Calculer CD en appliquant le produit en croix à l'égalité précédente.

4. En déduire la hauteur de l'éolienne.

Exercices

Auto-évaluation

Pour chaque amorce de phrase, recopier la (ou les) bonne(s) réponse(s).

1 Dans un triangle rectangle, l'hypoténuse est :
a) le côté le plus long **b)** le côté adjacent à l'angle droit
c) le côté opposé à l'angle droit

2 Si $9 = AB^2 + 4$ alors AB est égale à :
a) 5 **b)** 13 **c)** $\sqrt{5}$

3 La propriété de Thalès appliquée au triangle ABC donne :

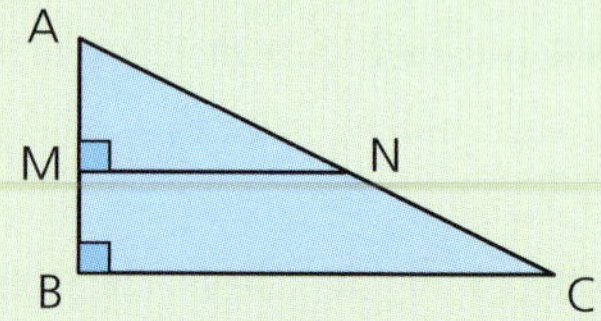

a) $\frac{AM}{AB} = \frac{AN}{AC} = \frac{BC}{MN}$ **b)** $\frac{AM}{AB} = \frac{AN}{AC} = \frac{MN}{BC}$
c) $\frac{AB}{AM} = \frac{AN}{AC} = \frac{BC}{MN}$

4 La propriété de Pythagore appliquée au triangle AMN donne :
a) $MN^2 = AM^2 + AN^2$ **b)** $AM + MN = AN$ **c)** $AN^2 = AM^2 + MN^2$

5 Un triangle TRI a pour mesures : TR = 6 cm, IT = 8 cm et RI = 10 cm. C'est un triangle :
a) rectangle **b)** quelconque **c)** isocèle

6 Si $\frac{5}{AB} = \frac{10}{24}$, alors AB est égale à :
a) 2 **b)** 12 **c)** 19

7 Pour appliquer la propriété de Thalès dans un triangle, il faut :
a) deux droites parallèles **b)** un angle droit **c)** deux côtés de même longueur

8 Un triangle ABC rectangle en B admet comme mesures : AB = 3,5 cm et BC = 5 cm.
L'hypoténuse AC a pour longueur :
a) 8,5 cm **b)** 37,25 cm **c)** 6,1 cm

➜ Réponses p. 192

Exercices d'approfondissement

Exercice 14 ★★

La tour de Pise est un monument dont la célébrité vient notamment de son inclinaison apparue très rapidement après sa construction. Sa hauteur est 55,8 m.

Deux touristes la visitent et l'un d'eux affirme : « Je suis sûr que si elle n'était pas penchée, cette tour serait plus haute de 5 mètres. »

Valérie souhaite déterminer si l'affirmation du touriste est exacte.

1. Recopier le nom du solide correspondant à la forme générale de la tour.
- Une pyramide
- Un cône
- Un cube
- Un cylindre

2. La hauteur de la tour, si elle n'était pas penchée, serait la longueur du segment [CD] représenté sur le schéma.
Calculer la longueur CD.

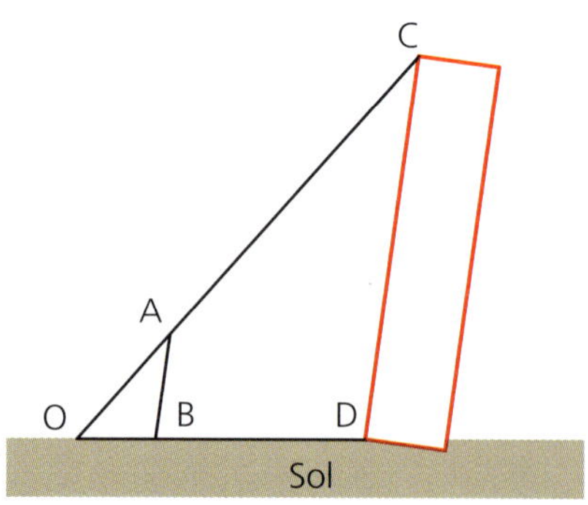

Données : les droites (AB) et (CD) sont parallèles.

OB = 2 m ; OD = 63 m ; AB = 1,8 m ; $\frac{OB}{OD} = \frac{OA}{OC} = \frac{AB}{CD}$.

3. Déduire du résultat précédent si l'affirmation du touriste est exacte ou non. Justifier la réponse.

Exercice 15 ★★★

Lorsqu'on lit sur une affiche de présentation : « TV écran 72 cm », cela signifie que la diagonale de l'image mesure 72 cm.
L'image de l'écran plat du téléviseur ci-dessus est assimilée à un rectangle.

1. Relever les dimensions de l'image.

2. On parle d'écran 4/3 ou 16/9 si le quotient de la largeur par la hauteur est égal à 4/3 ou 16/9. S'agit-il pour ce téléviseur d'un écran 4/3 ou 16/9 ? Justifier la réponse en montrant la simplification de la fraction.

3. La diagonale de l'écran coupe l'écran en deux triangles rectangles. Dire à quoi correspond la diagonale pour chaque triangle rectangle.

4. À l'aide de la propriété de Pythagore, calculer la longueur de la diagonale de cet écran. Arrondir à l'unité.

5. Les fabricants indiquent souvent, comme caractéristique de la taille de l'écran, la longueur de la diagonale en « pouces », noté « " ».
Sachant que 1 pouce = 2,54 cm, donner la longueur de la diagonale de cet écran en pouces. Arrondir à l'unité.

Exercice 16 ★★

OABC est un carré de côté 7 cm. O, A et E sont alignés et AE = 2 cm.

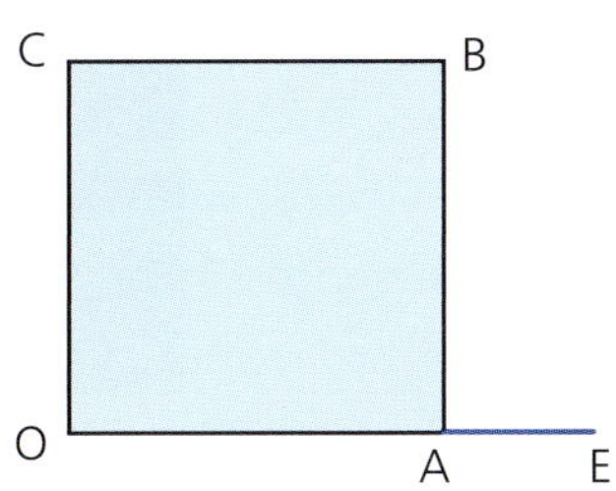

1. a. Reproduire la figure.
b. Construire la droite parallèle à la droite (CE) passant par A ; cette droite coupe le segment [OC] en M. Placer M.

2. a. Peut-on utiliser la propriété de Thalès dans le triangle OEC ? Justifier la réponse.
b. Montrer que $\frac{OM}{7} = \frac{7}{9}$.
c. Calculer OM.

Exercice 17 ★★

Dans les marais salants, le sel récolté est stocké sur une surface plane. On admet qu'un tas de sel a toujours la forme d'un cône de révolution.

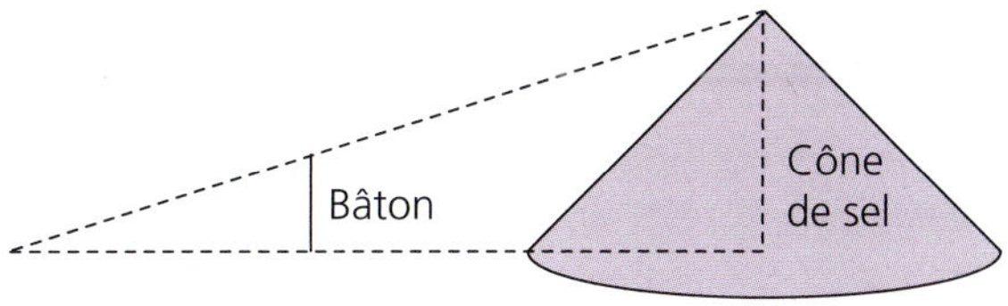

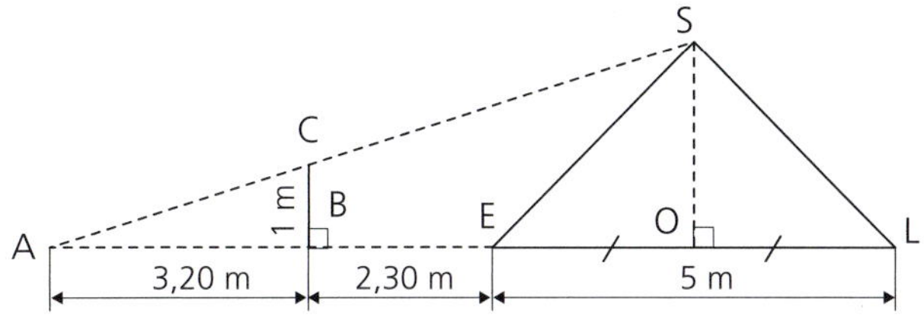

Pascale souhaite déterminer la hauteur d'un cône de sel de diamètre 5 mètres. Elle possède un bâton de longueur 1 mètre. Elle effectue des mesures et réalise les deux schémas ci-dessus.

1. Calculer la distance EO.

2. En déduire la longueur AO.

3. À l'aide de la propriété de Thalès, Pascale a établi la relation : $\frac{AO}{AB} = \frac{OS}{BC}$.
Calculer la hauteur OS du cône de sel.

Exercice 18 ★★★

ABC est un triangle tel que AB = 8 cm, AC = 7 cm et BC = 4 cm.

1. a. Construire le triangle ABC.
b. À l'aide d'un instrument de géométrie approprié, en déduire si le triangle ABC est un triangle rectangle.

2. Pour être sûr de la nature du triangle ABC, appliquer la réciproque de la propriété de Pythagore et conclure.

Exercice 19 ★★★

Dans la figure ci-contre, qui n'est pas en vraie grandeur, on a :
RE = 3 cm ; ED = 1,5 cm ;
RC = 2 cm ; RU = 3 cm.
E ∈ [RD] et C ∈ [RU].

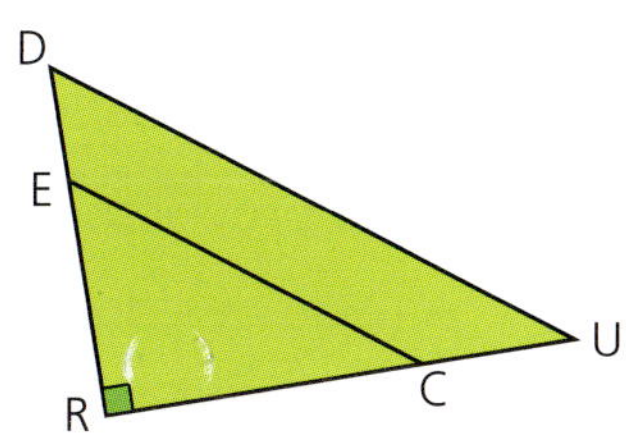

1. Calculer DU.

2. Calculer EC.

Vers l'examen

Compétences	Capacités	Questions
S'approprier	Rechercher, extraire et organiser l'information.	4 ; 5.a ; 5.c
Analyser **Raisonner**	Émettre une conjecture, une hypothèse. Proposer une méthode de résolution, un protocole expérimental.	1
Réaliser	Choisir une méthode de résolution, un protocole expérimental. Exécuter une méthode de résolution, expérimenter, simuler.	2 ; 3 ; 4 ; 5.c
Valider	Contrôler la vraisemblance d'une conjecture, d'une hypothèse. Critiquer un résultat, argumenter.	5.b
Communiquer	Rendre compte d'une démarche, d'un résultat, à l'oral ou à l'écrit.	1 ; 6

Situation

Des élèves participent à une course à pied. Avant l'épreuve, un plan leur a été remis avec deux parcours :
– le grand parcours rouge ABCDEF ;
– le parcours simplifié vert ABCHF.
Ils sont représentés par la figure ci-contre.
On convient que :
– les droites (AE) et (BD) se coupent en C ;
– les droites (AB), (DE) et (HF) sont parallèles ;
– ABC est un triangle rectangle en A.
On souhaite calculer la différence de distance à parcourir entre les deux trajets.

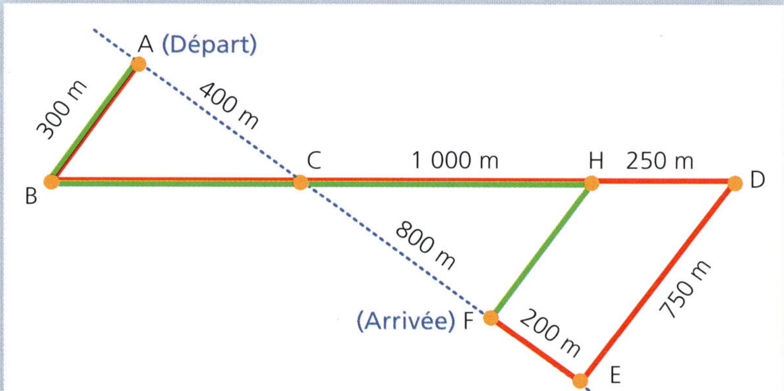

La figure ne respecte pas les proportions.

Questions

1 Expliquer la démarche à suivre pour déterminer l'écart de distance entre les deux parcours.

2 Parmi les relations proposées, recopier celle qui correspond à la propriété de Pythagore dans le triangle ABC rectangle en A.
$AB^2 = AC^2 + BC^2$
$BC^2 = AB^2 + AC^2$
$AC^2 = AB^2 + BC^2$

3 En utilisant la relation choisie, calculer la longueur BC.

4 Montrer que la longueur du parcours ABCDEF est de 3 km.

5 Pour calculer la longueur du parcours ABCHF, il faut déterminer la mesure de [HF].

a. Dans le triangle CDE, a-t-on deux droites parallèles ?

b. La propriété de Thalès appliquée au triangle CDE donne : $\frac{CH}{CD} = \frac{CF}{CE} = \frac{HF}{DE}$.
À l'aide des données de la figure, montrer que HF = 600 m.

c. En déduire la longueur du parcours ABCHF.

6 Comparer les deux parcours en donnant la distance supplémentaire à parcourir en prenant le grand parcours par rapport au parcours simplifié.

Chapitre 12

Relations trigonométriques dans le triangle rectangle

Je vais apprendre à...

- **Donner la valeur d'un cosinus, d'un sinus, d'une tangente.**
- **Donner la valeur d'un angle à partir d'un cosinus, d'un sinus, d'une tangente.**
- **Déterminer la mesure d'un angle dans un triangle rectangle.**
- **Déterminer la longueur d'un côté dans un triangle rectangle.**

Je découvre

Afin de préparer une journée d'intégration dans son club de sport organisée sous forme de jeu de piste, Alexandra doit rédiger les énigmes permettant aux concurrents de boucler leur parcours. Elle leur ajoute des indices où la réponse est représentée par la première lettre du mot à deviner.

La figure ci-contre représente le terrain balisé sur lequel les concurrents doivent s'orienter.

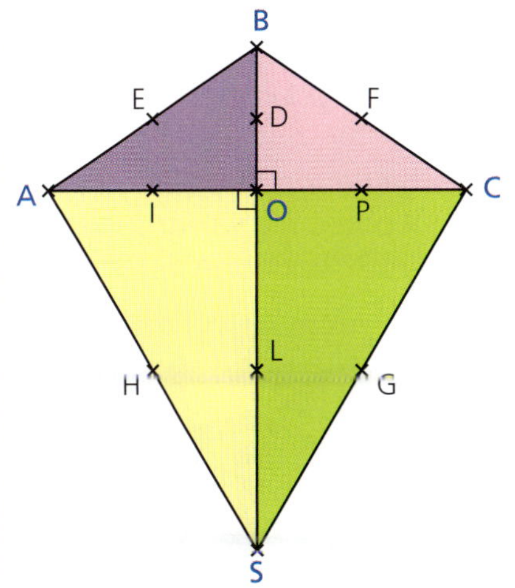

Les points inscrits en noir sont les milieux des différents côtés des triangles.

1. Soit le trajet n° 1 rédigé par Alexandra :

point O
→ milieu de l'hypoténuse du triangle AOB (indice 1)
→ milieu du côté opposé à l'angle $\widehat{OCB}$ (indice 2)
→ milieu du côté adjacent à l'angle $\widehat{OCB}$ dans le triangle OCB (indice 3)
→ point O

– Indice 1 : se dit d'un triangle possédant trois côtés égaux.
– Indice 2 : se dit d'un angle qui mesure 90°.
– Indice 3 : se dit d'un angle qui mesure 180°.

Identifier les lettres correspondant à ce trajet. Utiliser les indices donnés si nécessaire.

2. Écrire le trajet n° 2 à effectuer pour obtenir le rectangle LGFD en utilisant les termes « hypoténuse – côté adjacent – côté opposé ».

Activités

ACTIVITÉ 1 Écrire les rapports trigonométriques

Les rapports trigonométriques sont des relations entre les **angles aigus** et les côtés d'un triangle rectangle.
SOHCAHTOA est un moyen mnémotechnique permettant de les retenir.

S	O	C	A	T	O
	H		H		A

S = sinus O = opposé
C = cosinus A = adjacent
T = tangente H = hypoténuse

$S = \frac{O}{H}$; $C = \frac{A}{H}$; $T = \frac{O}{A}$

1. Écrire les trois rapports trigonométriques permettant d'exprimer le sinus, le cosinus et la tangente d'un angle.
2. Construire un triangle ABC rectangle en C et indiquer l'hypoténuse.
3. Par rapport à l'angle $\widehat{A}$, nommer le côté opposé et le côté adjacent.
4. Écrire les trois rapports trigonométriques par rapport à l'angle $\widehat{A}$.
5. Écrire les trois rapports trigonométriques par rapport à l'angle $\widehat{B}$.

Un **angle aigu** est un angle de mesure inférieure à 90°.

Méthode Pour repérer les différents côtés d'un triangle rectangle :
– l'hypoténuse, c'est le côté opposé (qui fait face) à l'angle droit ;
– le côté adjacent à un angle, c'est un des côtés qui forme l'angle ;
– le côté opposé à un angle, c'est le côté qui fait face à l'angle.

ACTIVITÉ 2 Calculer la longueur d'un côté

Un guide touristique veut connaître la hauteur d'un magnolia planté à proximité de la place des Quinconces à Bordeaux. Un géomètre se rend sur place pour effectuer la mesure. Il utilise un appareil de mesure d'angle de visée, un théodolite dont la hauteur du trépied mesure 1,20 m.
Il obtient la valeur suivante : l'angle de visée est égal à 53° pour une distance au sol de 9 m.

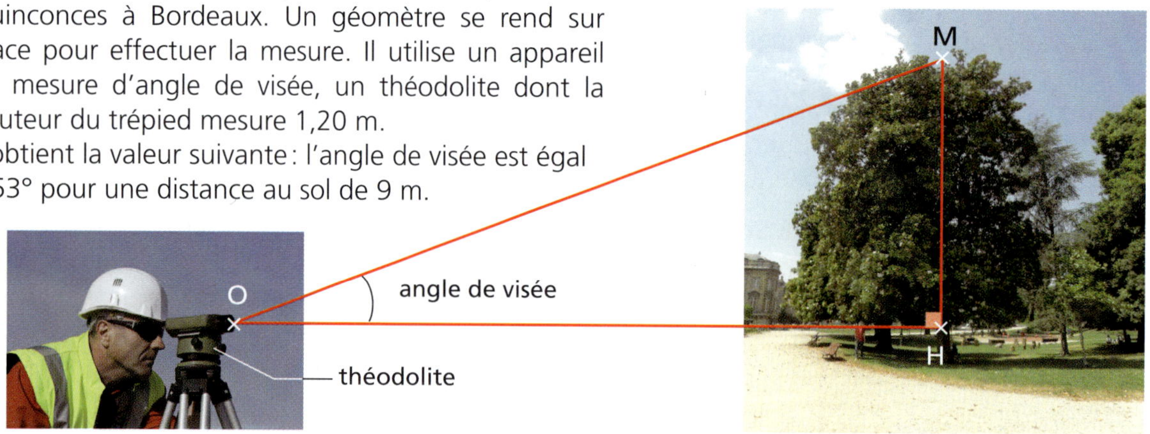

1. Dans le triangle MOH, indiquer :
   – l'angle de visée ;
   – la distance au sol entre le théodolite et le tronc du magnolia ;
   – la hauteur du magnolia (diminuée de la hauteur du trépied).
2. Faire un croquis du triangle MOH et indiquer par rapport à l'angle $\widehat{O}$, le côté opposé, le côté adjacent et l'hypoténuse.
3. Quel est le rapport trigonométrique qui permettra de calculer MH connaissant OH et $\widehat{O}$?
4. À l'aide de la calculatrice et de l'égalité $MH = 9 \times \tan 53°$, calculer MH. Arrondir à 0,1.
5. En déduire la hauteur du magnolia.

ACTIVITÉ 3 Utiliser la calculatrice

La calculatrice permet de calculer un angle, la valeur d'un cosinus, d'un sinus et d'une tangente. Le tableau suivant indique comment obtenir ces valeurs.

Objectif	Casio FX 92 2D+	TI Collège Plus
Calcul du cosinus d'un angle Exemple : cos 60° = 0,5.	cos 6 0) EXE	cos 6 0) entrer
Calcul d'un angle Exemple : α = Arctan (1,5) = 56,3°.	SECONDE tan 1 , 5 EXE	2nde tan 1 , 5 entrer

Recopier et compléter le tableau ci-dessous (par ligne) en arrondissant à 0,01 si nécessaire.

α (°)	sin α	cos α	tan α
30	…	…	…
…	…	0,5	…
…	…	…	1

Méthode Il est possible de trouver la mesure d'un angle dont on connaît le sinus, le cosinus ou la tangente à l'aide des fonctions arc sinus, arc cosinus ou arc tangente d'une calculatrice.

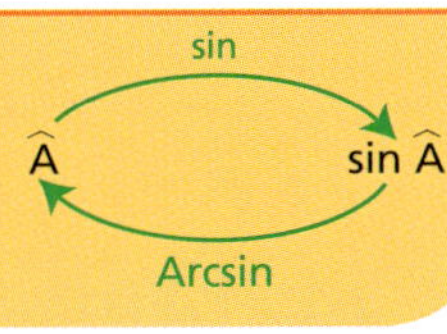

ACTIVITÉ 4 Calculer la valeur d'un angle

Un constructeur de smartphones vante la qualité de ses écrans dont les **pixels** sont indiscernables à l'œil nu.
Lazare veut vérifier cette affirmation sur le modèle ci-contre.
La résolution d'un écran indique le nombre de pixels qui le composent dans les sens de la longueur L et de la largeur ℓ.

Résolution : 1 136 × 640
Taille écran : 4″
1″ = 2,54 cm

1. La taille p du pixel en cm s'obtient à l'aide de la formule : $p = \dfrac{\text{Taille écran}}{\sqrt{L^2+\ell^2}} \times 2{,}54$.
   Calculer p. Donner le résultat en écriture scientifique ($a \times 10^n$ avec a un nombre arrondi à 0,1).

FICHE « Écrire un nombre en notation scientifique » p. 185

2. Le triangle OEH modélise un utilisateur de smartphones regardant son écran.
   L'œil, symbolisé par le point O, est à 30 cm de l'écran. Il regarde, selon un angle de vision $\widehat{O}$, un pixel représenté par le segment [HE].
   a. Par rapport à l'angle $\widehat{O}$, nommer le côté opposé, le côté adjacent et l'hypoténuse.
   b. Montrer que $\tan \widehat{O} = \dfrac{p}{30}$.
   c. Calculer $\tan \widehat{O}$.
   d. Calculer l'angle de vision $\widehat{O}$. Arrondir à 0,001.

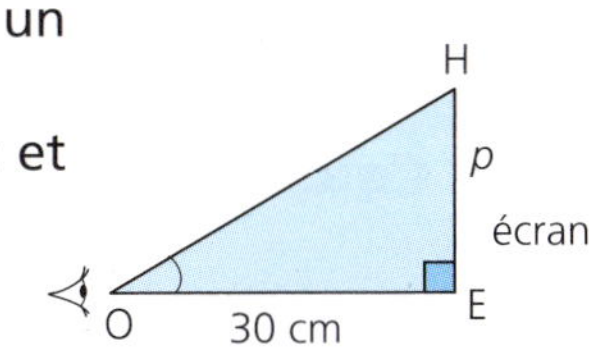

3. Notre œil a une résolution angulaire de 0,017°, ce qui signifie qu'en dessous de cette valeur, il ne distinguera pas le pixel.
   a. Comparer l'angle de vision $\widehat{O}$ à la résolution angulaire de l'œil.
   b. En déduire si l'affirmation du constructeur est justifiée.

Pixel : point élémentaire d'une image numérique.

L'essentiel

Écrire les trois rapports trigonométriques

Les côtés opposé et adjacent dépendent de l'angle considéré dans un triangle rectangle. L'hypoténuse est toujours le côté opposé à l'angle droit.

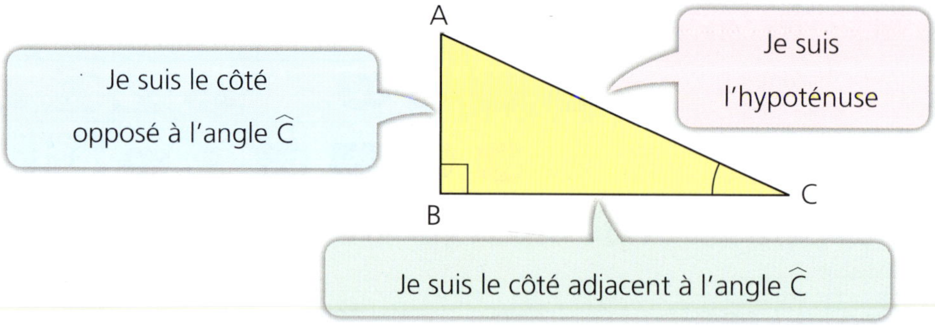

Un moyen mnémotechnique pour retenir les formules de trigonométrie est de mémoriser l'expression **SOHCAHTOA** (α est un angle quelconque).

$$\text{sinus } \alpha = \frac{\text{côté opposé}}{\text{hypoténuse}} \qquad \text{cosinus } \alpha = \frac{\text{côté adjacent}}{\text{hypoténuse}} \qquad \text{tangente } \alpha = \frac{\text{côté opposé}}{\text{côté adjacent}}$$

Utiliser les rapports trigonométriques

■ **Les touches sin, cos, tan d'une calculatrice permettent de calculer le sinus, le cosinus et la tangente d'un angle.**

EXEMPLE : Cos 45° = 0,707.

■ **Les touches Arcsin, Arccos et Arctan permettent de trouver la valeur d'un angle connaissant celle du sinus, du cosinus ou de la tangente.**

EXEMPLE :
Avec sin $\widehat{O}$ = 0,5, on a $\widehat{O}$ = Arcsin(0,5) = 30°.

■ Calculer la longueur d'un côté connaissant celle d'un autre côté et la mesure d'un angle

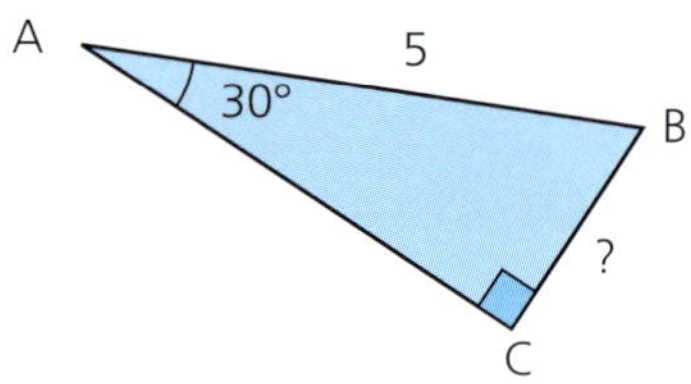

Je connais un angle, l'**H**ypoténuse et
je cherche son côté **O**pposé.
SOHCAHTOA
J'utilise donc le **S**inus.

$\sin \widehat{A} = \dfrac{BC}{AB}$ soit en remplaçant : $\sin 30° = \dfrac{BC}{5}$ donc BC = 5 × sin 30° = 2,5.

■ Calculer la valeur d'un angle connaissant la longueur de deux côtés

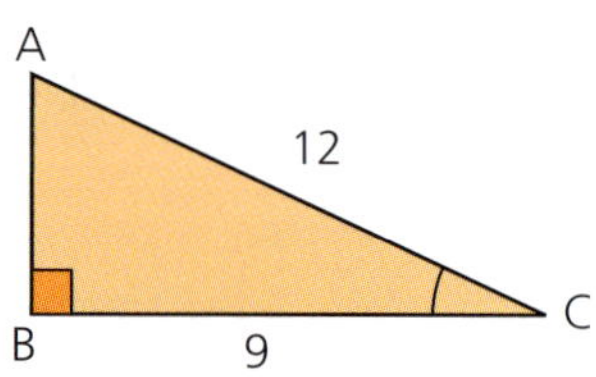

Je connais l'**H**ypoténuse, le côté **A**djacent et
je cherche l'angle formé par ces deux côtés.
SOH**CAH**TOA
J'utilise donc le **C**osinus.

$\cos \widehat{C} = \dfrac{BC}{AC}$ soit en remplaçant : $\cos \widehat{C} = \dfrac{9}{12}$ = 0,75 donc $\widehat{C}$ = Arccos(0,75) = 41,4°.

Exercice guidé

Comment calculer l'inclinaison d'une route ?

La pente moyenne p d'une route est un pourcentage qui se calcule de la façon suivante : $p = \frac{d}{\ell}$ où d et ℓ sont exprimées dans la même unité.

Pour une descente dangereuse, on peut voir des panneaux routiers indiquant la pente de la route.

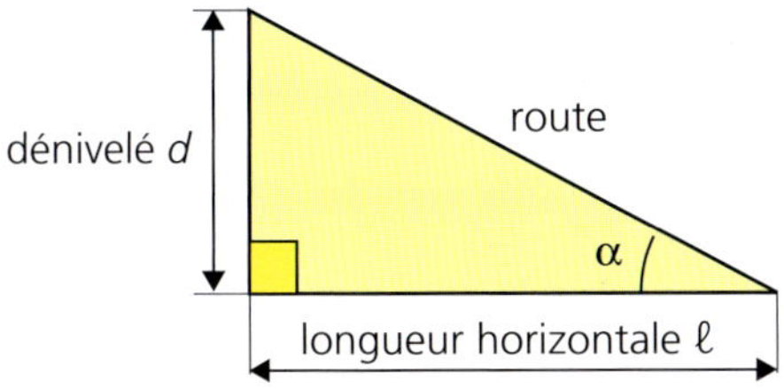

Schéma 1

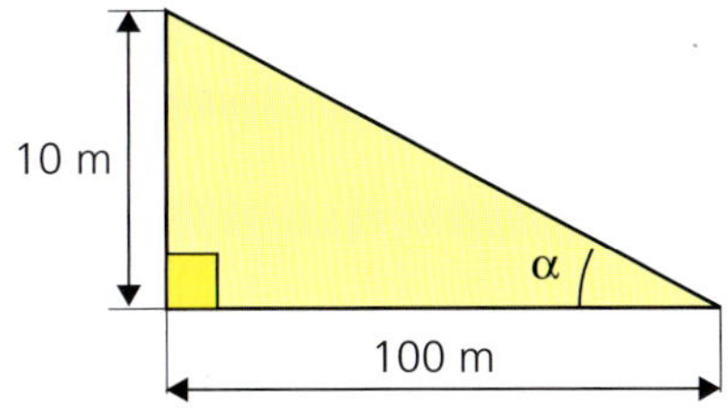

Schéma 2

Khalid est persuadé qu'une pente à 10 % correspond à un angle d'inclinaison α de 10°. A-t-il raison ?

1 **Vérifier** la valeur de la pente à 10 % à partir des données du schéma 2.

2 En utilisant le schéma 1 et par rapport à l'angle d'inclinaison α, **donner** la nature (côté opposé, côté adjacent ou hypoténuse) du côté représentant :
a. le dénivelé d ;
b. la longueur horizontale ℓ.

3 **Trouver et écrire** le rapport trigonométrique permettant de calculer l'angle α.

4 Avec $\tan \alpha = \frac{10}{100}$, **calculer** la valeur de α. Arrondir à 0,1.

5 **Comparer** la pente p et l'angle d'inclinaison α.

6 Khalid a-t-il raison ? **Justifier** la réponse.

Aide

1. **Appliquer** la formule $p = \frac{d}{\ell}$ et **remplacer** par les valeurs.
2. **Repérer** d'abord l'hypoténuse et ensuite **se positionner** par rapport à l'angle α.
3. En fonction des deux côtés dont les valeurs sont connues, un seul rapport convient.
4. **Utiliser** la calculatrice et sa fonction inverse tangente (touche Arctan).
5. **Rappeler** les deux valeurs et dire si elles sont égales ou différentes.
6. **Relire** l'énoncé et **rédiger** une phrase en justifiant à l'aide de la question précédente.

Corrigé

1. $p = 10/100 = 10$ %.
2.a. Le dénivelé d représente le côté opposé.
b. La longueur horizontale représente le côté adjacent.
3. $\tan \alpha = d/\ell = 10/100 = 0,1$.
4. $\alpha = \text{Arctan}(0,1) = 5,7°$.
5. $p = 10$ % et $\alpha = 5,7°$, les deux valeurs sont différentes.
6. Khalid n'a pas raison car pour une pente de 10 %, l'angle d'inclinaison est égal à 5,7° et non 10°.

Exercices

Exercices d'application

Repérer les côtés dans un triangle

Exercice 1 ★

1. Repérer l'hypoténuse dans chaque triangle en nommant le côté.

2. Par rapport à l'angle $\widehat{A}$, nommer le côté opposé et le côté adjacent.

3. Par rapport à l'angle $\widehat{F}$, nommer le côté opposé et le côté adjacent.

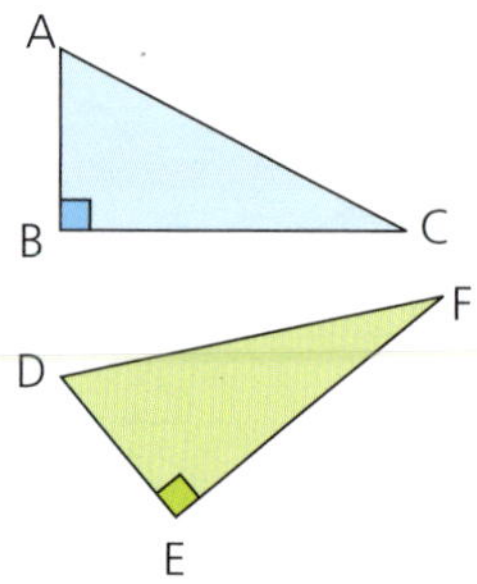

Exercice 2 ★★

À l'aide de SOHCAHTOA, recopier et compléter les égalités suivantes par les rapports trigonométriques.

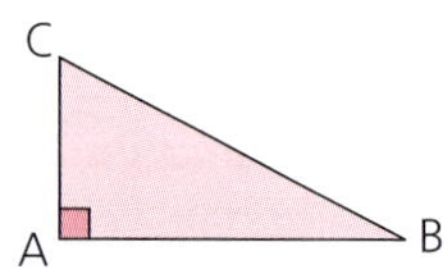

$\sin\widehat{C}$ = ... ; $\cos\widehat{B}$ = ... ; $\tan\widehat{C}$ = ...

$\cos\widehat{C}$ = ... ; $\tan\widehat{B}$ = ... ; $\sin\widehat{B}$ = ...

Donner la valeur d'un cosinus, d'un sinus, d'une tangente

Exercice 3 ★

Recopier et compléter le tableau suivant à l'aide de la calculatrice en arrondissant à 0,01.

Angle α (°)	$\cos \alpha$	$\sin \alpha$	$\tan \alpha$
45	...	...	...
60	...	...	...

Exercice 4 ★★

Associer chaque expression à sa valeur exacte.

Expression	
sin 60°	a
cos 60°	b
tan 60°	c
tan 30°	d
cos 30°	e

Valeur exacte	
1	$\frac{\sqrt{3}}{2}$
2	$\frac{\sqrt{3}}{3}$
3	$\frac{1}{2}$
4	$\sqrt{3}$

Donner la valeur d'un angle à partir d'un cosinus, d'un sinus, d'une tangente

Exercice 5 ★

Soit α la mesure d'un angle en degrés.

▸ Déterminer la valeur, arrondie à l'unité, de l'angle α dans chacun des cas suivants.

a. $\sin \alpha = 0{,}469$ **b.** $\cos \alpha = 0$

c. $\tan \alpha = \frac{19}{25}$ **d.** $\cos \alpha = \frac{\sqrt{3}}{2}$

Exercice 6 ★★

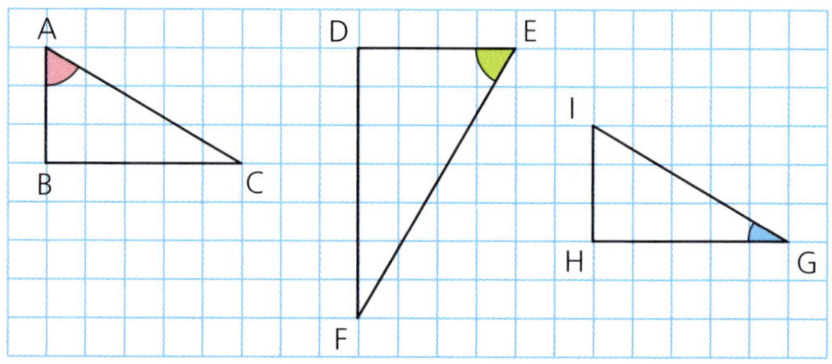

1. Exprimer sous forme de fraction la tangente des trois angles marqués en couleur.

2. Donner la mesure de ces angles. Arrondir à l'unité.

Déterminer la mesure d'un angle

Exercice 7 ★

Alexandre a utilisé GeoGebra pour réaliser une figure mais il a omis d'afficher la valeur de l'angle $\widehat{E}$.

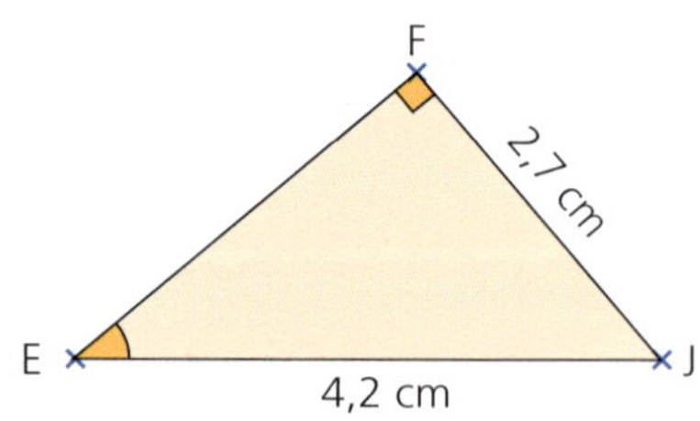

1. Par rapport à l'angle $\widehat{E}$, que représente :

a. le côté [FJ] ?

b. le côté [EJ] ?

2. Recopier le rapport trigonométrique qui permettra de calculer l'angle $\widehat{E}$.

a. $\cos\widehat{E} = \frac{EF}{4{,}2}$ **b.** $\tan\widehat{E} = \frac{2{,}7}{EF}$ **c.** $\sin\widehat{E} = \frac{2{,}7}{4{,}2}$

3. En déduire la valeur de l'angle $\widehat{E}$. Arrondir à l'unité.

Exercice 8 ★

Soit le triangle ABC suivant :

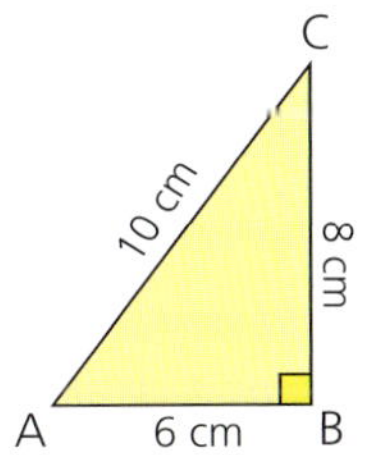

1. Calculer le cosinus de l'angle $\widehat{A}$.

2. En déduire la valeur de l'angle $\widehat{A}$. Arrondir à l'unité.

Exercice 9 ★★

Dans un lycée, on doit transformer un escalier en une rampe afin de faciliter l'accès aux personnes à mobilité réduite. Sur le schéma, les proportions ne sont pas respectées.
On souhaite étudier la sécurité de la rampe.

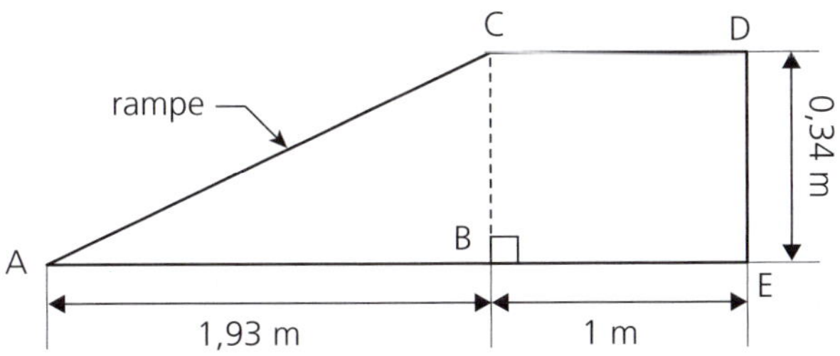

1. Calculer tan $\widehat{BAC}$. Arrondir au millième.

2. En déduire, en degrés, la mesure de l'angle $\widehat{BAC}$. Arrondir le résultat à l'unité.

3. Pour des raisons de sécurité, l'angle $\widehat{BAC}$ de la rampe d'accès ne doit pas être supérieur à 12°. Préciser si cette construction répond à la norme. Justifier la réponse.

Déterminer la longueur d'un côté

Exercice 10 ★

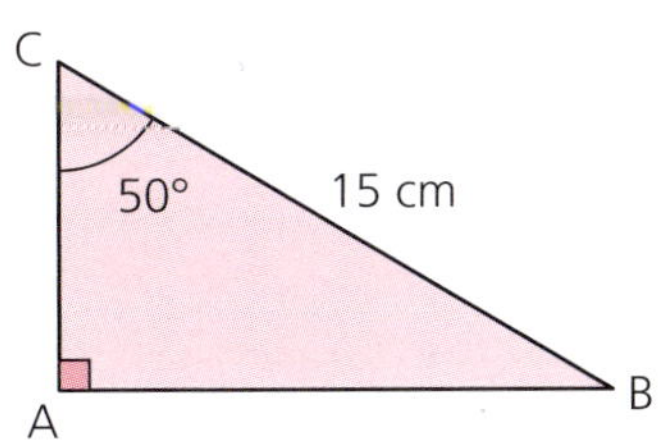

Par rapport à l'angle $\widehat{C}$, Mathieu a écrit les trois relations trigonométriques suivantes :

$\cos 50° = \dfrac{AC}{15}$; $\tan 50° = \dfrac{AB}{AC}$; $\sin 50° = \dfrac{AB}{15}$

1. Recopier la relation permettant de calculer AC.

2. Calculer AC et arrondir à 0,1.

3. Recopier la relation permettant de calculer AB.

4. Calculer AB et arrondir à 0,1.

Exercice 11 ★★

Le niveau de l'océan monte et descend suivant le cycle des marées. Les deux schémas ci-dessous représentent la même plage parfaitement lisse, à deux instants de la journée.
On a : HT = 2 m, $\widehat{HBT}$ = 10° et (HT) ⊥ (BT).

Marée basse

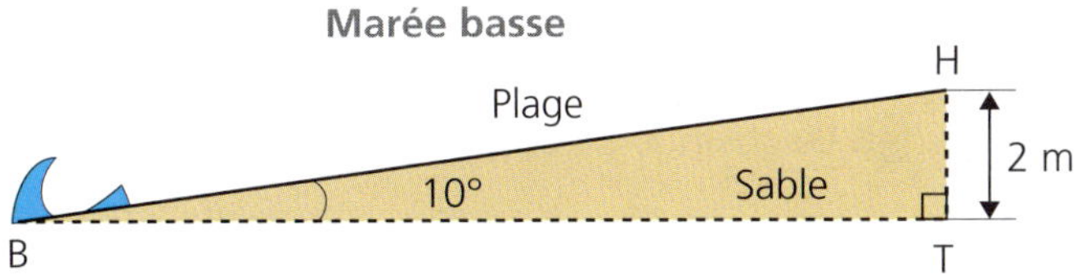

Marée haute

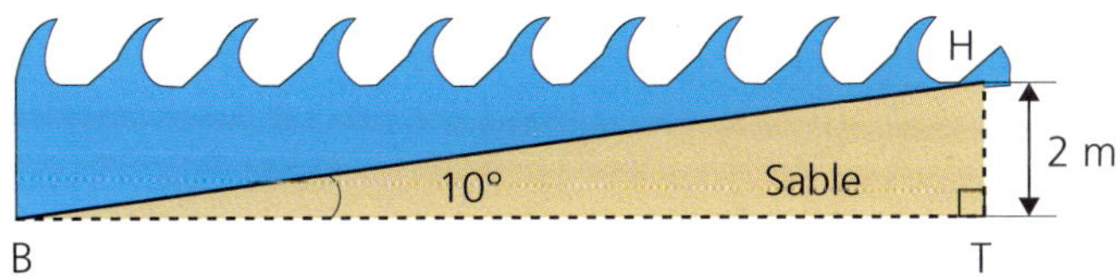

**▶ Calculer la longueur BH, en mètres, de plage recouverte par l'océan à marée haute.
Arrondir à 0,1.**

Exercice 12 ★★★

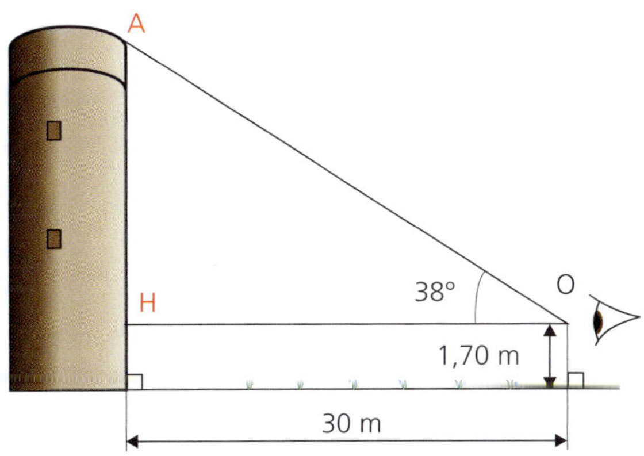

Jasmine participe à un chantier de rénovation du patrimoine historique à titre bénévole. Elle doit déterminer la hauteur *h* de cette tour d'un château du Moyen Âge à l'aide d'un théodolite, appareil qui mesure des angles.

1. Donner la relation liant *h* et AH.

2. Par rapport à l'angle de 38°, que représentent les côtés [OH] et [AH] ?

3. Écrire le rapport trigonométrique permettant de calculer AH connaissant OH et $\widehat{O}$.

4. Montrer que AH = 30 × tan 38°.

5. Calculer la longueur AH.
Arrondir le résultat à 0,1.

6. En déduire la hauteur de la tour.

Exercices

Auto-évaluation

Pour chaque amorce de phrase, recopier la (ou les) bonne(s) réponse(s).

1 **Dans un triangle rectangle, le côté opposé à l'angle droit est :**
a) l'hypoténuse b) le côté le plus long c) le côté le plus petit

2 **Arrondi à 0,01, le cosinus de 45° est égal à :**
a) 0,53 b) 0,76 c) 0,71

3 **Le cosinus de l'angle $\widehat{B}$ est égal à :**
a) $\dfrac{AC}{BC}$ b) $\dfrac{AB}{BC}$ c) $\dfrac{AC}{AB}$

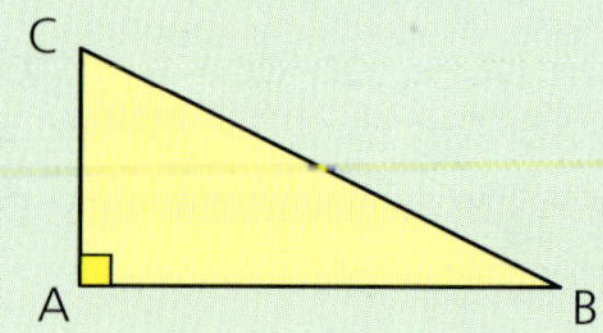

4 **La tangente de l'angle $\widehat{B}$ est égale à :**
a) $\dfrac{AC}{BC}$ b) $\dfrac{AB}{BC}$ c) $\dfrac{AC}{AB}$

5 **Si $\tan \alpha = 1$, alors l'angle α a pour valeur :**
a) 45° b) 90° c) 60°

6 **Lorsque $\cos 37° = \dfrac{AB}{6}$, AB vérifie l'égalité :**
a) $AB = 6 \times \cos 37°$ b) $AB = \dfrac{6}{\cos 37°}$ c) $AB = \dfrac{\cos 37°}{6}$

7 **Si $\sin \widehat{E} = 0{,}85$, alors l'angle $\widehat{E}$, arrondi à l'unité, est égal à :**
a) 59° b) 58° c) 58,2°

8 **Arrondi à 0,01, le sinus de 60° est égal à :**
a) 0,87 b) 0,86 c) 0,9

→ Réponses p. 192

Exercices d'approfondissement

Exercice 13 ★★

Voici une carte découverte par Mélanie qui lui permettra de déterrer le fabuleux trésor de Math le Pirate.

On note :
– R le rocher en forme de crâne ;
– C le cocotier sous lequel est enterré le trésor ;
– P le phare.

C est sur le demi-cercle de diamètre [PR].

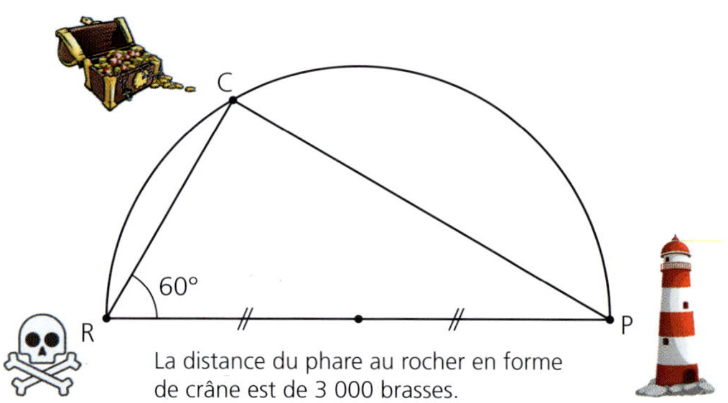

La distance du phare au rocher en forme de crâne est de 3 000 brasses.

1. En géométrie, le cercle qui passe par tous les sommets d'un polygone est le cercle circonscrit à ce polygone. Pour un triangle rectangle, le centre du cercle circonscrit est le milieu de l'hypoténuse. Donner la nature du triangle CPR.

2. Calculer la distance RC en brasses.

Exercice 14 ★★

Le dessin ci-dessous représente un cratère de la Lune. BCD est un triangle rectangle en D.

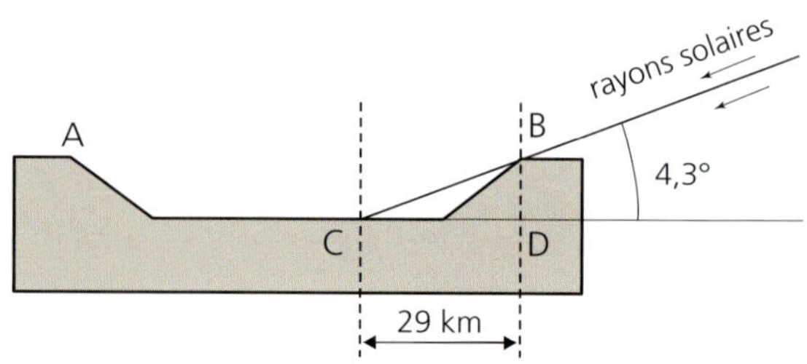

1. Calculer la profondeur BD de ce cratère. Arrondir à 0,1.

2. On considère que la longueur CD représente 20 % du diamètre du cratère.
Calculer la longueur AB de ce diamètre.

Exercice 15 ★★★

Lors d'une intervention, les pompiers doivent atteindre une fenêtre F située à 18 mètres au-dessus du sol en utilisant leur grande échelle [PF]. Ils doivent prévoir les réglages de l'échelle.

Le pied P de l'échelle est situé sur le camion à 1,5 m du sol et à 10 m de l'immeuble.

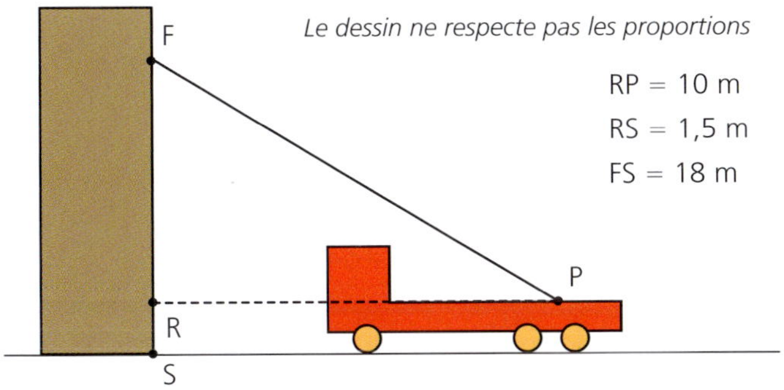

1. D'après les informations du schéma, déterminer la longueur RF.

2. Déterminer l'angle que doit faire l'échelle avec l'horizontale, c'est-à-dire $\widehat{FPR}$, arrondi à l'unité.

3. L'échelle a une longueur maximale de 25 mètres. Sera-t-elle assez longue pour pouvoir atteindre la fenêtre F ?

Exercice 16 ★★

Aurélien vient d'acquérir une maison. Avec l'aide de son ami charpentier, il souhaite refaire le toit tout en prévoyant d'installer des panneaux solaires.

Il dispose d'un schéma de la toiture pour prendre un certain nombre de décisions.

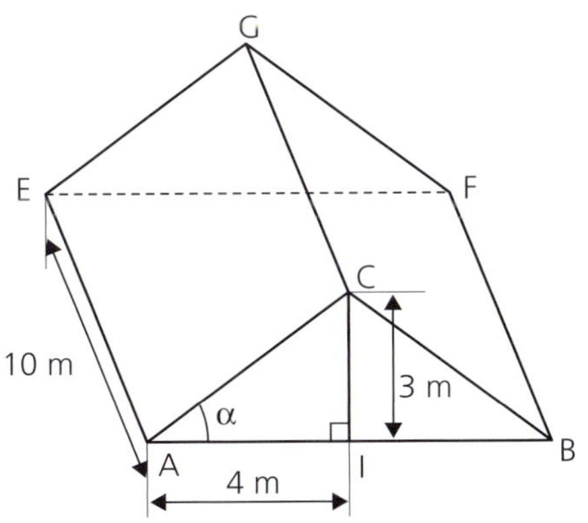

La figure ne respecte pas les proportions.

1. En observant le schéma de la toiture, peut-on déterminer la valeur de α ?

2. Dans le triangle rectangle AIC, calculer $\tan \alpha$.

3. En déduire, en degrés, la mesure de l'angle α. Arrondir à l'unité.

4. Quel(s) revêtement(s) Luis peut-il choisir pour refaire la toiture ?
Pour faire ce choix, il dispose du tableau suivant.

Revêtement	Tuile canal	Tuile plate
Angle de toiture α	14° à 20°	38° à 50°

Revêtement	Tuile grand moule	Ardoise
Angle de toiture α	20° à 40°	11° à 90°

5. Des panneaux solaires photovoltaïques seront installés sur la toiture. L'inclinaison d'un panneau photovoltaïque doit être comprise entre 30° et 40°. La pente du toit étant égale à 37°, est-elle bien adaptée à l'installation de panneaux photovoltaïques ? Justifier la réponse.

Exercice 17 ★★

Dans un parc d'activités, une épreuve consiste à parcourir une certaine distance entre deux arbres, avec une tyrolienne (sorte de poulie qui permet de glisser le long d'un câble).

La situation est modélisée à l'aide du triangle ABC rectangle en C.

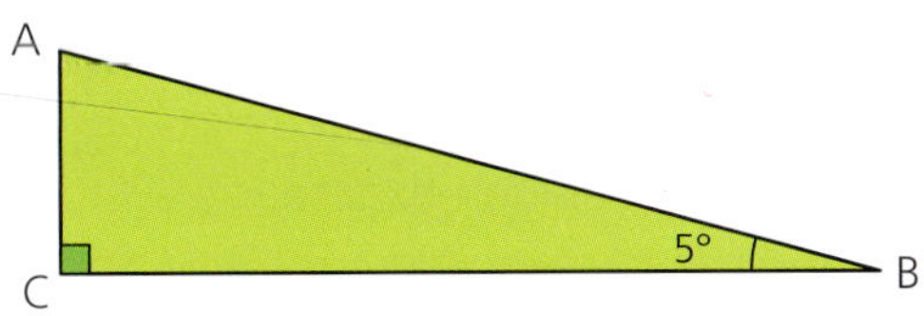

On sait que le câble représenté par le segment [AB] mesure 80 m de long et qu'il fait un angle de 5° avec l'horizontale représentée par le segment [BC].

1. Calculer la valeur de la distance BC entre les deux arbres. Arrondir à 0,1.

2. Calculer la différence de hauteur entre les deux plates-formes de départ et d'arrivée représentée par le segment [AC].
Arrondir à 0,1.

Vers l'examen

Compétences	Capacités	Questions
S'approprier	Rechercher, extraire et organiser l'information.	1 ; 6
Analyser Raisonner	Émettre une conjecture, une hypothèse. Proposer une méthode de résolution, un protocole expérimental.	3
Réaliser	Choisir une méthode de résolution, un protocole expérimental. Exécuter une méthode de résolution, expérimenter, simuler.	2 ; 3 ; 4 ; 5
Valider	Contrôler la vraisemblance d'une conjecture, d'une hypothèse. Critiquer un résultat, argumenter.	3 ; 4
Communiquer	Rendre compte d'une démarche, d'un résultat, à l'oral ou à l'écrit.	6

Situation

Pénélope souhaite aménager le grenier de sa ferme. Voici un croquis et un schéma de son projet de rénovation du grenier.

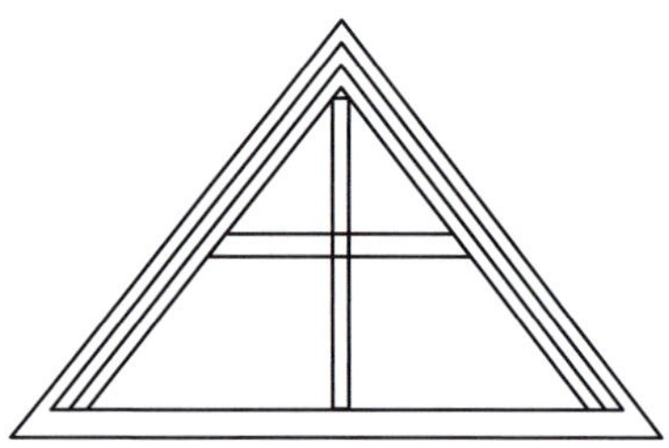
Croquis

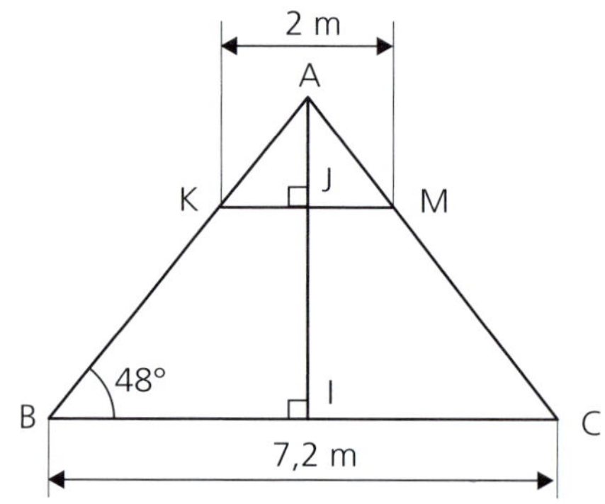

Schéma simplifié

I est le milieu du segment [BC] et J le milieu de [KM].
En ayant les pieds sur le plancher du grenier (représenté par le segment [BC]), Pénélope, dont la taille est de 1,75 m, veut savoir si elle pourra se tenir debout sans se cogner la tête contre la poutre (représentée par le segment [KM]).

Questions

1. Calculer les longueurs des segments [BI] et [KJ].

2. Dans le triangle ABI, la relation liant l'angle $\widehat{B}$ et les longueurs des côtés [BI] et [AI] est :
   a. $\sin 48° = \frac{AI}{BI}$ b. $\cos 48° = \frac{AI}{BI}$ c. $\tan 48° = \frac{AI}{BI}$
   Recopier la relation exacte.

3. Montrer que AI = 4 m.

4. Comme le triangle AKJ est une réduction du triangle ABI, on a la relation de proportionnalité suivante :
   $\frac{AJ}{AI} = \frac{KJ}{BI}$
   À l'aide de la relation, montrer que AJ = 1,1 m.

5. En déduire la longueur du segment [IJ].

6. Conclure : Pénélope peut-elle se tenir debout sans se cogner la tête dans son grenier ? Justifier la réponse.

Chapitre 13

Prix et pourcentage

Je vais apprendre à…

- **Calculer des prix obtenus après des baisses ou des hausses.**
- **Utiliser un tableau de proportionnalité et calculer un coefficient multiplicateur.**
- **Calculer un pourcentage.**

Je découvre

Un restaurateur étudie la possibilité d'ouvrir un magasin de tartes sucrées et salées. Il souhaite proposer des parts de trois dimensions : petite, moyenne et grande.

Pour cela, il doit déterminer le prix de chaque part sachant que la tarte entière est vendue 24 €.

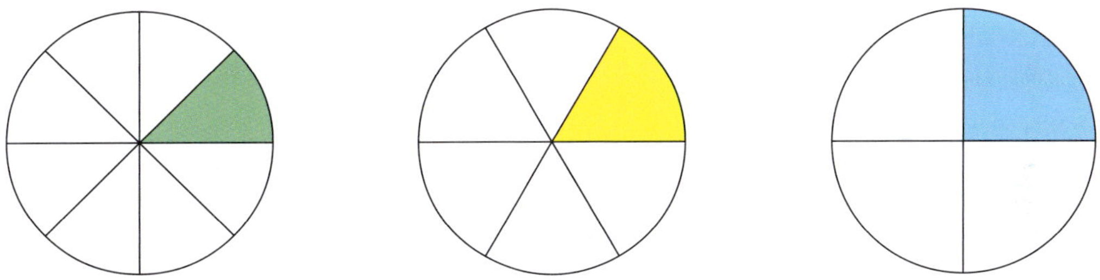

Tarte 1 (petites parts) — Tarte 2 (parts moyennes) — Tarte 3 (grandes parts)

1. Recopier et compléter le tableau suivant.

	Tarte 1	Tarte 2	Tarte 3
Nombre de parts de tarte	…	…	…
Valeur de chaque part sous la forme d'une fraction	…	…	…

2. Le prix d'une part de tarte s'obtient en multipliant la valeur de chaque part par le prix de la tarte entière.
Calculer le prix d'une part de dimension :
– petite ;
– moyenne ;
– grande.

Activités

ACTIVITÉ 1 Calculer des prix lors des soldes

Corinne travaille dans une boutique de prêt-à-porter. Elle doit former de nouveaux stagiaires pour la saison des soldes. Corinne souhaite leur montrer comment se calcule un prix soldé pour qu'ils puissent préparer les nouvelles étiquettes.

1. Que signifie le « – » inscrit sur les étiquettes ?
2. Quand on achète un article non soldé, on paye la totalité du prix, soit 100 %.
   a. Pour un article soldé à – 35 %, calculer le pourcentage du prix restant à payer.
   b. Pour un article soldé à – 10 %, calculer le pourcentage du prix restant à payer.
3. Écrire 65 % sous la forme d'une fraction puis sous la forme d'un nombre décimal.
4. Pour un pantalon à 60 € soldé à – 35 %, calculer le prix à afficher sur l'étiquette.
5. Pour un pull à 90 € soldé à – 10 %, calculer le prix à afficher.

FICHE
« Déterminer la valeur d'une fraction »
p. 186

Méthode Après un taux de remise de p %, le nouveau prix est obtenu en multipliant le prix initial par le coefficient $\left[1 - \frac{p}{100}\right]$.

ACTIVITÉ 2 Calculer un coefficient multiplicateur

C'est la saison des fruits et des confitures. Michel souhaite faire de la confiture de fraises. Il recherche des recettes sur Internet et lit sur plusieurs sites que pour une bonne conservation, les confitures doivent contenir 60 % de sucre.
Après avoir lavé et équeuté les fraises, il obtient 1,5 kg de fruits. Quelle quantité de sucre doit-il ajouter pour respecter la proportion de 60 % de sucre ?

1. Une confiture maison étant composée uniquement de fruits et de sucre, calculer le pourcentage de fruits recommandé.
2. Pour 100 g de confiture de fraises, donner la masse de sucre et en déduire la masse de fruits.
3. Dans 200 g de confiture de fraises, donner la masse de sucre et celle de fraises.
4. Recopier le tableau de **proportionnalité** suivant et compléter la colonne « 200 ».

Masse de confiture (g)	100	200	…	…	…
Masse de sucre (g)	60	…	…	…	…
Masse de fraises (g)	40	…	400	1 000	1 500

(bulle : × ....)

5. Déterminer la valeur du **coefficient multiplicateur** permettant de passer de la masse de fraises à la masse de sucre. Compléter la bulle.
6. Compléter les trois dernières colonnes du tableau.
7. En déduire la quantité de sucre à prévoir par Michel.

Deux grandeurs sont **proportionnelles** si on peut passer de l'une à l'autre en multipliant par un nombre fixe appelé **coefficient de proportionnalité** ou **coefficient multiplicateur**.

ACTIVITÉ 3 Calculer un pourcentage

Anaïs a fait les soldes d'hiver. Elle achète trois articles et souhaite connaître son pourcentage de remise moyen.

REFERENCE	Qté	Pt/Taille	PU	St/Total
Veste		kaki		
20.16.108		38		
	1		99,00	99,00
Solde 40 %				
Tot Rem			39,60	59,40
Pantalon		noir		
24.14.147		40		
	1		59,00	59,00
Solde 30 %				
Tot Rem			17,70	41,30
Ceinture		blanche		
25.14.369		1		
	1		35,00	35,00
Solde 25 %				
Tot Rem			8,75	26,25
TOTAL TTC EUR (3 art) :				126,95
	Taux		HT	TVA
	À 20		105,79	21,16

TVA : taxe sur la valeur ajoutée
TTC : toutes taxes comprises
HT : hors taxes

1. Relever sur le ticket de caisse :
   a. le prix payé ;
   b. le montant de la TVA.
2. Calculer le montant total avant soldes.
3. Calculer le montant total des remises obtenu par Anaïs.
4. Relever les trois pourcentages de remise.
5. Le pourcentage de remise moyen s'obtient en divisant le montant total des remises par le montant total avant soldes. Calculer le pourcentage de remise moyen obtenu par Anaïs.

ACTIVITÉ 4 Calculer une augmentation de salaire

Karim démarre sa vie professionnelle avec un salaire net de 1 500 €. Il suppose que son salaire net mensuel augmentera de 2 % chaque année. Peut-il espérer que son salaire doublera en 43 années de carrière ?

1. Karim gagne 1 500 € par mois, calculer son salaire :
   a. la deuxième année ;
   b. la troisième année.
2. Par quel coefficient multiplicateur passe-t-on du salaire de l'année en cours à celui de l'année suivante ?
3. Ouvrir une feuille de calcul d'un tableur.
   Saisir dans la cellule A1 « 1 500 », valeur correspondant au salaire mensuel de la première année.
4. Pour la cellule A2, choisir la formule à saisir pour obtenir le salaire de la deuxième année.
   a. =1500*2% b. =A1*1,02 c. =A1*2%
   Saisir la formule exacte.
5. Copier la formule retenue jusqu'à la ligne 43 correspondant à 43 années de carrière.
   Modifier le format des nombres en imposant 2 décimales.
6. Répondre à la préoccupation de Karim.

Méthode

Pour saisir une formule
- cliquer sur la cellule ;
- taper la formule en commençant par le symbole « = » ;
- valider en tapant Entrée.

Format des nombres
- sélectionner les cellules ;
- avec un clic droit de la souris, choisir Format de cellules.

L'essentiel

Prix en baisse

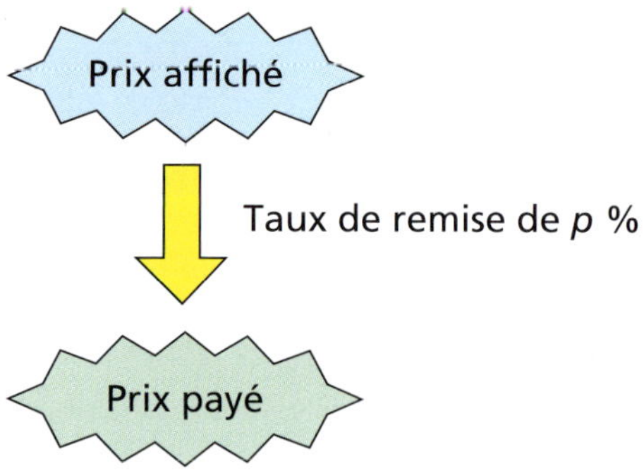

Prix Payé = Prix affiché × (1 − p/100)
Remise = Prix affiché × p/100
Prix payé = Prix affiché − Remise

EXEMPLE :
Un article affiché à 40 € subit une baisse de 30 %.
– Prix payé = 40 × (1 − 30/100) = 40 × 0,7 = 28 €.
– Remise = 40 × 30/100 = 12 €.
– Prix payé = 40 − 12 = 28 €.

Prix en hausse

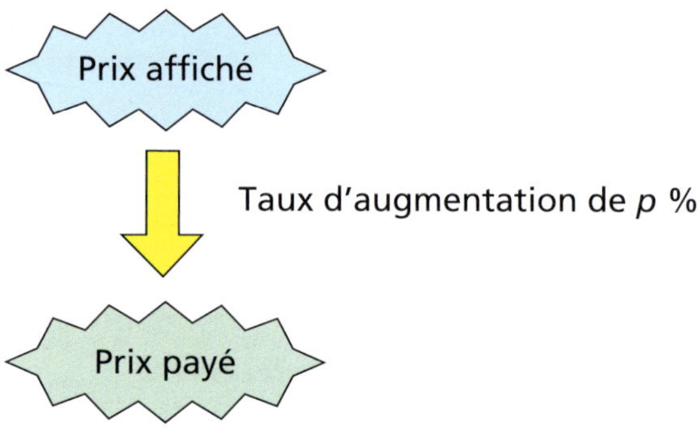

Prix Payé = Prix affiché × (1 + p/100)
Augmentation = Prix affiché × p/100
Prix payé = Prix affiché + Augmentation

EXEMPLE :
Un article affiché à 50 € subit une hausse de 10 %.
– Prix payé = 50 × (1 + 10/100) = 50 × 1,1 = 55 €.
– Augmentation = 50 × 10/100 = 5 €.
– Prix payé = 50 + 5 = 55 €.

Pourcentage

Calculer un pourcentage, c'est déterminer une quantité par rapport à 100.
Il est pratique de passer par un tableau de proportionnalité avec l'utilisation du produit en croix ou du coefficient de proportionnalité pour calculer un pourcentage.

EXEMPLE :
Un article à 5 € subit une hausse de 0,20 €. Quel est le pourcentage d'augmentation correspondant ?

Prix initial (€)	5	100
Augmentation (€)	0,20	x

(× ....)

Le produit en croix donne : $x \times 5 = 0{,}20 \times 100$, soit $x \times 5 = 20$, donc $x = 20/5 = 4$.
Le coefficient de proportionnalité s'obtient en faisant : 0,20/5 = 0,04. Donc $x = 100 \times 0{,}04 = 4$.
Le pourcentage d'augmentation est égal à 4 %.

Exercice guidé

Comment déterminer la somme nécessaire pour payer ses impôts ?

Avec un CAP Plomberie en poche, Damien vient de terminer sa première année de travail chez un artisan. Il souhaiterait savoir si la somme de 500 € qu'il a mise de côté suffira à payer son impôt sur le revenu.
Il peut lire sur sa dernière feuille de paye de l'année 2013 le montant total de ses revenus de l'année : 14 380 €.

Barème 2014 des tranches d'imposition
(revenus de l'année 2013)

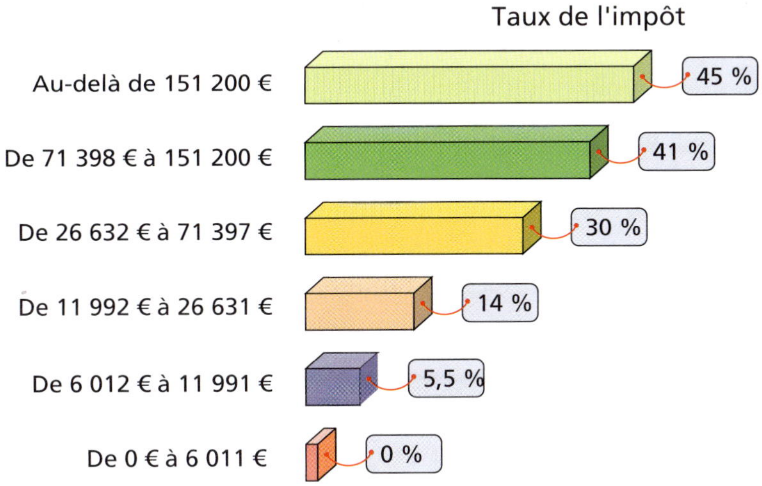

1 **Relever** le montant du revenu annuel total de Damien.

2 Damien a droit à une déduction de 10 % sur ses revenus annuels. On obtient alors son revenu imposable. **Calculer** le revenu imposable de Damien.

3 L'imposition par tranches signifie que chaque contribuable de l'impôt sur le revenu paie dans différentes tranches jusqu'à atteindre son revenu imposable.
Exemple : pour un revenu imposable de 11 000 €, le calcul de l'impôt I se ferait ainsi :
$I = 6\,011 \times 0/100 + (11\,000 - 6\,012) \times 5{,}5/100$
$I = 274{,}34$ €
Procéder de la même manière pour calculer le montant de l'impôt payé par Damien.

4 La somme mise de côté par Damien sera-t-elle suffisante pour payer l'impôt sur le revenu ? **Justifier** la réponse.

Aide

1. Ne pas hésiter à **relire** le texte d'introduction.

2. Le revenu imposable est inférieur au revenu annuel.
Enlever 10 % d'une somme, c'est équivalent à n'en prendre que 90 %.

3. Commencer par **situer** le revenu imposable dans une des fourchettes du barème.
La première tranche à 0 % signifie que si le revenu imposable est inférieur à 6011 €, il n'y a pas d'impôt à payer.
Ensuite la tranche de 5,5 % concerne uniquement ce que l'on gagne de 6012 € à 11 991 €. Et ainsi de suite.

4. **Comparer** le montant de l'impôt calculé en 3. avec une information donnée dans le texte d'introduction. **Rédiger** la réponse à l'aide d'une phrase.

Corrigé

1. Le revenu annuel est de 14 380 €.
2. $14\,380 \times 0{,}9 = 12\,942$.
Le revenu imposable est de 12 942 €.
3. $I = 6\,011 \times 0/100 + (11\,991 - 6\,012) \times 5{,}5/100 + (12\,942 - 11\,992) \times 14/100$. $I = 461{,}85$ €.
4. $461{,}85 < 500$, donc la somme de 500 € mise de côté par Damien sera suffisante pour payer son impôt sur le revenu.

Exercices

Exercices d'application

Calculer des prix obtenus après des hausses ou des baisses

Exercice 1 ★

La famille Souad a une facture d'électricité annuelle de 1 100 €. Au 1er août 2013, les tarifs de l'électricité ont augmenté de 5 %.

▸ **Calculer le montant que représente l'augmentation de 5 % pour la facture de cette famille.**

Exercice 2 ★★

Alexandre désire s'acheter un jean en solde. Il a 30 € sur lui et ne sait pas si cela suffit.

L'étiquetage adopté par le magasin est le suivant : le produit porte une étiquette avec le prix initial et une pastille de couleur indiquant que la remise sera effectuée à la caisse.

À chaque couleur de pastille correspond un taux de remise.

Étiquette

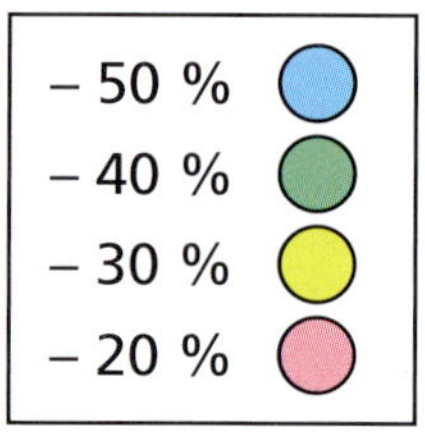

Valeur des pastilles

1. **Indiquer le prix initial du jean.**

2. **De quel taux de remise bénéficie le jean choisi par Alexandre ?**

3. **Calculer le prix soldé du jean.**

4. **Comment peut-on rapidement calculer un prix soldé à 50 % ?**

5. **Alexandre pourra-t-il s'acheter ce jean ? Justifier la réponse.**

Exercice 3 ★★

Pour un sweat à capuche, deux magasins affichent deux offres différentes. Youssouf souhaite profiter de la formule la moins chère.

1. **Calculer le prix du sweat en appliquant la réduction affichée par le magasin 1.**

2. **Calculer le prix du sweat en appliquant la réduction affichée par le magasin 2.**

3. **Conclure sur le magasin à choisir par Youssouf.**

Exercice 4 ★★

Le loyer de l'appartement de Laurence s'élève à 650 € par mois. Son propriétaire l'augmente de 3 %.

1. **Calculer le montant de l'augmentation par mois.**

2. **En déduire le nouveau prix du loyer mensuel.**

Utiliser un tableau de proportionnalité et un coefficient multiplicateur

Exercice 5 ★

Le taux moyen d'imposition indique la proportion que représente l'impôt payé par une personne dans son revenu imposable. Laurent, qui perçoit un revenu annuel imposable de 48 132 euros, souhaite connaître son taux moyen d'imposition.

1. **Recopier et compléter le tableau de proportionnalité suivant.**

Revenu imposable (€)	48 132	100
Impôt (€)	8 856	…

2. **En déduire le taux moyen d'imposition de Laurent.**

Exercice 6 ★★

Chloé vient d'acheter une commode pour sa chambre qui lui a couté 207 €. Le vendeur lui a accordé une remise de 10 %.

Chloé ne se souvient plus du prix affiché de ce meuble qui n'est pas indiqué sur la facture.

1. **Pour un article à 100 €, et en appliquant une remise de 10 %, calculer le prix payé.**

2. **Par quel coefficient multiplicateur passe-t-on du prix affiché au prix payé dans ce cas ?**

3. **Calculer le prix initial de la commode en recopiant et en complétant le tableau de proportionnalité suivant.**

Prix affiché (€)	100	…
Prix payé (€)	90	207

Exercice 7 ★★

Pour préserver l'environnement et réduire la consommation d'énergie, on entend souvent l'information suivante : « 1 °C de moins, c'est 7 % d'économie sur votre facture. »

M. et Mme Dupont ont appliqué ce principe en janvier 2014, en programmant à l'aide de leur thermostat d'ambiance la température de leur appartement à 19 °C au lieu de 20 °C auparavant.

Leur facture énergétique annuelle (hors abonnement) s'élevait en 2013 à 1 250 €.

1. Peuvent-ils s'attendre à une réduction de 7 % sur leur facture ? Justifier la réponse.

2. Calculer le montant de leur facture (hors abonnement) pour l'année 2014.

Calculer un pourcentage

Exercice 8 ★

Une enquête faite en 2011 auprès de 750 000 jeunes lors de leur journée défense et citoyenneté (JDC) montrait que 80,3 % d'entre eux étaient des lecteurs efficaces.

1. Combien de jeunes cela représentait-il ?

2. Combien de ces 750 000 jeunes n'étaient pas des lecteurs efficaces ? Quel pourcentage représentaient-ils ?

Exercice 9 ★★

Le SMIC (salaire minimum interprofessionnel de croissance) est la rémunération légale minimale que doit recevoir tout travailleur âgé de plus de 18 ans.

On s'intéresse à l'évolution du SMIC horaire brut, passé de 7,61 euros en 2004 à 9,53 euros en 2014.

1. Dire si en l'espace de 10 ans, le SMIC horaire a augmenté ou diminué.

2. Calculer le montant de cette évolution :

a. en euros ;

b. en pourcentage du prix de 2004.

Exercice 10 ★★

Pour la rentrée scolaire, un grand magasin propose la promotion ci-dessous.

1. Donner la condition nécessaire pour bénéficier des 5 € de réduction.

2. Recopier et compléter le tableau.

Montant achat (€)	20	30	35	50
Réduction (€)	…	…	…	…

3. Pour 50 € d'achat, calculer la réduction accordée en pourcentage du montant initial.

Exercice 11 ★★

Un commerçant accorde une réduction de 20 € sur un article de 250 €.

1. Calculer le prix après réduction.

2. Calculer le pourcentage de réduction en recopiant et en complétant le tableau de proportionnalité suivant.

Prix initial (€)	250	100
Réduction (€)	20	…

Exercice 12 ★★

La consommation moyenne en eau des pays du Tiers Monde est de 30 litres par jour et par personne.

La consommation moyenne en France est de 150 litres d'eau par jour et par personne.

▸ Exprimer en pourcentage la consommation moyenne des pays du Tiers Monde par rapport à la consommation moyenne de la France.
Donner le détail du calcul.

Exercices

Auto-évaluation

Pour chaque amorce de phrase, recopier la (ou les) bonne(s) réponse(s).

1 Un pantalon de 55 € est soldé à – 40 %. Son nouveau prix est égal à :
a) 15 € b) 22 € c) 33 €

2 Le prix d'un jeu vidéo est passé de 59 € à 64,90 €. Le jeu vidéo a subi une augmentation de :
a) 5,90 % b) 5 % c) 10 %

3 Pour passer de 50 à 25, je dois multiplier par :
a) 2 b) 0,5 c) $\frac{1}{2}$

4 Un article dont le prix passe de 65 € à 52 € subit une baisse de :
a) 10 % b) 20 % c) 30 %

5 15 % est égal à :
a) 0,15 b) 1,5 c) $\frac{3}{20}$

6 Un article dont le prix passe de 21,90 € à 23 € subit une hausse de :
a) 5 % b) 4 % c) 3 %

7 Pour calculer un prix soldé à – 35 %, je multiplie le prix initial par :
a) 0,35 b) 0,65 c) 1,35

8 Le prix d'un article augmente de 100 %, ce qui signifie qu'il :
a) est divisé par 2 b) double c) est multiplié par 2

→ Réponses p. 192

Exercices d'approfondissement

Exercice 13 ★★

Dans l'océan Pacifique Nord, des déchets plastiques qui flottent se sont accumulés. Ils constituent une poubelle géante qui est, aujourd'hui, grande comme 6 fois la France.

1. Sachant que la superficie de la France est environ de 550 000 km^2, quelle est la superficie actuelle de cette poubelle géante ?

2. Sachant que la superficie de cette poubelle géante augmente chaque année de 10 %, quelle sera sa superficie dans un an ?

3. Que penser de l'affirmation suivante : « Dans quatre ans, la superficie de cette poubelle aura doublé » ? Justifier la réponse.

Exercice 14 ★★★

Une compagnie de bus propose à ses clients différentes réductions selon le jour de leur départ. Ces réductions sont résumées dans le tableau suivant.

Jour de départ	Période	Réduction
Mardi et Jeudi	Bleue	40 % de réduction
Vendredi	Blanche	15 % de réduction
Samedi, Dimanche, Lundi, Mercredi	Rouge	Plein tarif : pas de réduction

Zoé est partie un dimanche pour Paris. Elle a payé son billet 60 €.

1. Zoé a-t-elle bénéficié d'une réduction ? Justifier la réponse.

2. Calculer le prix payé, en euros, si Zoé était partie en période bleue. Détailler les calculs.

3. Au mois de mars, Zoé était aussi partie pour Paris. Elle avait payé son billet 51 € au lieu de 60 € plein tarif.

a. Calculer, en euros, le montant de la réduction obtenue.
b. Calculer le pourcentage de réduction par rapport au prix du billet plein tarif.
c. En déduire le jour de départ de Zoé.

Exercice 15 ★★

Pour faciliter la mise en place d'une installation photovoltaïque sur la résidence principale d'un particulier, l'État attribue un crédit d'impôt sur le prix d'achat toutes taxes comprises (TTC) du matériel.

	Personne célibataire	Couple sans enfant	Couple avec un enfant
Somme éligible maximale*	8 000 €	16 000 €	16 400**
Taux de crédit d'impôt	11 %	11 %	11 %
Montant du crédit d'impôt	880	1 760 €	1 804 €

* Somme maximale prise en compte pour le calcul du montant du crédit d'impôt.
** Puis 400 € en plus par enfant.

Une famille avec trois enfants souhaite équiper sa résidence principale de panneaux photovoltaïques.

1. Calculer la somme éligible maximale dont ils bénéficient.
2. L'achat du matériel nécessaire pour réaliser leur installation photovoltaïque s'élève à 16 458 € TTC. Le prix du matériel dépasse-t-il la somme éligible maximale ?
3. Calculer le montant de leur crédit d'impôt.

Exercice 16 ★★★

Rémi fait les soldes et achète une paire de chaussures dont le prix affiché est de 79 €. Il a obtenu deux remises successives : une première à 50 % et une seconde à 20 %.
Rémi dit à ses amis avoir bénéficié de 70 % de réduction sur ses chaussures. A-t-il raison ?

1. Calculer le prix soldé après la première démarque de 50 %.
2. Calculer le prix soldé après la seconde démarque de 20 %.
3. En déduire le prix payé par Rémi.
4. Calculer le prix soldé après une seule démarque de 70 %.
5. Comparer les résultats des questions 2. et 4. L'information donnée par Rémi à ses amis est-elle exacte ?

Exercice 17 ★★★

Pour 2013, le montant de la contribution à l'audiovisuel public est fixé à 131 € (contre 125 € en 2012) pour la France métropolitaine et à 85 € (contre 80 € en 2012) pour les départements d'outre-mer.

1. De 2012 à 2013, quelle a été l'évolution du prix de la contribution à l'audiovisuel public ?
2. Recopier et compléter le tableau de proportionnalité suivant.

Prix de 2012 (€)	125	100
Augmentation (€)	6	...

En déduire, pour la France métropolitaine, l'évolution du prix en pourcentage.

3. Calculer de la même manière le pourcentage d'augmentation du prix pour les départements d'outre-mer.
4. Qui a bénéficié de la plus faible augmentation ?

Exercice 18 ★★

Le système du bonus (remise sur le prix d'achat) vise à récompenser les acquéreurs de voitures neuves émettant le moins de CO_2.

Taux d'émission de CO_2 (g/km)	Montant du bonus au 01/11/13 (€)
0 à 20 (électriques)	6 300 (dans la limite de 27 % du coût d'acquisition)
21 à 60	4 000 (dans la limite de 20 % du coût d'acquisition)
61 à 90	150

1. Comment évolue le montant du bonus avec le taux d'émission de CO_2 ?
2. Pour une voiture électrique à 20 870 €, calculer le montant du bonus.

Vers l'examen

Compétences	Capacités	Questions
S'approprier	Rechercher, extraire et organiser l'information.	1 ; 2 ; 3
Analyser Raisonner	Émettre une conjecture, une hypothèse. Proposer une méthode de résolution, un protocole expérimental.	4
Réaliser	Choisir une méthode de résolution, un protocole expérimental. Exécuter une méthode de résolution, expérimenter, simuler.	4 ; 5
Valider	Contrôler la vraisemblance d'une conjecture, d'une hypothèse. Critiquer un résultat, argumenter.	6
Communiquer	Rendre compte d'une démarche, d'un résultat, à l'oral ou à l'écrit.	4 ; 6

Situation

En baccalauréat professionnel, Yasmine a effectué son stage chez EDF et doit choisir un sujet d'étude pour sa soutenance. Elle a choisi d'expliquer comment calculer le montant global de la TVA indiqué sur une facture en partant de la facture reçue par une amie.

Consommation sur la base d'une estimation	Index début de période	Index fin de période	Horaires heures creuses 22H30-6H30 Consommation (kWh)	Prix Unitaire HT (€/kWh)	Montant HT (€)	Taux de TVA
Du 26/08/N au 25/10/N 06 kVA	Relevé	Estimé				
Heures creuses	36251	36488	237	0,0610	14,46	20
Heures pleines	32562	32796	234	0,0998	23,35	20
				Total de votre consommation d'électricité	37,81	
Abonnement				Prix Unitaire HT (€/mois)	Montant HT (€)	Taux de TVA
Abonnement Tarif Bleu 06 kVA HP/HC du 26/10/N au 25/12/N				5,97	11,94	5,5
				Total de votre abonnement	11,94	
Taxes et contributions			Consommation (kWh)	Prix Unitaire HT (€/kWh)	Montant HT (€)	Taux de TVA
Taxe sur la Consommation Finale d'Électricité (TCFE)			471	0,00900	4,24	20
Contribution au Service Public d'Électricité (CSPE)			471	0,01350	6,36	20
Contribution Tarifaire d'Acheminement Électricité (CTA)					2,51	5,5
				Total taxes et contributions	13,11	
				Total Électricité hors TVA	**62,86**	
TVA						
TVA à 5,5 % sur un montant total de 14,45 €					0,80	
TVA à 20 % sur un montant total de 48,41 €					9,68	
				Total TVA	10,48	

Questions

1. Recopier le tableau ci-dessous, il sera complété au fur et à mesure des questions.

	Abonnement (2 mois)	CTA	Consommation	TCFE	CSPE	Total
Montant HT (€)	...	...	...	...	...	...
Taux TVA (%)	...	...	...	...	...	...
Montant TVA (€)	...	...	...	...	...	...

2. Rechercher les montants HT de l'abonnement, de la CTA, de la consommation (HC + HP), de la TCFE et de la CSPE. Compléter la première ligne du tableau.
3. Compléter la deuxième ligne du tableau avec le taux de TVA.
4. Calculer les montants de TVA. Reporter les résultats dans la dernière ligne du tableau.
5. La facture indique un montant total de TVA de 10,48 €. Est-ce exact ? Justifier la réponse par un calcul.
6. En déduire le montant TTC à payer par le client (montant non indiqué sur la facture).

Formation des prix

Chapitre 14

Je vais apprendre à...

- **Calculer un coût, un prix, une remise, une marge brute.**
- **Calculer une taxe, un taux.**

Je découvre

Plusieurs causes sont à l'origine du prix d'un produit. Younès, qui vient de remplir le réservoir de sa voiture, se demande pourquoi son essence est aussi chère.

La formation du prix d'un litre d'essence sans plomb (SP95)

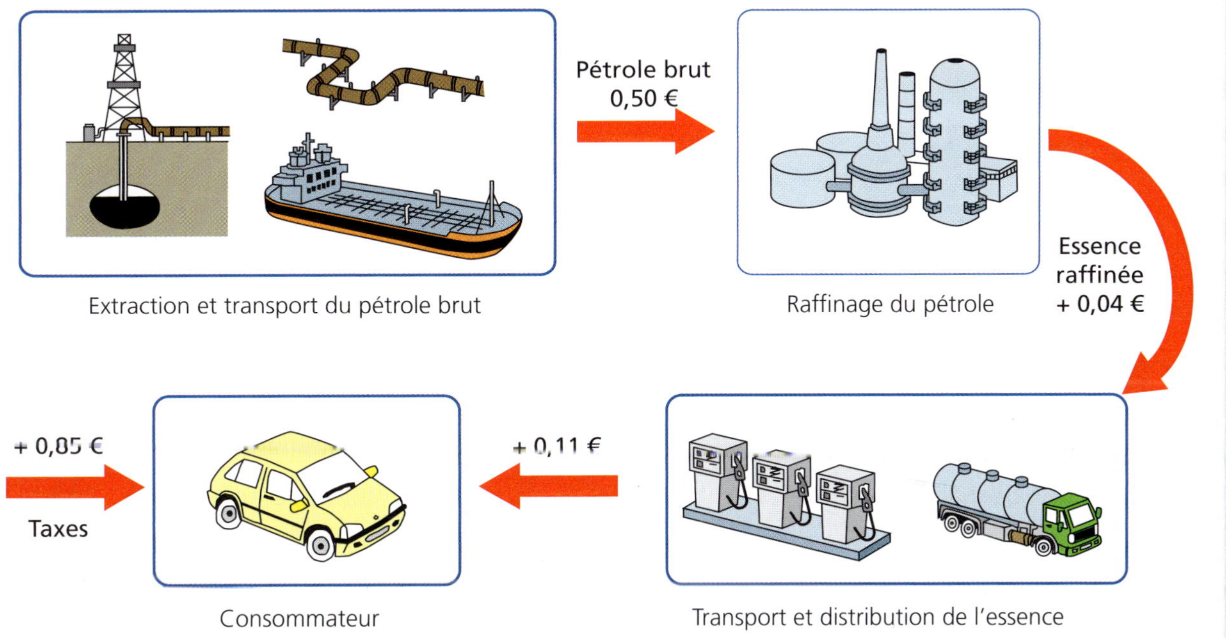

1. Le raffinage est la transformation du pétrole en produits raffinés comme le fioul, l'essence, le kérosène, le gazole… La marge de raffinage est la différence entre la valeur de l'essence raffinée et celle du pétrole brut. Donner la valeur de la marge de raffinage.
2. La marge du distributeur, appelée marge brute de transport/distribution, est la différence entre la valeur du prix de vente HT et le coût d'achat du carburant.
   Donner la valeur de cette marge brute.
3. Calculer le prix d'un litre de SP95 payé par le consommateur.

Activités

ACTIVITÉ 1 Calculer un prix d'achat et un coût d'achat

Le propriétaire d'un magasin de jeux vidéo achète 200 consoles de jeux chez un grossiste. Le prix d'achat **brut** d'une console est de 139 €. Il obtient une remise de 5 %.
À cela s'ajoutent des frais d'achat liés à l'emballage, aux assurances, au transport. Ainsi le coût d'achat de la marchandise pour le commerçant représente la somme du prix d'achat **net** et des frais d'achat.

> **Prix brut** : montant affiché
> **Prix net** : montant payé
> **Prix net < Prix brut**

1. Calculer le prix d'achat brut des 200 consoles de jeux.
2. Lorsque le commerçant obtient une remise, on parle alors de prix d'achat net.
   a. Relever le taux de la remise accordée par le grossiste au commerçant.
   b. Calculer le montant de la remise.
   c. En déduire le prix d'achat net des 200 consoles.
3. Pour le commerçant, les frais d'achat s'élèvent à 10 % du prix d'achat net.
   a. Calculer les frais d'achat.
   b. En déduire le coût d'achat des 200 consoles de jeux.

Méthode Pour étudier la formation des prix, on se place du point de vue du commerçant :
– quand il achète, on parle du prix d'achat et du coût d'achat ;
– quand il vend, on parle de prix de vente.

ACTIVITÉ 2 Calculer un prix de vente HT et une marge brute

Un vendeur de matelas doit déterminer le prix de vente HT (hors taxe) d'un nouveau type de matelas qu'il va commercialiser très prochainement. Pour cela, il possède les informations suivantes :
– coût d'achat : 595 € ;
– taux de marque : 30 %.

> La **marge brute** est la part qui revient au commerçant.
> Le **taux de marque** est le pourcentage de marge par rapport au prix de vente HT.

1. Supposons un **taux de marque** de 30 % et un prix de vente HT de 100 €. En déduire la **marge brute** et le coût d'achat.
2. Pour un coût d'achat de 595 €, recopier et compléter les deux tableaux de proportionnalité.

Coût d'achat (€)	70	595
Marge brute (€)	30	…

Coût d'achat (€)	70	595
Prix de vente HT (€)	100	…

3. En déduire le prix de vente HT et le montant de la marge brute du nouveau matelas à commercialiser.

> **Marge brute = Prix de vente HT – Coût d'achat**
> **Taux de marque = Marge brute / Prix de vente HT**

Méthode Dans un tableau de proportionnalité, le produit en croix permet de calculer la valeur manquante.

ACTIVITÉ 3 Calculer le prix de vente TTC et le montant de la TVA

Un commerçant achète à un grossiste un lot de survêtements dont le coût d'achat est de 55 €. Il souhaite réaliser une marge brute de 25 €.
Quel sera le prix affiché en magasin du survêtement, sachant que le taux de **TVA** appliqué à ce type d'article est de 20 % ?

TVA : taxe sur la valeur ajoutée
HT : hors taxe
TTC : toutes taxes comprises

1. Calculer le prix de vente HT d'un survêtement.
2. La TVA est une taxe appliquée au prix de vente HT, c'est une augmentation de 20 %.
   a. Calculer le montant de la TVA pour un survêtement.
   b. En déduire le prix de vente TTC.
   c. Déterminer le coefficient multiplicateur permettant de passer du prix de vente HT au prix de vente TTC.

Prix TTC = Prix HT + montant TVA

ACTIVITÉ 4 Faire varier le taux de marque

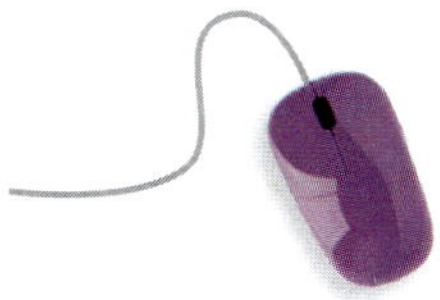

Une commerçante reçoit un lot de 1 000 bagues fantaisie. Leur prix d'achat brut est de 2 000 €. Elle obtient une remise de 10 % et les frais d'achat sont de 90 €.
Elle veut savoir si en appliquant un taux de marque de 30 %, elle peut proposer la bague à un prix de vente TTC unitaire de 3 €.

1. Ouvrir une feuille de calcul et saisir la capture d'écran ci-contre.
2. En B12, insérer la valeur souhaitée du taux de marque.
3. En B7, recopier la formule `=(B6*B12)/(100-B12)`.
4. En B8, quelle formule doit-on insérer pour calculer le prix de vente HT ?
5. En B9, recopier la formule `=B8*0,20`.
6. En B10, saisir la formule `=B8+B9`.
7. Relever alors le prix de vente TTC et en déduire le prix de vente unitaire d'une bague. Est-il supérieur ou inférieur à l'objectif fixé par la commerçante ?
8. Faire des essais en modifiant uniquement la valeur en B12 afin d'obtenir un prix de vente TTC total de 3 000 €. En déduire la valeur du taux de marque que devra appliquer la commerçante pour pouvoir afficher un prix de vente TTC unitaire de 3 €.

	A	B
1		Montant (€)
2	Prix d'achat brut	2000,00
3	Remise	200,00
4	Prix d'achat net	1800,00
5	Frais d'achat	90,00
6	Coût d'achat	1890,00
7	Marge brute	
8	Prix de vente HT	
9	TVA (20 %)	
10	Prix de vente TTC	
11		
12	Taux de marque (%)	

L'essentiel

Achat de la marchandise par le commerçant

Prix d'achat

Le grossiste affiche un prix d'achat brut. Si le commerçant obtient une remise, il paie au grossiste un prix inférieur au prix d'achat brut, c'est le prix d'achat net.

Prix d'achat brut – Remise = Prix d'achat net

EXEMPLE : Un grossiste accorde 4 % de remise sur un prix d'achat brut de 1 400 €.
– Montant de la remise : 1 400 × 4/100 = 56 €.
– Prix d'achat net : 1 400 – 56 = 1 344 €.

Coût d'achat

La marchandise est assurée, emballée et livrée. Pour le commerçant, ce sont des frais d'achat qui s'additionnent au prix d'achat net pour former le coût d'achat.

Prix d'achat net + Frais d'achat = Coût d'achat

EXEMPLE : Un commerçant achète à un grossiste un lot d'appareils électroménagers à 6 400 €. Les frais d'achat sont au taux de 10 %.
– Montant des frais d'achat : 6 400 × 10/100 = 640 €.
– Coût d'achat : 6 400 + 640 = 7 040 €.

Vente de la marchandise par le commerçant

Prix de vente HT

Le commerçant détermine son prix de vente HT en ajoutant au coût d'achat la marge brute. La marge brute est la part qui lui revient.

Coût d'achat + Marge brute = Prix de vente HT

EXEMPLE : Un commerçant souhaite réaliser une marge brute de 11 € sur un article de pêche dont le coût d'achat est de 45 €.
Prix de vente HT : 45 + 11 = 56 €.

Prix de vente TTC

Le commerçant affiche pour les clients un prix de vente TTC, qui s'obtient en ajoutant le montant de la TVA au prix de vente HT.

Prix de vente HT + TVA = Prix de vente TTC

EXEMPLE : Un sac à main à 49 € HT est soumis à un taux de TVA de 20 %.
– Montant de la TVA : 49 × 20/100 = 9,8 €.
– Prix de vente TTC : 49 + 9,8 = 58,8 €.

Le taux de marque

Le taux de marque est le pourcentage de marge brute par rapport au prix de vente HT.

$$\textbf{Taux de marque} = \frac{\textbf{Marge brute}}{\textbf{Prix de vente HT}}$$

EXEMPLE : Un commerçant doit déterminer le prix de vente HT d'un article. Il connaît le coût d'achat : 158 € et le taux de marque : 25 %.

$25\ \% = \frac{25}{100} = \frac{\text{Marge brute}}{\text{Prix de vente HT}}$, donc pour un prix de vente HT de 100 €, la marge brute sera de 25 € et le coût d'achat de 100 – 25 = 75 €.

On construit un tableau de proportionnalité avec le coût d'achat et le prix de vente HT.

Coût d'achat (€)	75	158
Prix de vente HT (€)	100	…

Le produit en croix donne :
158 × 100/75 = 210,67, soit un prix de vente HT de 210,67 €.

Exercice guidé

Comment fixer un prix de vente ?

Ahmed, propriétaire d'un magasin de téléphonie, achète 250 téléphones chez un grossiste. Le prix d'achat brut hors taxe d'un téléphone est 229 €. Il obtient une remise de 5 % sur ce prix.

Les frais d'achat sont proportionnels au nombre de téléphones achetés. Pour ce lot de 250 téléphones, ils s'élèvent à 7 615 €. Enfin il est courant dans le secteur de la téléphonie d'appliquer un taux de marque de 30 %.

Avec toutes ces données, Ahmed souhaiterait savoir s'il peut vendre ce téléphone au même prix que son concurrent principal : soit un prix de vente TTC de 409 €.

1 **Calculer** le prix d'achat net d'un téléphone.

2 **Calculer** les frais d'achat pour un téléphone.

3 **Montrer** que le coût d'achat pour un téléphone est de 248,01 €.

4 **a.** Un taux de marque de 30 % signifie que pour un prix de vente HT de 100 €, la marge brute est de 30 €. Quel est alors le coût d'achat ?

b. En déduire le prix de vente HT d'un téléphone à l'aide du tableau de proportionnalité.

Coût d'achat (€)	70	248,01
Prix de vente HT (€)	100	...

5 Le taux de TVA en vigueur pour ce type d'article est 20 %. **Calculer** le prix de vente TTC d'un téléphone.

6 Ahmed pourra-t-il vendre le téléphone au même prix que son concurrent ?

7 Si Ahmed veut malgré tout afficher le téléphone à 409 €, quelle sera alors **l'évolution** du taux de marque ?

Aide

1. Enlever 5 % de 229 € revient à **multiplier** le prix d'achat brut par 0,95.
2. **Diviser** la somme totale des frais d'achat par le nombre de téléphones.
3. Le coût d'achat est le prix d'achat net auquel on **ajoute** les frais d'achat.
4. a. Le coût d'achat est aussi égal au prix de vente HT auquel on **soustrait** la marge brute.
   b. Appliquer le **produit en croix** afin de calculer le prix de vente HT du téléphone.
5. Ajouter 20 % au prix de vente HT revient à le **multiplier** par 1,2.
6. **Repérer** dans la situation de départ le prix du téléphone chez le concurrent et **comparer**.
7. **Augmenter** le taux de marque a pour effet d'augmenter la marge brute du commerçant et le prix de vente TTC.

Corrigé

1. Prix d'achat net = 229 × 0,95 = 217,55 €.
2. Frais d'achat = 7 615/250 = 30,46 €.
3. Coût d'achat = 217,55 + 30,46 = 248,01 €.
4. a. Coût d'achat = Prix de vente − Marge brute = 70 €.
b. Prix de vente HT = 248,01 × 100/70 = 354,30 €.
5. Prix de vente TTC = 354,30 × 1,2 = 425,16 €.
6. Non, Ahmed ne pourra pas vendre son téléphone à 409 €. Pour obtenir le taux de marque de 30 %, il doit le vendre 425,16 €.
7. Ahmed devra diminuer le taux de marque.

Exercices

Exercices d'application

Calculer un prix d'achat net

Exercice 1 ★

Un grossiste accorde 13 € de remise à un commerçant sur un article de pêche dont le prix d'achat brut est de 149 €.

▸ **Calculer le prix d'achat net de cet article.**

Exercice 2 ★★

Un grossiste accorde à un commerçant une remise de 7 % sur le prix d'achat brut de 240 € d'un lot de calculatrices.

1. Comment s'appelle le prix payé par le commerçant au grossiste ?

2. Calculer ce prix.

Exercice 3 ★★★

Un artisan fait un achat de peintures pour un montant de 410 € brut. Son fournisseur lui accorde deux remises successives de 5 % et 2 %.

1. Calculer le prix d'achat net de ces produits après la première remise de 5 %.

2. Calculer le prix d'achat net en appliquant la remise supplémentaire de 2 % au montant obtenu à la première question.

3. Calculer le coefficient multiplicateur permettant de passer directement du prix d'achat brut au prix d'achat net.

Calculer un coût d'achat

Exercice 4 ★

Le prix d'achat net d'un lot de fours à micro-ondes est de 9 590 €.
Les frais d'achat s'élèvent à 1 500 €.

▸ **Calculer le coût d'achat du lot de fours.**

Exercice 5 ★★

Le prix d'achat net d'un lot de chaussures est de 5 870 €.
Les frais d'achat s'élèvent à 14 % du prix d'achat net.

▸ **Calculer le coût d'achat du lot de chaussures.**

Exercice 6 ★★

Gauvain, plombier, achète un lot de raccords en T en cuivre directement chez son fournisseur habituel.
Le prix d'achat net facturé s'élève à 147 €.

1. Calculer les frais d'achat sachant qu'ils représentent 5 % du prix d'achat net.

2. En déduire le coût d'achat du lot de raccords en T.

Calculer un prix de vente HT

Exercice 7 ★

▸ **Avec un coût d'achat de 458 € et une marge brute de 115 €, déterminer le prix de vente HT.**

Exercice 8 ★★

▸ **Calculer le prix de vente HT d'un vélo électrique à partir des données ci-dessous.**

	Montant (€)
Prix d'achat brut	2 000,00
Remise	200,00
Prix d'achat net	1 800,00
Frais d'achat	90,00
Coût d'achat	1 890,00
Marge brute	1 017,69

Calculer une marge brute

Exercice 9 ★

Un commerçant vend un équipement audio pour voiture à un prix de vente HT de 83 €. Sur cet article, le coût d'achat est de 58 €.

▸ **Calculer la marge brute réalisée par le commerçant.**

Exercice 10 ★★

Le prix de vente HT d'un article est de 1 456 €. Le taux de marque est 20 %.

1. Calculer la marge brute.

2. Calculer le coût d'achat.

Exercice 11 ★

Un commerçant propose un sac à dos de pique-nique isotherme.
Son coût d'achat s'élève à 24 € et son prix de vente HT à 45 €.

▸ Calculer la marge brute réalisée par le commerçant.

Calculer un taux de marque

Exercice 12 ★

▸ Avec une marge brute de 85 € et un prix de vente HT de 240 €, déterminer le taux de marque. L'exprimer en pourcentage et arrondir à 0,1.

Exercice 13 ★★

Un responsable de site forestier vend des nichoirs à mésange.
Chaque nichoir a un coût d'achat de 19 € et son prix de vente HT est de 27 €.

1. Calculer la marge brute générée par la vente d'un nichoir.

2. Calculer le taux de marque. Arrondir à l'unité.

Exercice 14 ★

Sur un produit électroménager, un magasin dégage une marge brute de 32 €. Pour être bien placé par rapport à ses concurrents, le prix de vente HT est à fixer à 160 €.

▸ Calculer le taux de marque appliqué sur ce produit électroménager.

Calculer un prix de vente TTC

Exercice 15 ★

▸ Avec un prix de vente HT de 24 € et un montant de TVA de 1,32 €, calculer le prix de vente TTC.

Exercice 16 ★★★

Alexis souhaite calculer directement le prix de vente TTC à partir du prix de vente HT. Pour cela il doit calculer le coefficient multiplicateur nécessaire pour faire cette opération.
Dans un premier temps, il prend un catalogue et relève pour deux articles les prix HT et TTC.

Prix de vente HT (€)	20,82	50
Prix de vente TTC (€)	24,98	60

1. a. Effectuer les deux rapports Prix de vente TTC/Prix de vente HT. Que constate-t-on ?
b. En déduire le taux de TVA appliqué à ces deux articles.

2. Alexis généralise sa technique avec les autres taux de TVA.
Recopier et compléter le tableau.

Taux de TVA	20 %	10 %	5,5 %	2,1 %
Coefficient multiplicateur	1,2	…	…	…

Exercice 17 ★★

Soit l'extrait de ticket de caisse ci-contre.

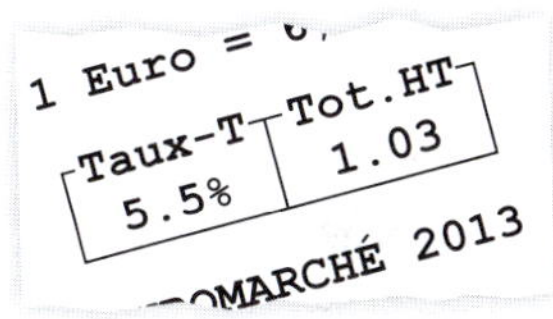

1. Relever le montant HT ainsi que le taux de la TVA.

2. Calculer le montant de la TVA.

3. En déduire le prix de vente TTC.

Exercice 18 ★★

En dix ans, le prix de la viande bovine a augmenté de 24 %. Pour comprendre cette augmentation, un journaliste explique par un schéma la formation des prix de la viande de bœuf, du producteur au consommateur.

Formation du prix de la viande de bœuf

1. Relever le prix de vente TTC d'un kilogramme de bifteck.

2. Calculer la marge brute réalisée par le commerçant pour 1 kg de bifteck.

Exercices

Auto-évaluation

Pour chaque amorce de phrase, recopier la (ou les) bonne(s) réponse(s).

1 Avec une marge brute de 45 € et un prix de vente HT de 145 €, le taux de marque est égal à :
a) 32 % **b)** 31 % **c)** 3 %

2 Pour calculer le montant de la TVA, j'ai besoin de connaître :
a) le coût d'achat **b)** le prix de vente HT **c)** le taux de la TVA

3 Un article dont le prix de vente HT est de 87 €, soumis à une TVA de 5,5 %, aura un prix de vente TTC de :
a) 4,79 € **b)** 92,5 € **c)** 91,79 €

4 Pour passer directement du prix de vente HT au prix de vente TTC avec une TVA à 20 %, je multiplie le prix de vente HT par :
a) 1,2 **b)** 0,2 **c)** 20 %

5 Les frais d'achat de 6 % calculés sur un prix d'achat net de 247 € s'élèvent à :
a) 14,82 € **b)** 261,82 € **c)** 6 €

6 Un article est affiché 56 € chez le grossiste. Ce prix correspond au :
a) prix de vente HT **b)** coût d'achat **c)** prix d'achat brut

7 Un commerçant obtient une remise de 6 % sur un lot de bibelots à 355 €. Le prix d'achat net est de :
a) 333,70 € **b)** 21,30 € **c)** 376,30 €

8 Avec un prix de vente HT de 147 € et un coût d'achat de 109 €, la marge brute est égale à :
a) 256 € **b)** 38 € **c)** 39 €

→ Réponses p. 192

Exercices d'approfondissement

Exercice 19 ★★

Pour faire des économies, Monsieur Bergin décide d'investir dans une chaudière à condensation fonctionnant au gaz naturel. Le chauffagiste l'installe en décembre 2013 et lui garantit que sa dépense annuelle baissera de 30 %.

1. Monsieur Bergin a dépensé 1 600 € pour se chauffer en 2013.

a. Calculer, en euros, le montant de l'économie qu'il pourra réaliser avec sa nouvelle chaudière en 2014.

b. En déduire, en euros, les dépenses prévisibles de chauffage pour l'année 2014.

2. Le chauffagiste lui présente le devis ci-dessous.

Chaudière à condensation		5 000,00 €
Fournitures diverses (joints, raccords...)		400,00 €
Main-d'œuvre		900,00 €
	Total brut HT	6 300,00 €
	Remise 4 %	252,00 €
	TVA 5,5 %	332,64 €
	Net à payer TTC	6 380,64 €

Retrouver par un calcul :

a. le montant de la remise ;

b. le net à payer TTC.

3. M. Bergin peut, grâce à cet investissement, bénéficier d'un crédit d'impôt d'un montant de 1 250 € accordé par l'État.
En déduire le coût réel, en euros, de l'installation.

Exercice 20 ★★

```
Caisse    007
CORINNE   013

Code TVA
  4    TERROIR 50% MG 200G          1,89€
  4    BEURRE DOUX 250G             0,99€
  4    CERVELAS 200G                1,61€
  6    N1.RLX ESSUIE TOUTX6         1,17€
  4    PAVE SAUMON SEL.CHP         10,00€
  4    CHP P.J.ORANGE BRK 2L
         3 X 2,30€                  6,90€
  6    GAMA POUD.FRALETE 30D        5,22€
  4    PANZANI SPAG. 500G           0,85€
  6    COSMET.GEL MOUS.FR 150ML     2,75€
  4    LIPTON THE VERT BT 25S       1,58€
  4    BOUT LAIT 1/2E BIO CRF
         4 X 1,07€
                        TOTAL :    37,24€
TVA Code 4:5,5%     28,10€    1,46€
TVA Code 6:20%                1,83€

             Nombre d'article
             VOTRE VISITE
```

De retour du supermarché, Sidonie s'aperçoit qu'elle a oublié de noter le montant payé sur le talon du chèque qu'elle a donné en règlement. Elle retrouve le ticket de caisse mais il est détérioré et certains éléments ne sont plus lisibles.

1. Calculer, en €, le prix P_L des quatre bouteilles de lait.

2. Vérifier que le montant T_4 de la TVA pour les articles de TVA code 4 est de 1,46 €.

3. Indiquer les noms et les prix des articles ayant une TVA code 6.

4. Calculer, en €, le montant total M_T des articles de TVA code 6.

5. Écrire en toutes lettres le montant que Sidonie a écrit sur son chèque.

Exercice 21 ★★★

Tom est embauché en CCD pour le mois d'août dans un restaurant.
Le restaurateur lui demande de l'accompagner chez un grossiste de fruits et légumes pour qu'il apprenne à faire et à vérifier les commandes. Il lui donne une facture incomplète pour l'entraîner.

1. Recopier et compléter la facture.

Produit	Quantité (kg)	Prix au kg (€)	Montant HT (€)
Pommes	8	2,10	…
Asperges	…	6,80	20,40
Bananes	6	1,40	…
Pommes de terre	…	1,54	…
	Prix de vente HT brut		61,00
	Escompte (… %)		1,22
	Prix de vente HT net		…
	TVA (5,5 %)		…
	Prix de vente TTC		…

* L'escompte est une réduction accordée par un grossiste à un commerçant qui le paie immédiatement.

2. L'escompte accordé par le grossiste s'élève à 1,22 €.
Donner le détail du calcul permettant de calculer le pourcentage d'escompte par rapport au prix de vente HT brut.

Exercice 22 ★★★

Une entreprise achète une marchandise qu'elle revend aux conditions suivantes :

- prix d'achat brut HT 150 €
- remise 8 %
- frais d'achat 10 %
- taux de marque 40 %
- taux de TVA 5,5 %

L'entreprise veut déterminer le prix de vente TTC de cette marchandise.

1. Calculer :

a. le prix d'achat net ;

b. le coût d'achat.

2. Pour un prix de vente de 100 € et avec un taux de marque de 40 %, déterminer la marge brute et le coût d'achat.

3. Recopier et compléter le tableau de proportionnalité.

Coût d'achat (€)	60	151,8
Prix de vente HT (€)	100	…

4. Calculer le prix de vente TTC.

Exercice 23 ★★

Une ferme agricole produit du jus de pommes.
Elle le vend en direct ou par correspondance au prix unitaire de 2,5 €.
La livraison s'effectue aux conditions suivantes :
– la commande est envoyée après réception du règlement correspondant ;
– les frais de livraison dépendent uniquement du nombre total de bouteilles commandées, selon les tarifs indiqués.

Frais de livraison

	Commande	Frais de livraison
Tarif n° 1	Inférieure à 13 bouteilles	10 €
Tarif n° 2	Comprise entre 13 et 47 bouteilles	0,50 € par bouteille commandée
Tarif n° 3	Supérieure ou égale à 48 bouteilles	0,15 € par bouteille commandée

Une association souhaite fêter un événement avec du jus de pommes. Elle commande 30 bouteilles.

1. Calculer le prix des 30 bouteilles.

2. Calculer les frais de livraison.

3. En déduire le montant total de la commande.

Vers l'examen

Compétences	Capacités	Questions
S'approprier	Rechercher, extraire et organiser l'information.	4
Analyser Raisonner	Émettre une conjecture, une hypothèse. Proposer une méthode de résolution, un protocole expérimental.	1.c ; 2.c
Réaliser	Choisir une méthode de résolution, un protocole expérimental. Exécuter une méthode de résolution, expérimenter, simuler.	1.a ; 1.b ; 2.a ; 2.b ; 3.a ; 3.b
Valider	Contrôler la vraisemblance d'une conjecture, d'une hypothèse. Critiquer un résultat, argumenter.	1.b
Communiquer	Rendre compte d'une démarche, d'un résultat, à l'oral ou à l'écrit.	5

Situation

L'entreprise « Mobiresto » achète chez un fabricant du mobilier de restauration en vue de le revendre à des gestionnaires de cantine. Elle a fixé pour cet achat un budget maximum de 7 000,00 €.
Sachant que le fabricant propose un prix d'achat brut de 4 000 euros et des conditions de vente précises, pourra-t-elle réaliser cet achat ?

Questions

1 Le prix d'achat brut hors taxe du mobilier de restauration est 4 000,00 €.
Le fabricant accorde une remise de 10 % sur le prix d'achat brut hors taxe puis un escompte de règlement de 2 % (c'est une remise supplémentaire pour paiement immédiat).
a. Calculer le prix d'achat après la remise de 10 %.
b. Calculer le montant de l'escompte de 2 % (sur le prix d'achat calculé en 1.a.).
c. Montrer que le prix d'achat net hors taxe du mobilier de restauration est 3 528,00 €.

Tableau de marge commerciale	
Prix d'achat brut	4 000,00 €
Remise (10 %)	...
Escompte de règlement (2 %)	...
Prix d'achat net	3 528,00 €
Frais d'achat	...
Coût d'achat	...
Marge brute	...
Prix de vente HT	5 796,00 €
TVA (20 %)	...
Prix de vente TTC	**...**

2 **a.** Le coefficient multiplicateur permettant de passer du prix d'achat brut hors taxe au coût d'achat est 1,0143. Calculer le coût d'achat.
b. En déduire le montant des frais d'achat.
On donne la formule : Coût d'achat = Prix d'achat net + Frais d'achat.
c. Le fabricant applique un taux de marque de 30 %. Calculer la marge brute.
On donne la formule : Marge brute = Prix de vente hors taxe × Taux de marque.

3 Le taux de la TVA est 20 %.
a. Calculer le montant de la TVA.
b. En déduire le prix de vente TTC.

4 Recopier et compléter le tableau de marge commerciale.

5 L'entreprise « Mobiresto » peut-elle réaliser cet achat avec le budget maximum qu'elle a fixé ? Justifier la réponse avec une phrase.

Intérêts simples

Chapitre 15

Je vais apprendre à...

- **Calculer le montant d'un intérêt simple et d'une valeur acquise.**
- **Déterminer un taux annuel de placement, la durée de placement et le montant du capital placé.**

Je découvre

Le livret Jeune, créé en 1996, a été conçu spécifiquement à l'attention des jeunes âgés de 12 à 25 ans. Ceci pour leur permettre de placer leurs économies dans des conditions privilégiées. Au 01/08/13, plusieurs banques proposent le livret Jeune.

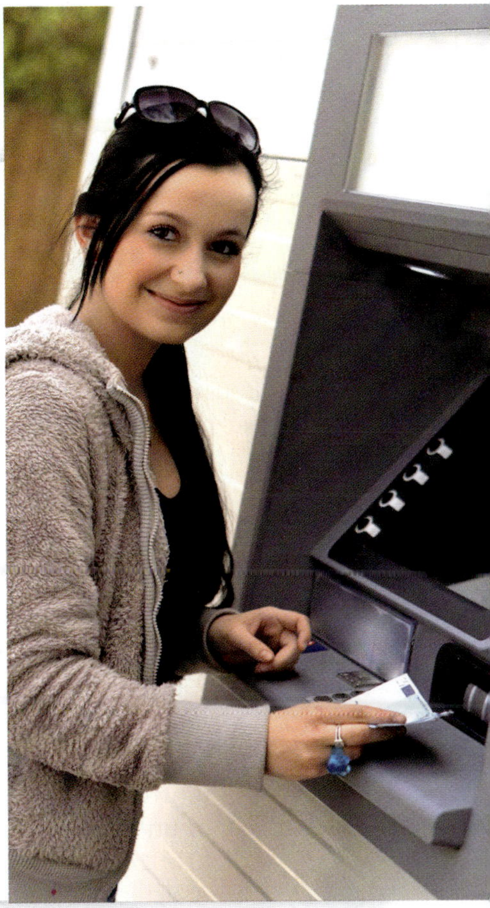

Classement	Banques	Taux (net d'impôt)	Date dernier changement de taux
1	Livret Jeune Monabanq	3,25 %	15/02/13
2	Livret Jeune BPE	3,25 %	01/01/13
3	Livret Jeune Axa Banque	2,75 %	01/06/09
4	Livret Jeune BNP Paribas	2,75 %	01/08/13
5	Livret Jeune HSBC	2,75 %	15/02/13
6	Livret Jeune Crédit Agricole	2,75 %	01/02/13
7	Livret Jeune Groupama banque	2,75 %	01/04/13
8	Livret Jeune Bred	2,75 %	01/07/13
9	Livret Jeune Crédit Mutuel	2,50 %	01/08/13
10	Livret Jeune LCL	2,50 %	01/09/13

Source : http://www.francetransactions.com

1. Quelle est la condition d'âge pour détenir un livret Jeune ?
2. Comment les banques sont-elles classées dans ce tableau ? Par ordre alphabétique ?
3. Quel critère permet de sélectionner le livret Jeune le plus intéressant ? Quelles banques le proposent ?

Activités

ACTIVITÉ 1 De quoi dépend le montant des intérêts d'un placement ?

Placer un **capital** à la banque, c'est percevoir des intérêts. Florian étudie différentes possibilités qui lui sont proposées dans le tableau suivant.

Placement	1	2	3	4
Capital C (€)	1 000	1 000	1 000	2 000
Taux d'intérêt annuel *t* (%)	3	3	1,5	3
Durée de placement *n* (année)	0,5	1	0,5	0,5
Intérêt I (€)	15	30	7,5	30

Un **capital** est une somme d'argent dont on dispose.

3 % se lit 3 **pour cent**
3 % = 3/100 = 0,03

1. Si on compare les placements 1 et 2, peut-on dire que si on double la durée, le montant des intérêts double ?
2. Comparer de la même façon les placements 1 et 3.
3. Peut-on doubler le montant des intérêts en doublant uniquement le montant du capital ? Justifier la réponse en donnant les colonnes permettant de faire cette comparaison.
4. Les quatre grandeurs : C, *t*, *n* et I sont reliées par une formule mathématique : $I = C \times t \times n$.
Vérifier la valeur de I pour le placement 1.

ACTIVITÉ 2 Utiliser la formule I = C*tn*

Christine étudie la possibilité de placer de l'argent sur un livret A. Pour cela elle consulte quelques sites Internet et obtient le graphique ci-contre.

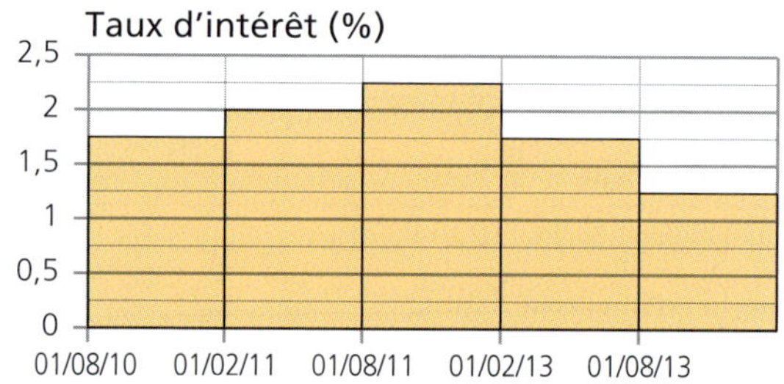

Formules
- I = C*tn*
- C = I/*tn*
- *t* = I/C*n*
- *n* = I/C*t*

1. En supposant que Christine dépose 5 000 € au 01/08/13 sur son livret A, calculer le montant des intérêts perçus à la fin de l'année 2013.
2. Un ami lui dit avoir touché, en 2012, 60 € d'intérêt en 1 an en plaçant un capital de 2 000 €. Calculer le taux annuel du placement. S'agit-il du livret A ?
3. Christine se demande s'il est possible d'obtenir 500 € d'intérêt au bout d'un an avec un livret A. Le **plafond** du livret A est de 22 950 € depuis le 01/01/13.
Calculer le capital qu'il faudrait placer pendant 1 an à 1,25 % pour obtenir 500 € d'intérêt.
Est-ce possible avec le livret A ?

Le **plafond** d'un livret définit la somme maximale que l'on a le droit de placer.

Méthode Une année commerciale comporte 12 mois de 30 jours, soit 360 jours. La durée de placement s'exprime en fraction d'année : nombre de mois/12 ou nombre de jours/360.

ACTIVITÉ 3 Calculer une valeur acquise

Alexandra reçoit son relevé de compte dont voici un extrait :

Livret n° 6100043

Date	Détail des opérations	Débit	Crédit
	Solde précédent au 31/12/13		**10 451,23 €**
31/12	Intérêts 2014		182,90 €
	Nouveau solde créditeur au 31/12/14		**10 634,13 €**

Elle souhaite vérifier les montants indiqués. Pour cela, dispose-t-elle de toutes les informations nécessaires ?

1. En observant le relevé, dire comment se calcule le nouveau solde créditeur.
2. On appelle « valeur acquise par un capital », la somme du capital placé et des intérêts produits. Si on note A : valeur acquise (€), C : capital (€), I : intérêt (€), donner la relation liant A, I et C.
3. Identifier sur l'extrait de relevé les valeurs de C, I et A.
   La formule A = C + I est-elle vérifiée ?
4. Pour contrôler le montant des intérêts 2014, de quelle(s) information(s) a besoin Alexandra ?
5. Pour 2014, le taux d'intérêt était de 1,75 %. Retrouver, par un calcul, le montant des intérêts indiqué sur le relevé de compte.

On parle d'**intérêts simples** dans le cas où les intérêts ne produisent pas à leur tour des intérêts. Pour cela, la durée de placement ne doit pas excéder un an.

ACTIVITÉ 4 Calculer des intérêts

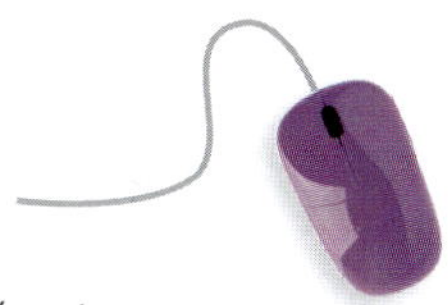

En fin d'année, Safouane décide d'ouvrir un livret Jeune rémunéré à 3 % et prévoit de verser 50 € par mois pendant une année. Il veut connaître à l'avance le montant des intérêts qu'il percevra à la fin de l'année suivante. Afin d'optimiser son placement, l'argent sera versé le dernier jour ouvrable de chaque mois.

	A	B	C
1	Nombre de mois de placement	Capital (€)	Intérêts (€)
2	12	50	
3	11	50	
4	10	50	

1. Ouvrir le fichier Chap15_Activité4.
2. Choisir la bonne formule pour calculer le montant des intérêts en C2.
   a. =B2*3%*A2/12 b. =B2*3%*A2 c. =B2+3%+A2/12
   La saisir dans la cellule C2.
3. Copier la formule précédente sur l'ensemble des cellules C3 à C13.
4. Calculer le capital total versé pendant 12 mois.
5. En C14, calculer la somme des intérêts en saisissant la formule =SOMME(C2:C13).
6. En déduire la valeur acquise en fin d'année.

L'essentiel

L'intérêt

L'intérêt est le revenu d'une somme d'argent placée.
Le montant de l'intérêt I dépend :
– de la somme de départ appelée capital et notée C ;
– du taux d'intérêt annuel exprimé en pourcentage et noté *t* ;
– de la durée de placement notée *n* et exprimée en année.

Cette dépendance se traduit par la formule : $\mathbf{I = C \times t \times n}$

EXEMPLE :
Hector place 1 000 € à un taux d'intérêt annuel de 2 % pendant 1 an.

Le montant des intérêts sera : $I = 1\,000 \times \frac{2}{100} \times 1 = 20$ €.

La durée

Une année commerciale compte 12 mois de 30 jours soit 360 jours.
La durée *n* s'exprime en fraction d'année : *n* = nombre de mois/12 ou *n* = nombre de jours/360.

EXEMPLE :
Un capital de 2 000 € placé à 1,5 % produit 10 € d'intérêt.
$I = Ctn$ devient $10 = 2000 \times 0{,}015 \times n$

Donc $n = \frac{10}{30} = \frac{1}{3}$ année, soit 120 jours en multipliant par 360 ou 4 mois en multipliant par 12.

Le capital et le taux

Comme pour la durée, il faut transformer la formule pour calculer C ou *t*.
On part de la formule I = C*tn*, on remplace les grandeurs connues par leur valeur.

$$\mathbf{C = \frac{I}{tn} \text{ et } t = \frac{I}{Cn}}$$

EXEMPLE :
Un capital est placé à 2 % pendant 6 mois et produit 30 € d'intérêts.
On connaît : $t = 2\ \% = 0{,}02$; $n = 6$ mois $= 0{,}5$ année ; $I = 30$ €.
On cherche le montant du capital C. $C = I/tn$ soit

$C = \frac{30}{0{,}02 \times 0{,}5}$. $C = 3000$ €.

La valeur acquise

La valeur acquise (notée A) par un capital est la somme du capital placé et des intérêts qu'il a produits pendant la durée du placement.

Soit : $\mathbf{A = C + I}$

EXEMPLE :
Un capital de 1 500 € qui rapporte 30 € d'intérêts aura une valeur acquise de 1 530 €.

Exercice guidé

Comment prévoir les intérêts produits par un placement ?

Mohamed vend son appartement 65 000 €. Il souhaite placer cette somme d'argent pendant un an avant d'investir dans un appartement plus grand.
En faisant des recherches sur Internet, il remarque le livret Zesto.

LIVRET ZESTO

5 %

garantis pendant **4 mois** jusqu'à 75 000 € !

Offre valable pour toute première ouverture du livret Zesto jusqu'au 31 décembre 2014.
Le taux promotionnel brut de 5 % s'applique pendant 4 mois à compter de la date d'ouverture, dans la limite de 75 000 € de dépôt.
Au-delà, les versements effectués seront rémunérés au taux annuel de base brut de 2 %.

Les taux annoncés sont des taux bruts. Mohamed percevra en réalité moins puisque des prélèvements sociaux de 15,5 % s'appliquent sur le montant des intérêts produits.

1. Mohamed peut-il bénéficier du taux promotionnel pour la totalité de son argent ? **Justifier la réponse.**
2. **Indiquer** la valeur du taux d'intérêt en fonction du nombre de mois de placement.
3. **Calculer** le montant des intérêts perçus pour les 4 premiers mois.
4. **Calculer** le montant des intérêts perçus pour le reste de l'année (le capital de départ reste le même).
5. **En déduire** le montant total des intérêts sur l'année.
6. **Calculer** le montant des prélèvements sociaux (15,5 %).
7. De quelle somme disposera Mohamed au bout d'un an ?

Aide

1. Bien **relire** le texte présentant le livret. « Dans la limite » signifie « avec un maximum ».
2. **Rechercher une information** en % liée à une durée en mois.
3. Partir de la formule I = C*tn*. La durée de 4 mois, c'est 1/3 de l'année.
4. Le reste de l'année, c'est l'année à laquelle on **soustrait** 4 mois.
5. Le montant total s'obtient en **additionnant** les intérêts sur 4 mois et ceux sur 8 mois.
6. **Prendre** 15,5 % sur le montant total des intérêts.
7. Il s'agit de **calculer** une valeur acquise en n'oubliant pas de **soustraire** les prélèvements sociaux.

Corrigé

1. Pour bénéficier du taux promotionnel, le plafond du livret Zesto est de 75 000 €. Donc Mohamed peut bénéficier de ce taux pour la totalité de son argent, soit 65 000 €.
2. Pour une durée inférieure ou égale à 4 mois, le taux d'intérêt est égal à 5 %. Au-delà il est de 2 %.
3. I = C*tn* I = 65 000 × 5 % × 1/3 I = 1 083,33 €
4. I = 65 000 × 2% × 8/12 I = 866,67 €
5. I = 1 083,33 + 866,67 I = 1 950 €
6. Prélèvements sociaux = 1 950 × 15,5/100 = 302,25 €
7. A = C + I A = 65 000 + 1 950 – 302,25
A = 66 647,75 €

Exercices

Exercices d'application

Calculer le montant d'un intérêt simple et d'une valeur acquise

Exercice 1 ★

Un capital de 400 € est placé pendant 1 an à 2 %.

▶ Calculer le montant des intérêts.

Exercice 2 ★

Un capital de 2 500 € produit 43,75 € d'intérêts.

▶ Calculer la valeur acquise.

Exercice 3 ★★

Noémie dépose 700 € à la banque sur un compte rémunéré à 2,25 %.

1. Relever le montant du capital ainsi que le taux d'intérêt.

2. Calculer le montant des intérêts pour 6 mois de placement.

3. En déduire la valeur acquise par ce placement au bout de six mois.

Exercice 4 ★★

Par dépassement de l'âge limite, Gaston ferme son livret Jeune et sa banque lui donne un solde de 1 245,07 €.
Sur son livret Jeune, Gaston avait placé un capital de 1 100 €.

Réservé aux 12-25 ans, le livret Jeune est destiné à favoriser l'épargne des plus jeunes.

1. Donner la condition d'âge pour posséder un livret Jeune.

2. Comment s'appelle la somme donnée en solde par la banque ?

3. Calculer le montant des intérêts perçus par Gaston.

Exercice 5 ★★

Un capital de 100 € génère 1,50 € d'intérêt.

▶ Avec le même placement, dire quel sera le montant des intérêts pour un capital de :
– 1 000 € ;
– 2 500 €.

Calculer un taux d'intérêt

Exercice 6 ★

Un capital de 1 750 € placé pendant 1 an produit 52,50 € d'intérêts.

▶ Calculer le taux annuel de ce placement.

Exercice 7 ★★★

En passant devant la vitrine d'une agence bancaire, Victoria lit la proposition suivante :

« En plaçant 500 € chez nous, vous gagnez 26,25 € au bout de 3 trimestres. N'hésitez pas ! »

Ayant du mal à se rendre compte si l'offre est intéressante, elle souhaite calculer le taux d'intérêt annuel pour pouvoir la comparer avec d'autres placements.

1. Relever les montants du capital et des intérêts.

2. Exprimer la durée de placement en mois.

3. Calculer le taux d'intérêt annuel de ce placement.

Exercice 8 ★

Une banque propose un livret à un taux d'intérêt annuel de 1,80 %.

▶ Calculer le taux mensuel.

Exercice 9 ★

Un capital de 5 500 € placé pendant 6 mois produit 48,13 € d'intérêts.

1. Que représentent 6 mois par rapport à une année ?

2. Calculer le taux annuel de ce placement.

Exercice 10 ★

Un billet de 100 € attrape une pièce de 1 € à l'image d'un capital de 100 € qui serait placé 1 an et qui rapporterait 1 €.

▶ Calculer le taux d'intérêt annuel de ce placement.

Exercice 11 ★★★

Un capital C de 7 200 € est placé à intérêts simples pendant 90 jours. Le montant de l'intérêt est de 135 € à l'issue du placement.

1. Recopier et compléter le tableau.

Nombre de jours	360	180	90
Année	1	…	…

2. Calculer le taux d'intérêt annuel de ce placement.

Calculer la durée d'un placement

Exercice 12 ★

Un capital de 1 400 €, placé sur une assurance-vie à 3,5 %, a produit 49 € d'intérêts.

▸ Calculer la durée du placement.

Exercice 13 ★★

Les durées d'un placement n'étant pas toujours exprimées dans l'unité souhaitée, Benjamin souhaite s'exercer sur ce type de conversion.

1. Rappeler la définition d'une année commerciale.

2. Recopier et compléter le tableau de proportionnalité.

Durée (année)	…	…	0,1	…
Durée (mois)	6	…	…	…
Durée (jours)	…	90	…	300

(×12) ; (×360)

Exercice 14 ★★

Un capital de 600 € a été placé sur un livret à 2,5 % et a rapporté 5 € d'intérêts.

▸ Calculer la durée du placement. L'exprimer en mois.

Exercice 15 ★★

Noah dispose de 1 275 € sur un livret Jeune à 3 % l'an. Il souhaiterait connaître la durée de placement nécessaire pour avoir une valeur acquise de 1 292 €.

1. Calculer le montant des intérêts correspondant à la valeur acquise souhaitée.

2. Calculer la durée de placement. L'exprimer en jours.

Exercice 16 ★

Un capital de 60 000 €, placé sur un compte à terme à 4 %, a produit 2 400 € d'intérêts.

▸ Calculer la durée du placement.

Calculer le montant d'un capital

Exercice 17 ★

Recopier et compléter le tableau de proportionnalité suivant.

Capital (€)	500	…
Intérêt (€)	10	150

Exercice 18 ★★

Une somme d'argent est placée sur un produit d'épargne. Il s'agit d'un livret de développement durable (LDD) rémunéré à 1,25 %.
Au bout d'un an, le placement rapporte 100 € d'intérêts.

1. Dans la formule $I = Ctn$, donner les valeurs de I, t et n.

2. Calculer le montant du capital placé.

Exercice 19 ★★

Pour un même placement (même taux d'intérêt et même durée de placement), peut-on doubler les intérêts en doublant le capital ?
Justifier la réponse.

Exercice 20 ★★

Amaury réalise un placement bancaire. Il dit juste à ses parents qu'il a effectué un placement avec les caractéristiques suivantes : $t = 2{,}50\ \%$, $n = 6$ mois et $I = 50$ €.

1. Ces informations suffisent-elles aux parents d'Amaury pour calculer le montant du capital placé par leur fils ?

2. Calculer ce montant.

Exercices

Auto-évaluation

Pour chaque amorce de phrase, recopier la (ou les) bonne(s) réponse(s).

1 Si le taux mensuel est de 0,25 %, alors le taux annuel est égal à :
a) 3 % b) 2,25 % c) 2,5 %

2 Un capital de 1 500 € placé à un taux annuel de 3 % rapporte au bout d'un trimestre :
a) 45 € b) 15 € c) 11,25 €

3 La valeur acquise, c'est le capital auquel on ajoute :
a) le taux annuel b) les intérêts c) le taux d'intérêt

4 Un capital de 1 000 € placé sur un livret à 1,25 % produit 6,25 €. Le capital a été placé :
a) 6 mois b) 1 an c) 12 mois

5 Un capital de 5 000 € placé à 3 % rapporte 150 € sur l'année. Pour 6 mois, le montant des intérêts est de :
a) 75 € b) 2 500 € c) 15 €

6 Un livret LDD à 12 000 € et soumis à un taux d'intérêt de 1,25 % rapporte en un an :
a) 180 € b) 210 € c) 150 €

7 Un capital de 5 000 € rapporte sur un an 150 € d'intérêts. Le taux annuel de placement est de :
a) 3,33 % b) 3 % c) 3,5 %

8 Avec un capital de 5 400 € et des intérêts de 421 €, la valeur acquise est égale à :
a) 5 821 € b) 5 021 € c) 5 800 €

→ Réponses p. 192

Exercices d'approfondissement

Exercice 21 ★★

Pour financer leur voyage dans les îles grecques, M. et Mme Martin placent à intérêts simples, le 1er janvier, un capital de 2 500 €, au taux annuel de 4 %. Ils retirent leur argent 6 mois plus tard. Auront-ils assez d'argent pour financer leur voyage au prix de 2 550 € ?

1. Donner la durée de ce placement.

2. Calculer l'intérêt produit.

3. En déduire la valeur acquise.

4. M. et Mme Martin peuvent-ils payer leur voyage avec leur placement ? Justifier la réponse.

Exercice 22 ★★★

Alex se rend à la banque pour placer une prime de 1 160 €. Le placement se fait à intérêts simples au taux annuel de 4,8 %.

1. Calculer le montant des intérêts et la valeur acquise pour une durée de 11 mois.

2. Alex a finalement besoin de son argent plus tôt et il retire une valeur acquise de 1 197,12 €. Calculer le montant des intérêts produits.

3. Calculer la durée du placement. L'exprimer en mois.

Exercice 23 ★★

Pour financer des travaux de rénovation, un restaurateur a placé 10 500 € pendant 8 mois au taux mensuel de 0,3 %.

1. Calculer la valeur du taux annuel.

2. Calculer le montant I des intérêts simples produits par ce placement.

3. Calculer la valeur acquise A par ce placement.

4. Calculer la durée n du placement de ce capital qui permet d'obtenir 315 € d'intérêts. L'exprimer en mois.

Exercice 24 ★★★

M. et Mme Dupont étudient des produits d'épargne. Le tableau ci-dessous montre leurs différentes possibilités de placement.

	CEL	PEL	LDD	Livret A
Montant maximum (€)	15 300	61 200	12 000	22 950
Taux annuel (au 01/08/13)	0,75 %	2,50 %	1,25 %	1,25 %

1. M. et Mme Dupont veulent placer leur argent au meilleur taux.
En utilisant le tableau, citer le (ou les) placement(s) prenant en compte cette contrainte.

2. Avec C = 20 000 €, t = 2,5 % et n = 1, calculer I.

3. Montrer qu'en fin de première année la valeur acquise par leur capital est de 20 500 €.

4. Pour calculer le montant des intérêts acquis lors de la deuxième année, le capital est désormais égal à 20 500 € et ainsi de suite pour les années suivantes. M. et Mme Dupont utilisent le tableur et obtiennent la feuille de calcul ci-dessous.

n (année)	I (€)
0	0,00
1	500,00
2	1 012,50
3	1 537,81
4	2 076,26
5	2 628,16
6	3 193,87
7	3 773,72
8	4 368,06
9	4 977,26
10	5 601,69
11	6 241,73
12	6 897,78
13	7 570,22
14	8 259,48
15	8 965,96
16	9 690,11
17	10 432,37
18	11 193,17
19	11 973,00
20	12 772,33

Au bout de combien d'années auront-ils 7 500 € d'intérêts ?

Exercice 25 ★★★

À l'aide du tableur, il est possible de représenter graphiquement le montant des intérêts I en fonction de la durée n (en mois) du placement.
On part sur un capital C égal à 1 000 € et un taux d'intérêt annuel t de 2,4 %.

1. Montrer que la formule I = Ctn devient I = 2 × n.

2. Ouvrir une feuille de calcul.

	A	B
1	n (mois)	I (€)
2	0	0
3	1	2
4	2	4

3. Saisir les valeurs de la première colonne donnant le nombre de mois allant de 0 à 12.

4. Pour le calcul des intérêts I, saisir en B2 la formule : =2*A2 puis la copier dans les cellules B3 à B14.

5. Sélectionner l'ensemble des cellules de A1 à B14 et insérer un graphique Nuage de points sous Excel ou XY(dispersion) sous Calc.

Exercice 26 ★★★

Le graphique ci-dessous représente le montant des intérêts en fonction de la durée pour un capital C et un taux d'intérêt t.

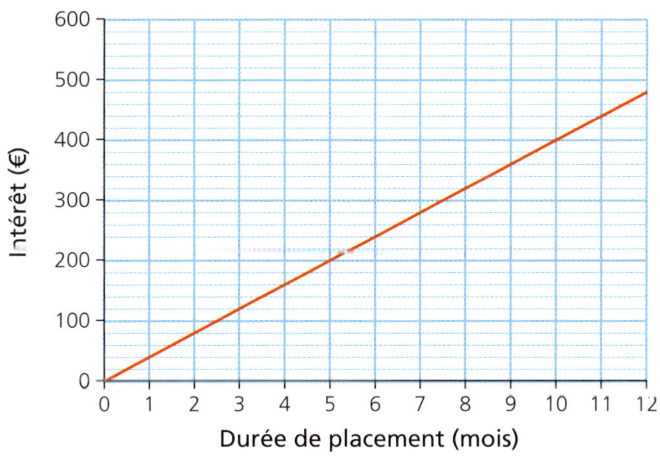

1. Donner le montant des intérêts lorsque le placement est de :
– 1 an ;
– 6 mois.

2. Peut-on dire que les intérêts sont proportionnels à la durée du placement ? Justifier la réponse.

3. En fixant le taux d'intérêt annuel à 2 %, calculer le montant du capital.

4. Pour un capital de 20 000 €, calculer le taux d'intérêt annuel.

Vers l'examen

Compétences	Capacités	Questions
S'approprier	Rechercher, extraire et organiser l'information.	1 ; 2.b
Analyser Raisonner	Émettre une conjecture, une hypothèse. Proposer une méthode de résolution, un protocole expérimental.	3.b
Réaliser	Choisir une méthode de résolution, un protocole expérimental. Exécuter une méthode de résolution, expérimenter, simuler.	2.a ; 3.a ; 4 ; 5
Valider	Contrôler la vraisemblance d'une conjecture, d'une hypothèse. Critiquer un résultat, argumenter.	1 ; 2.b
Communiquer	Rendre compte d'une démarche, d'un résultat, à l'oral ou à l'écrit.	3.b

Situation

Sandrine, employée de banque, est responsable d'un groupe de stagiaires.
Elle leur présente un document technique : un abaque représentant le montant des intérêts en fonction de la durée pour différents taux d'intérêt.
Afin de tester leur aptitude à faire face aux interrogations des clients, elle leur soumet l'abaque accompagné de quelques questions.

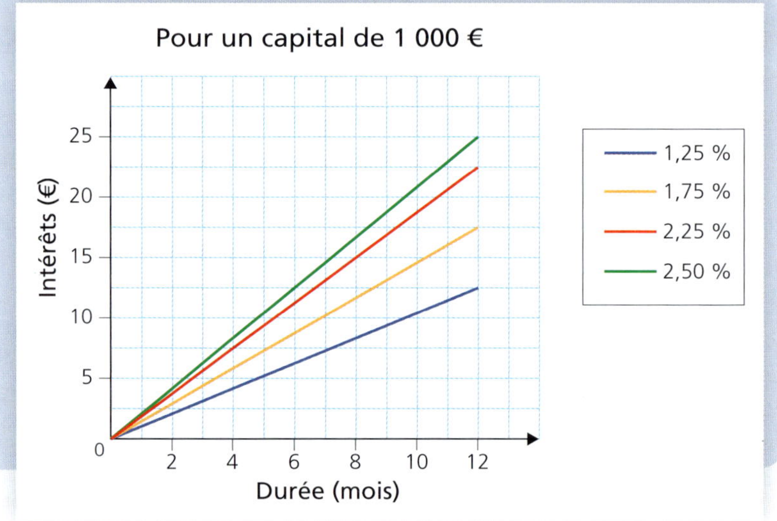

Questions

1 Le montant des intérêts est-il proportionnel à la durée ? Justifier la réponse.

2 a. Pour un capital de 1 000 €, calculer le montant des intérêts à percevoir pour un placement de 1 an à 2,5 %.

b. Donner les coordonnées du point permettant de vérifier la valeur précédente.

3 a. Pour un capital de 2000 € et un placement à 1,25 %, recopier et remplir le tableau de proportionnalité suivant.

Durée (mois)	6	12
Intérêts (€)	12,5	…

b. Donner la couleur de la droite qui correspond aux valeurs du tableau précédent.
Était-ce prévisible ? Expliquer pourquoi.

4 Le taux du livret A est à 1,25 % au 01/08/13. Il était de 1,75 % auparavant.
Pour un capital de 1 000 € placé pendant 1 an, déterminer graphiquement la perte d'intérêts due à la baisse du taux d'intérêt.

5 Le PEL (plan épargne logement) est un placement à 2,5 % dont le plafond est à 61 200 €.
Un capital de 20000 € est placé sur un PEL.

a. Calculer la durée du placement afin d'obtenir 250 € d'intérêts.

b. En déduire le montant des intérêts avec une durée de placement de un an.

c. En déduire la valeur acquise par ce capital de 20000 € au bout d'un an.

Domaines de connaissances complémentaires

Fonction affine

Chapitre 16

Je vais apprendre à...

- **Utiliser l'expression d'une fonction affine $f(x) = ax + b$.**
- **Exploiter la représentation graphique d'une fonction affine.**

Activité

Chaque année, à la fin de l'été, Ludovic vide sa piscine. L'année précédente, en vue d'anticiper le temps nécessaire à cette tâche, il avait relevé le temps écoulé (en heures) et le volume d'eau restant (en m^3) dans la piscine mais n'avait pu tout noter.

Temps (en heures)	3	5	7	9	10
Volume d'eau restant (en m^3)	56	46	36	26	21

Combien de temps faudra-t-il à Ludovic pour vider sa piscine cette année ?

1. Ouvrir le logiciel GeoGebra et entrer dans la fenêtre Tableur de l'onglet Affichage les valeurs du tableau de mesures de Ludovic.
2. Sélectionner les cellules A1 jusqu'à E2, puis Créer une liste de points en la nommant « piscine » à l'aide de l'icône {1,2} et de l'outil {•••}.
3. Tracer la droite passant par les points extrêmes du tableau avec l'outil.
4. Dans la fenêtre Algèbre, faire un clic droit sur l'équation de la droite et choisir Équation y = ax + b.
   – a sans le signe « moins » correspond au débit de la pompe de la piscine en m^3/h ;
   – b correspond au volume d'eau en m^3 à ras bord de la piscine.
   Relever ces valeurs.
5. a. Déterminer l'intersection de la droite tracée avec l'axe des abscisses grâce à l'outil.
   b. Relever l'abscisse du point d'intersection correspondant au temps nécessaire pour vider complètement la piscine.
6. Ce temps est-il de :
   a. 14 h 02 ? b. 14 h 12 ? c. 14 h 20 ?
   Justifier la réponse.

FICHE
« Convertir des mesures de temps »
p. 182

L'essentiel

Définition

Une fonction affine f est une relation qui lie deux grandeurs x et y : $y = a \times x + b$.
La fonction affine fait correspondre à tout nombre x un nombre $ax + b$. On la note $f(x) = ax + b$.

Représentation graphique d'une fonction affine

Dans un repère, une fonction affine est représentée par une droite passant par les points de coordonnées (x ; $ax + b$) et ne passant pas par l'origine du repère.
Cette droite est parallèle à la droite qui représente la fonction linéaire $g(x) = ax$.

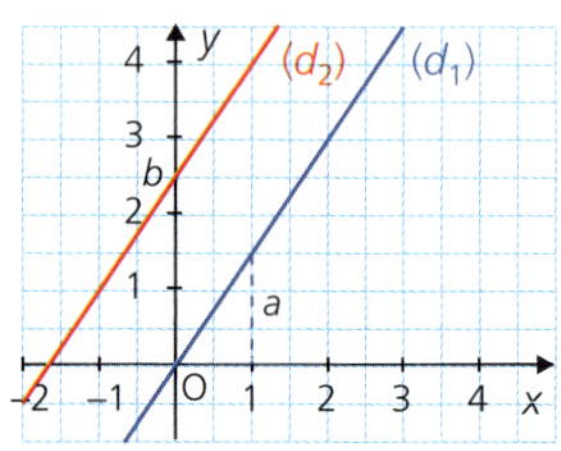

La fonction $g(x) = 1{,}5x$ est une fonction linéaire. Elle est représentée par la droite (d_1) passant par l'origine du repère.
La fonction $f(x) = 1{,}5x + 2{,}5$ est une fonction affine avec $a = 1{,}5$ et $b = 2{,}5$.
Elle est représentée par la droite (d_2) et est décalée de 2,5 unités vers le haut par rapport à la droite (d_1).

Comment comparer deux offres commerciales en fonction de ses besoins ?

Lucie a découvert un site de téléchargement légal de musique en ligne. Ce site propose deux offres de téléchargement.

Offre Occasionally
1,20 € / morceau
+ accès gratuit au site

Offre Frequently
0,50 € / morceau
+ 35 € inscription au site

Lucie estime qu'elle télécharge 60 morceaux par an. Quelle est l'offre la plus avantageuse pour elle ?

1. L'offre Occasionally peut être modélisée par une fonction linéaire $g(x) = 1{,}20x$ et l'offre Frequently par la fonction affine $f(x) = 0{,}5x + 35$.
Représenter ces fonctions à l'aide du logiciel GeoGebra.

2. À l'aide des fonctionnalités du logiciel, **déterminer** le prix de 60 morceaux de musique téléchargés pour chaque offre.

3. **Indiquer** l'offre la plus avantageuse.

Aide

1. **Ouvrir** le logiciel GeoGebra.
Entrer dans la zone Champ de saisie les relations y=1.2x correspondant à l'offre Occasionally et y=0.5x+35 correspondant à l'offre Frequently.

2. **Entrer** l'équation de la droite **x=60** dans la zone Champ de saisie.
Utiliser l'outil Intersection entre deux objets.
Relever l'ordonnée du point d'intersection pour chacune des deux droites représentant les offres.

3. **Comparer** les valeurs obtenues.
Choisir l'offre correspondant à la valeur la plus petite.

Corrigé

1. On obtient le graphique ci-contre où la droite mauve représente l'offre Occasionally et la droite verte l'offre Frequently.
2. Si Lucie télécharge 60 morceaux de musique, l'offre Occasionally revient à 72 € et l'offre Frequently revient à 65 €.
3. Donc Lucie doit choisir l'offre Frequently car c'est la moins chère.

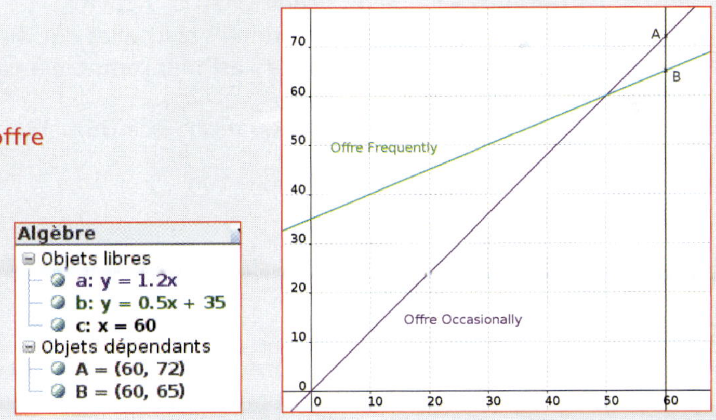

Exercices d'application

Exercice 1 ★

Parmi les fonctions $f(x) = 2x - 9$, $g(x) = 0{,}5x - 3$, $i(x) = 35x$, $j(x) = -1{,}2x + 0{,}8$, recopier celles qui sont des fonctions affines.

Exercice 2 ★★★

Julie doit effectuer une commande de six cartouches d'encre. Elle compare deux offres.

Offre magasin
15 € / cartouche

Offre e-commerce
10 € / cartouche
et 40 € de frais de livraison

1. Déterminer l'offre la plus avantageuse pour l'achat de six cartouches d'encre.

2. À partir de combien de cartouches l'offre e-commerce est-elle plus avantageuse financièrement que l'offre magasin ?

Inéquations

Chapitre 17

Je vais apprendre à...

- **Résoudre une inéquation à une inconnue du 1er degré.**

Activité

Pour la saison à venir, Franck veut assister à dix matchs de foot de son équipe préférée.
Il a le choix entre deux formules :
– Formule « occasionnelle » : 12 € par match ;
– Formule « supporter » : abonnement de 36 € et 8 € par match.
Le responsable du club de foot prétend que la formule « supporter » est la plus avantageuse à partir de 9 matchs. A-t-il raison ?

1. On désigne par x le nombre de matchs. Cette situation revient à résoudre une inéquation à une inconnue. Laquelle ?
   a. $36x + 8 < 12x$ **b.** $8x + 36 < 12x$ **c.** $8x + 36 = 12x$
2. Recopier et compléter le tableau donnant le prix à payer en fonction du nombre de matchs pour chaque formule.

Nombre de matchs	8	9	10	11
Prix, en €, avec formule « occasionnelle »	...	...	...	...
Prix avec formule « supporter »	...	...	...	...

   Vérifier les résultats à l'aide du fichier Chap17_Activité.
3. Pour combien de matchs les deux formules sont-elles équivalentes ?
4. Est-il exact que la formule « supporter » est plus rentable à partir de 9 matchs ? Justifier la réponse.
5. Vérifier la réponse en résolvant l'inéquation : $8x + 36 < 12x$.

L'essentiel

Définition

Une inéquation est une inégalité comprenant un nombre inconnu désigné par une lettre, le plus souvent *x*.

- $4x > 36$ signifie que $4x$ est strictement supérieur à 36.
- $8x + 36 < 12x$ signifie que $8x + 36$ est strictement inférieur à $12x$.

Résolution d'une inéquation du 1er degré à une inconnue

Résoudre une inéquation d'inconnue *x* revient à trouver toutes les valeurs de *x* qui vérifient l'inégalité.

Les solutions de l'inéquation $8x + 36 < 12x$ sont tous les nombres x vérifiant cette inégalité.

Ainsi, $36 < 12x - 8x$ devient $36 < 4x$. Soit $\frac{36}{4} < x$ donc $9 < x$ ou $x > 9$.

Toutes les valeurs de x supérieures à 9 sont solution de l'inéquation $8x + 36 < 12x$.

Propriété relative à la résolution d'une inéquation

On change le sens de l'inégalité lorsqu'on multiplie ou divise par un même nombre NÉGATIF chaque membre d'une inégalité.

Pour résoudre $-4x < 20$ on doit diviser chaque membre de l'inégalité par -4 (nombre négatif), donc on change le sens de l'inégalité :

Ainsi, $\frac{-4x}{-4} > \frac{20}{-4}$ soit $x > -5$. Tous les nombres supérieurs à -5 sont solution de l'inéquation $-4x < 20$.

Exercice guidé

Comment calculer des hauteurs de marches ?

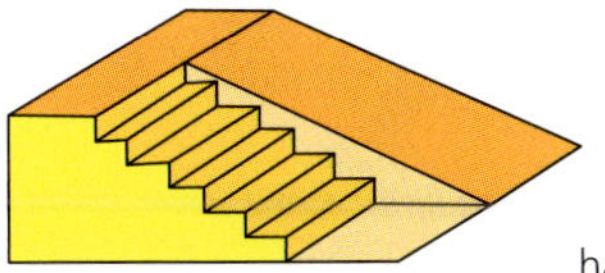

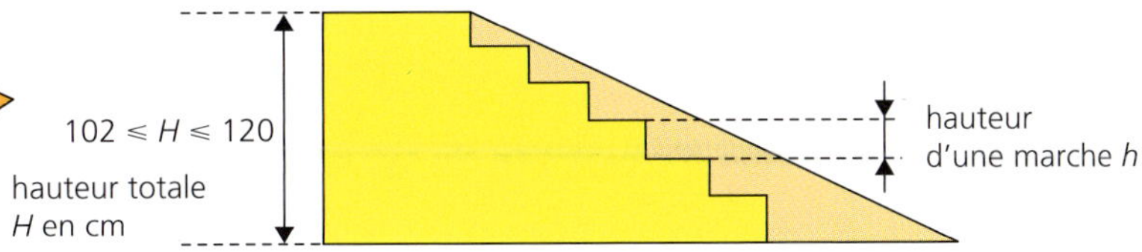

Un projet d'escalier d'une structure pour skatepark, représenté ci-dessus, comporte six marches identiques et doit répondre à la norme de construction : $60 \leqslant 2h + 25 \leqslant 65$, où h est la hauteur d'une marche en cm.
Quelle hauteur de marche choisir pour respecter cette norme ?

1 La hauteur totale des 6 marches de ce projet est comprise entre 102 cm et 120 cm. **Vérifier** que la hauteur h d'une seule marche doit être comprise dans l'encadrement $17 \leqslant h \leqslant 20$ cm.

2 La norme de construction est-elle respectée pour une hauteur de marche de 17 cm ? **Justifier** la réponse.

3 **Compléter** le tableau de valeurs.

Hauteur h (en cm)	17	18	19	20	21
Norme $2h + 25$	59	...	...	...	...

4 En **déduire** les hauteurs de marche de cet escalier respectant la norme de construction. **Justifier** la réponse.

Aide

- **Diviser** les valeurs minimale et maximale de la hauteur totale par le nombre de marches de l'escalier.
- **Remplacer *h*** dans la formule de la norme par la valeur 17. **Vérifier** si le résultat trouvé est compris dans l'intervalle [60 ; 65].
- **Remplacer *h*, dans l'expression $2h + 25$**, par 18, 19, 20 et 21.
- **Repérer** dans le tableau précédent les hauteurs h pour lesquelles l'expression $2h + 25$ a une valeur comprise entre 60 et 65.

Corrigé

1. $h_{min} = 102/6 = 17$ cm et $h_{max} = 120/6 = 20$ cm, donc on vérifie bien l'encadrement : $17 \leqslant h \leqslant 20$.

2. $2 \times 17 + 25 = 59$ cm. 59 n'est pas compris dans l'intervalle [60; 65]. Donc cette hauteur de marche ne permet pas de respecter la norme de construction d'un escalier.

3. On obtient le tableau de valeurs :

Hauteur h (en cm)	17	18	19	20	21
Norme $2h + 25$	59	61	63	65	67

4. Trois hauteurs de marche respectent la norme de construction : $h = 18$ cm, $h = 19$ cm et $h = 20$ cm car pour ces trois valeurs $60 \leqslant 2h + 25 \leqslant 65$!

Exercices d'application

Exercice 1 ★

Résoudre les inéquations suivantes.

a. $3x < 12$ **b.** $-2x > 6$
c. $2x + 3 \geqslant 11$ **d.** $3x - 2 < x$

Exercice 2 ★★

Une salle de cinéma propose deux formules :
– formule cinéphile : une carte d'abonnement de 60 € pour l'année et le prix d'une séance à 7,50 € ;
– formule classique : la séance coûte 10,50 €.

À partir de combien de séances la formule « cinéphile » est-elle la plus avantageuse ?

Exercice 3 ★★★

Tim achète un sandwich et deux boissons pour 8,60 €. Il n'a pas d'autres moyens de paiement que sa carte bancaire. Mais la sandwicherie n'accepte les cartes bancaires que pour des montants supérieurs ou égaux à 15 €.
Aussi, il est contraint d'acheter deux desserts d'un montant x identique.

1. Écrire l'inéquation qui traduit la situation.

2. Résoudre l'inéquation $8{,}60 + 2x \geqslant 15$.

3. En déduire le prix minimum d'un dessert, en €, pour que Tim puisse payer par carte bancaire.

Systèmes d'équations à deux inconnues

Chapitre 18

Je vais apprendre à...

- **Résoudre un système d'équations du type** $\begin{cases} ax + by = c \\ a'x + b'y = c' \end{cases}$

Activité

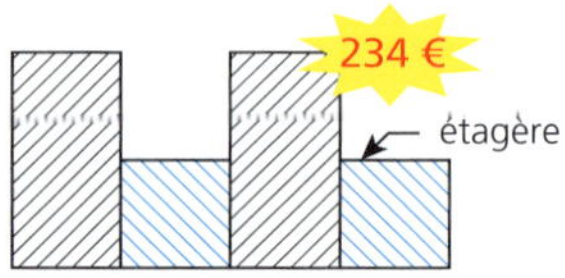

Composition 1

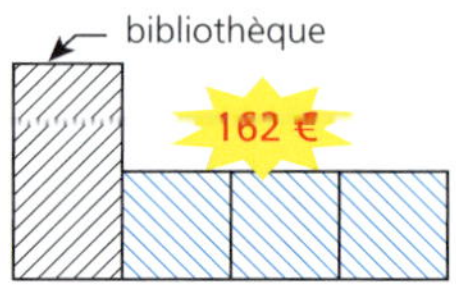

Composition 2

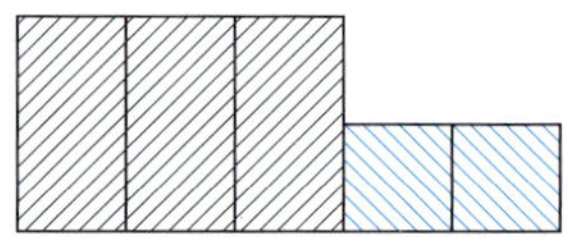

Composition de Nicolas

Pour aménager son bureau, Nicolas se rend dans un magasin de meubles.
Deux combinaisons sont exposées :
– la première, constituée de 2 bibliothèques et de 2 étagères, au prix de 234 € ;
– la seconde, constituée d'1 bibliothèque et de 3 étagères, au prix de 162 €.
Nicolas réalise la composition ci-contre. Jade lui propose de programmer sa calculatrice pour en trouver le prix.

Jade désigne par x le prix d'une bibliothèque et par y le prix d'une étagère.

1. Elle affirme que cette situation revient à résoudre un système de 2 équations à 2 inconnues.
   Lequel ? **a.** $\begin{cases} 2x + 3y = 234 \\ x + 3y = 162 \end{cases}$ **b.** $\begin{cases} 3x + 2y = 234 \\ x + 3y = 162 \end{cases}$ **c.** $\begin{cases} 2x + 2y = 234 \\ x + 3y = 162 \end{cases}$
2. Programmer la calculatrice pour résoudre simultanément les deux équations.

Méthode **Pour calculatrice Casio fx-92 collège 2D+**

Taper sur la touche [MODE CONFIG]. Taper [3] pour sélectionner le mode SYST.
La calculatrice affiche « **1 : anX+bnY = Cn** ». Taper [1]

La calculatrice affiche

	a	b	c
1	0	0	0
2	0	0	0

Taper les coefficients

	a	b	c
1	2	2	234
2	1	3	162

Taper [EXE] pour obtenir chacune des valeurs.
La calculatrice affiche la valeur de **X**, puis celle de **Y**.

3. Relever le prix, en €, de chaque meuble.
4. En déduire le prix de la composition de Nicolas.

L'essentiel

Définition

Un système de 2 équations à 2 inconnues x et y s'écrit sous la forme $\begin{cases} ax + by = c & \text{Équation 1} \\ a'x + b'y = c' & \text{Équation 2} \end{cases}$
Où a, b, c, a', b', c' sont des nombres donnés.

(S) $\begin{cases} 2x + 2y = 234 \\ x + 3y = 162 \end{cases}$ est un système de 2 équations à 2 inconnues x et y.

Les coefficients a, b, c, a', b', c' saisis sur une calculatrice sont

	a	b	c
1	2	2	234
2	1	3	162

Résolution d'un système de deux équations à deux inconnues

Résoudre un système d'équations revient à trouver le couple (x ; y) pour lequel les deux équations sont vérifiées en même temps.

Dans le système (S), pour $x = 94{,}5$ et $y = 22{,}5$:
- $2 \times 94{,}5 + 2 \times 22{,}5 = 234$, donc le couple (94,5 ; 22,5) vérifie la 1re équation du système (S) ;
- $94{,}5 + 3 \times 22{,}5 = 162$, donc le couple (94,5 ; 22,5) vérifie aussi la 2e équation du système (S).

Donc le couple (94,5 ; 22,5) est solution du système (S).

Exercice guidé

Comment retrouver le prix de chaque viennoiserie ?

À la boulangerie, Alexis achète deux croissants et trois pains au chocolat : il paie 4,85 €.
Sam achète trois croissants et un pain au chocolat et paie 3,60 €.
Quel est le prix d'un croissant ? Quel est le prix d'un pain au chocolat ?

1 Est-il possible qu'un croissant coûte 0,70 € et qu'un pain au chocolat coûte 1,15 € ?

2 On peut associer à l'achat d'Alexis l'équation (E1) : $2x + 3y = 4{,}85$.
Que représentent les inconnues x et y ?

3 **Traduire** l'achat de Sam par une équation (E2).

4 **a. Écrire** le système traduisant la situation.
b. Résoudre ce système constitué des deux équations (E1) et (E2).

5 En **déduire** le prix d'un croissant et celui d'un pain au chocolat.

Aide

- **Calculer** le montant qu'on devrait payer avec ces valeurs. **Vérifier** si le résultat obtenu correspond au prix payé par Alexis **et** par Sam.
- **Identifier** les inconnues grâce aux informations de l'énoncé.
- **Traduire** l'achat de Sam avec les inconnues x et y.
- **Traduire** la situation par un système $\begin{cases} ax + by = c \\ a'x + b'y = c' \end{cases}$

  Résoudre le système par la méthode de son choix (à la main, tableur/grapheur, calculatrice).
- **Rédiger une phrase** où le couple $(x ; y)$ est solution du problème.

Corrigé

1. Pour Alexis : $2 \times 0{,}7 + 3 \times 1{,}15 = 4{,}85$. Pour Sam : $3 \times 0{,}7 + 1{,}15 = 3{,}25 \neq 3{,}60$ €. En conclusion, il n'est pas possible qu'un croissant coûte 0,70 € et qu'un pain au chocolat coûte 1,15 €.
2. x représente le prix d'un croissant et y celui d'un pain au chocolat.
3. (E2) : $3x + y = 3{,}6$.
4. a. Le système est donc : $\begin{cases} 2x + 3y = 4{,}85 \\ 3x + y = 3{,}60 \end{cases}$
b. On résout à la calculatrice ce système.

	a	b	c
1	2	3	4,85
2	3	1	3,6

On trouve $x = 0{,}85$ et $y = 1{,}05$.
5. Dans cette boulangerie, un croissant coûte 0,85 € et un pain au chocolat coûte 1,05 €.

Exercices d'application

Exercice 1 ★

▶ Avec la calculatrice, résoudre les systèmes suivants.

(S1) $\begin{cases} 8x + 3y = 39{,}5 \\ 7x + 9y = 50{,}5 \end{cases}$ (S2) $\begin{cases} x + y = 96 \\ 3x + 4y = 293 \end{cases}$

Exercice 2 ★★

Une balade d'une heure en mer est proposée à deux groupes de touristes :
– le 1er groupe composé de 8 adultes et de 3 enfants paie 39,50 € ;
– le 2nd groupe composé de 7 adultes et de 9 enfants paie 50,50 €.

▶ Quel est le prix d'un ticket pour un adulte ? Quel est le prix pour un enfant ?

Exercice 3 ★★★

Tom a cueilli 96 trèfles, certains sont à 3 feuilles, les autres à 4 feuilles. On compte au total 293 feuilles.

1. x désignant le nombre de trèfles à 3 feuilles et y celui des trèfles à 4 feuilles, écrire un système de deux équations à deux inconnues traduisant la situation de l'énoncé.
2. Combien de trèfles à 4 feuilles Tom a-t-il cueillis ?
3. Combien de trèfles à 3 feuilles ?

Polygones et solides particuliers

Chapitre 19

Je vais apprendre à...

- **Identifier des polygones particuliers (l'hexagone, l'octogone) et des solides particuliers (pyramide, tronc de cône, tronc de pyramide).**
- **Utiliser ces polygones et solides particuliers pour des constructions géométriques et des calculs de longueurs, d'aires ou de volumes.**

Activité

La pyramide du Louvre fut construite en 1989 par l'architecte sino-américain Ieoh Ming Pei. Sa structure métallique s'élève à 21,6 mètres sur une base carrée de 35,4 mètres de côté.
Sarah souhaite construire cette pyramide avec le logiciel GeoGebra 3D pour déterminer la surface de sa base ainsi que son volume.

1. Ouvrir le fichier Chap19_Activité.
2. a. À l'aide des fonctionnalités du logiciel, construire la base carrée de la pyramide en utilisant l'outil .
   b. Déterminer avec l'outil , l'aire en m² de la base de la pyramide du Louvre.
3. Pour construire la pyramide du Louvre en 3D, cliquer sur la fenêtre 3D, et suivre les instructions :
   a. Cliquer sur l'icône et sélectionner Extrudez en Pyramide ou Cône.
   b. Cliquer sur la base carrée de la pyramide et saisir dans la fenêtre le nom hauteur pour le curseur.
   c. Déplacer le curseur hauteur jusqu'à la hauteur réelle de la pyramide.
4. En déduire le volume de la pyramide du Louvre en m³ en cliquant sur l'icône et en sélectionnant l'outil Volume.

L'essentiel

Polygones, solides particuliers et leur volume

- **Un polygone (*poly* = plusieurs ; *gonos* = angles) est une figure plane fermée par au moins 3 segments.**

Nombre de côtés	5	6	8
Nom du polygone	pentagone	hexagone	octogone

- **Un solide est une figure géométrique en 3D.**

Forme	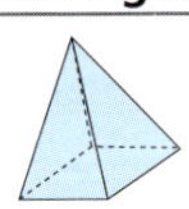	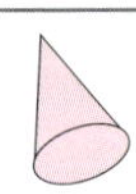
Nom	Pyramide	Cône
Faces	Base polygonale Faces latérales planes triangulaires	Base circulaire Face latérale courbe

- **Le volume d'une pyramide ou d'un cône se calcule avec la relation : Volume = $\frac{\text{Aire de base} \times \text{hauteur}}{3}$**

Volume de tronc de cône ou de pyramide

Un tronc de cône ou de pyramide est la partie du solide coupée par un plan parallèle à la base.

- **Tronc de cône**

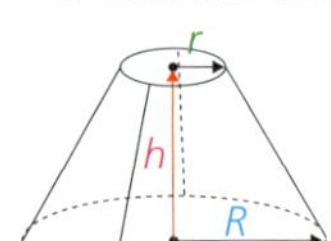

h : hauteur
R : rayon du cercle inférieur
r : rayon du cercle supérieur

$$\text{Volume} = \pi \times \frac{h}{3} \times (R^2 + R \times r + r^2)$$

- **Tronc de pyramide à base carrée**

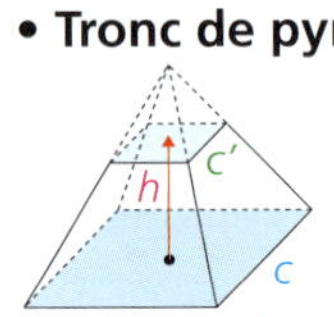

h : hauteur
c : longueur du côté du carré inférieur
c' : longueur du côté du carré supérieur

$$\text{Volume} = \frac{h}{3} \times (c^2 + c \times c' + c'^2)$$

Exercice guidé

Comment vérifier la contenance d'un diffuseur ?

Léa vient d'acheter un diffuseur intérieur de parfum d'ambiance représenté ci-contre.
L'étiquette de ce produit indique une contenance de 95 mL de parfum. Est-ce le cas ?

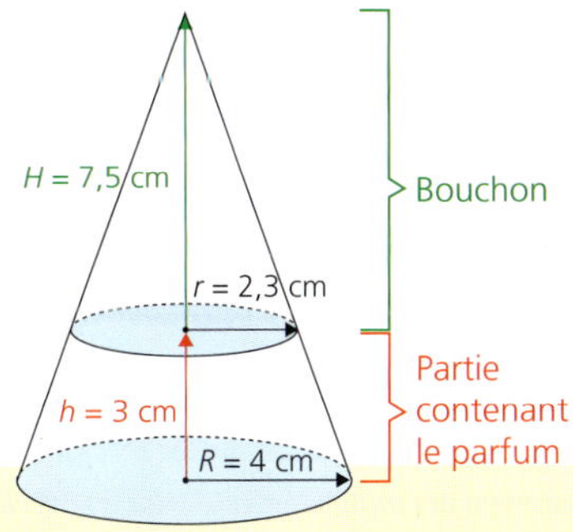

1 Quelle est la forme géométrique :
a. du bouchon du diffuseur ?
b. de la partie contenant le parfum ?

2 **Construire** avec le logiciel Geogebra 3D un cône de hauteur H = 7,5 cm et de base un cercle de rayon r = 2,3 cm.

3 En appliquant la formule du volume d'un tronc de cône, **vérifier** que la partie inférieure du diffuseur contient 95,8 cm^3 de parfum. **Arrondir** au dixième.

4 L'étiquette du produit est-elle correcte ?

Aide

Reconnaître dans cet objet deux solides particuliers.

Construire la base du cône en utilisant l'outil [Cercle (centre-rayon)] et en plaçant le centre du cercle à l'origine du repère.
Construire le cône avec l'outil [Extrudez en Pyramide ou Cône] en saisissant la hauteur de 7,5.

Utiliser la formule
Volume $= \pi \times \dfrac{h}{3} \times (R^2 + R \times r + r^2)$
avec h = 3, R = 4 et r = 2,3.

Comparer le résultat trouvé à celui indiqué sur l'étiquette par le fabricant.

Corrigé

1. Le bouchon du diffuseur est un cône. La partie inférieure du diffuseur est un tronc de cône.
2. On obtient avec GeoGebra 3D la modélisation du diffuseur ci-contre :

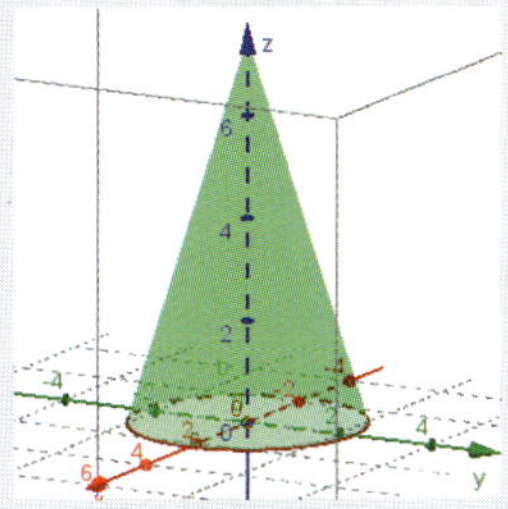

3. Volume $= \pi \times \dfrac{3}{3} \times (4^2 + 4 \times 2,3 + 2,3^2) \approx 95,8$ mL.
4. 95,8 > 95 donc le diffuseur de parfum d'ambiance contient un peu plus des 95 mL affichés sur l'étiquette.

Exercices d'application

Exercice 1 ★

On donne les figures géométriques suivantes.

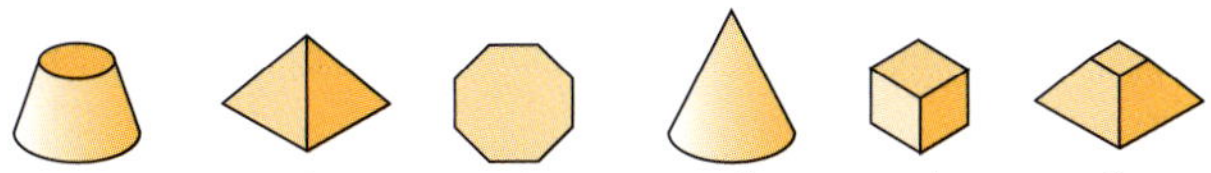

1. Nommer chaque figure.

2. Parmi ces figures se cache un intrus. L'identifier en justifiant la réponse.

Exercice 2 ★★

Ouvrir le fichier Chap19_Ex2.

1. À l'aide du curseur, construire un hexagone.

2. À l'aide de l'outil [outil angle], mesurer la valeur de chaque angle intérieur à l'hexagone.

3. Déterminer la somme des angles d'un hexagone.

4. Par analogie, établir la propriété établissant la somme des angles d'un octogone.

Exercice 3 ★★★

▶ Calculer le volume, en cm^3, de cire nécessaire à la fabrication de cette bougie.

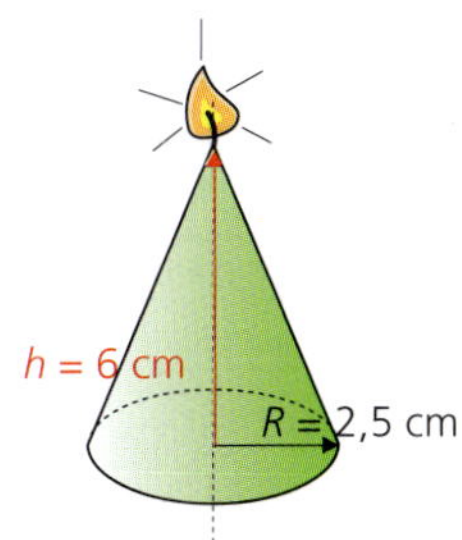

Partages proportionnels

Chapitre 20

Je vais apprendre à...

- **Traiter des problèmes relatifs aux partages proportionnels.**

Activité

Le Maillechort est un alliage mis au point en 1819 par les Français Maillet et Chorier. De par sa bonne usinabilité et soudabilité, cet alliage est couramment utilisé dans la fabrication de rivets, de pièces de visserie, d'éléments optiques, d'instruments de musique, etc. Actuellement, le maillechort constitue la couronne « jaune » des pièces de un euro.

Cet alliage est composé de 75 % de cuivre, 20 % de zinc et de 5 % de nickel.

Timothée doit déterminer la quantité, en g, de chaque constituant dans un échantillon de 70 g de Maillechort.

1. Ouvrir le fichier Chap20_Activité et saisir dans la zone Données de la situation :
   a. les critères de la situation : critère 1 ⇒ masse maillechort ; critère 2 ⇒ masse échantillon ;
   b. les grandeurs de la situation : A ⇒ cuivre, B ⇒ zinc et C ⇒ nickel.
2. Dans la zone Simulation des calculs, extraire de l'énoncé les proportions a, b et c de chaque constituant de maillechort.
3. Saisir dans le tableau la masse totale $N = x + y + z$ de l'échantillon.
4. Calculer la somme $a + b + c$.
5. Calculer le coefficient de proportionnalité k du tableau de proportionnalité.
6. Déterminer le calcul de chaque proportion x, y et z des constituants de l'échantillon de 70 g de Maillechort. Rédiger une phrase indiquant la quantité en g de chaque constituant dans 70 g de maillechort.

L'essentiel

Définition d'un partage proportionnel

Partager proportionnellement un nombre N suivant des critères donnés a, b, c revient à chercher les nombres x, y, z tels que : $\dfrac{x}{a} = \dfrac{y}{b} = \dfrac{z}{c} = \dfrac{N}{a+b+c}$ où $N = x + y + z$.

Un restaurateur doit répartir 2 340 couverts proportionnellement au nombre de tables dans chacun de ses trois restaurants : 29 tables pour « La bonne table » ; 17 tables pour « Le limouzi » ; 19 tables pour « La chanterelle ».

$\dfrac{x}{29} = \dfrac{y}{17} = \dfrac{z}{19} = \dfrac{2\,340}{65}$ soit $x = \dfrac{2\,340}{65} \times 29 = 1\,044$ couverts pour le restaurant « La bonne table », $y = \dfrac{2\,340}{65} \times 17 = 612$ pour « Le limouzi », et $z = \dfrac{2\,340}{65} \times 19 = 684$ pour « La chanterelle ».

Méthode de partages proportionnels

Pour effectuer un partage proportionnel d'un nombre, on réalise un tableau de proportionnalité.

	Grandeur A : "La bonne table"	Grandeur B : "Le limouzi"	Grandeur C : "La chanterelle"	Total	
Critère 1 : Nombre de tables	$a = 29$	$b = 17$	$c = 19$	$a + b + c = 65$	$\times 36$
Critère 2 : Nombre de couverts	x	y	z	$N = x + y + z = 2\,340$	

On calcule le coefficient de proportionnalité du tableau $\dfrac{2\,340}{65} = 36$ et on détermine ainsi x, y et z.

Exercice guidé

Comment répartir une prime proportionnellement au temps de travail ?

Alexis, Hannah et Driss ont participé à la création d'une nouvelle application pour smartphone. Ils obtiennent une prime à partager proportionnellement au nombre d'heures passées par chacun à la création de l'application.

	Grandeurs			
Critères	Alexis	Hannah	Driss	Total
Temps de travail (en heures)	58	30	32	…
Prime (en €)	…	…	…	2 400

(× k)

Quel sera le montant de la prime de chacun pour ce projet ?

1. **Relever** le montant de la prime à partager.
2. **Calculer** le temps nécessaire pour développer cette nouvelle application.
3. **Calculer** le coefficient de proportionnalité k pour passer de la 3e ligne à la 4e ligne du tableau.
4. **Simuler** la situation avec le fichier Chap20_Activité, puis **compléter** le tableau.
5. En **déduire** la prime allouée à chacun.

Aide

- **Extraire** du tableau l'information indiquant le montant total de la prime à partager.
- **Calculer** la somme des temps de travail d'Alexis, d'Hannah et de Driss.
- **Calculer le rapport** $\frac{2\,400}{120}$ qui est le coefficient de proportionnalité du tableau.
- **Valider** les résultats obtenus avec le fichier et **conclure**.

Corrigé

1. Le tableau est un tableau à double entrée ; on lit que la prime s'élève à 2 400 €.
2. La somme des temps de travail vaut 58 + 30 + 32 = 120. Alexis, Hannah et Driss ont mis 120 heures pour développer cette nouvelle application.
3. k = 2 400/120 = 20. Le coefficient de proportionnalité de ce tableau est 20.
4. Saisir dans le fichier les données de la situation pour déterminer la part de chacun.
5. On en conclut qu'Alexis recevra 1 160 €, Hannah 600 € et Driss 640 €.

Exercices d'application

Exercice 1 ★

Recopier et compléter le tableau.

	Restaurateur A	Restaurateur B	Restaurateur C	Total
Quantité de marchandise (en kg)	100	60	40	…
Montant de la facture (en €)	…	…	…	1 500

(× k)

Exercice 2 ★★

	Grandeurs			
Critères	Collaborateur 1	Collaborateur 2	Collaborateur 3	Total
Anciennetés (ans)	20	12	8	…
Primes (en €)	…	…	…	4 800

Un entrepreneur partage une prime de 4 800 € entre trois collaborateurs, en parts directement proportionnelles à leur ancienneté dans l'entreprise, conformément au tableau précédent.

1. Quel est le critère de l'entrepreneur pour partager la prime ?
2. Calculer la somme des anciennetés des collaborateurs.
3. Compléter le tableau en indiquant tous les calculs.
4. En déduire la prime reçue par chaque collaborateur.

Exercice 3 ★★★

Les charges d'une résidence de trois appartements s'élèvent à 1 200 € par trimestre. Elles sont réparties proportionnellement à la superficie de chaque appartement : 28 m^2, 52 m^2 et 70 m^2.

Calculer les charges versées par chaque propriétaire pour un trimestre.

Préparation au CCF
La cylindrée d'une moto

Durée : 30 minutes

Capacités	– Lire un tableau numérique à simple entrée. – Calculer le volume d'un cylindre de révolution. – Déterminer la valeur arrondie à 10^n d'un nombre en écriture décimale. – Calculer la valeur numérique arrondie d'une expression littérale. – Convertir, en utilisant les unités du système métrique, des volumes.
Connaissances	– **Calcul numérique :** puissances d'exposant entier relatif, valeur arrondie, valeur numérique d'une expression littérale. – **Repérage :** tableaux numériques. – **Géométrie dans l'espace :** unités de volume, solides usuels.
Attitudes	– Le sens de l'observation. – Le goût de chercher et de raisonner. – L'esprit critique vis-à-vis de l'information disponible. – Le respect de soi, d'autrui et de son environnement.

Problématique

Kévin, lycéen en CAP de mécanique motocycle, doit déterminer la cylindrée de la moto dont voici les caractéristiques techniques.

Moteur	4 temps à refroidissement liquide
Cylindre	2 cylindres en ligne
Alésage D	83 mm
Course h	60 mm

Son professeur lui indique que la cylindrée unitaire correspond au volume en cm^3 décrit par le déplacement du piston entre sa position basse et sa position haute.

Aider Kevin à déterminer la cylindrée de cette moto.

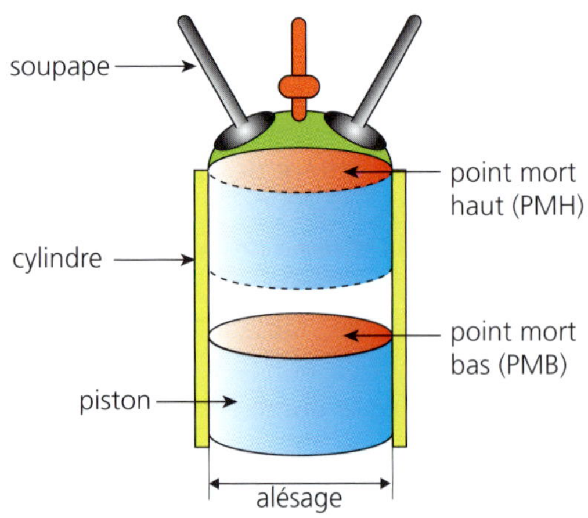

Doc. 1 Déplacement du piston

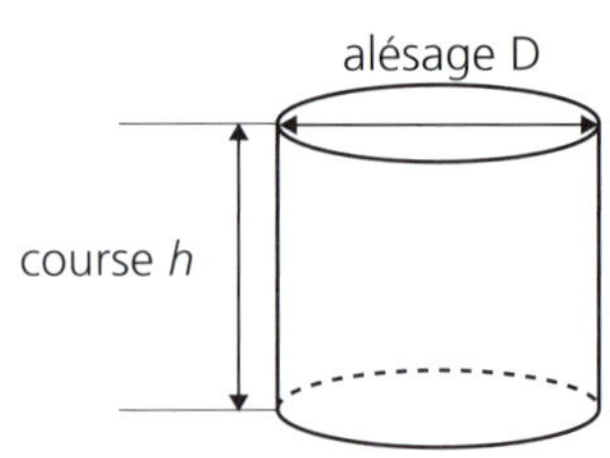

Doc. 2 Schéma de principe

1. Proposer une méthode pour déterminer la cylindrée de la moto confiée à Kévin.

Appel n° 1 : Communiquer au professeur, en utilisant un vocabulaire scientifique adapté, votre compréhension de la problématique ainsi que la méthode que vous pensez mettre en œuvre pour résoudre le problème.

2. En passant de sa position basse à sa position haute, le piston décrit un solide usuel. Lequel ? Recopier la bonne réponse.
   a. un cube
   b. un parallélépipède rectangle
   c. un cylindre

3. D'après les caractéristiques techniques, combien de cylindres possède cette moto ?

4. a. Relever dans le tableau de caractéristiques les valeurs, en mm, de l'alésage D et de la course *h* du piston.
   b. Convertir les valeurs de l'alésage D et de la course *h* en cm.

5. a. Ouvrir le fichier CCF1 et construire le cylindre de la moto en paramétrant les curseurs Course et Alésage.

   b. Relever la cylindrée unitaire en cm^3 obtenue lors de cette expérimentation.

Appel n° 2 : Faire vérifier l'expérimentation au professeur.

6. a. Parmi les formules de calcul de volume des solides usuels, recopier celle qui permet de calculer la cylindrée unitaire.

parallélépipède rectangle

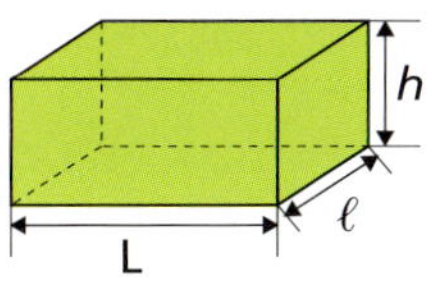

$V = L \times \ell \times h$

cylindre de révolution

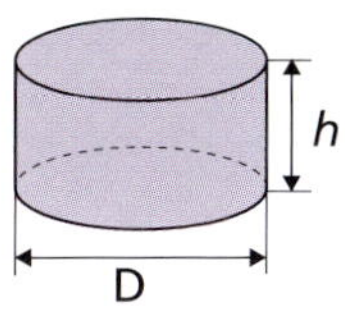

$V = \pi \times \frac{D^2}{4} \times h$

cube

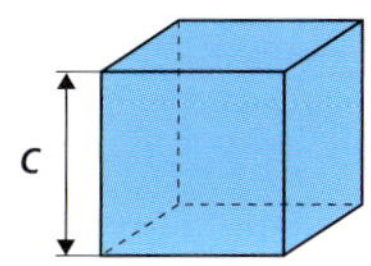

$V = c^3$

   b. Calculer, en cm^3, la cylindrée unitaire du moteur. Arrondir le résultat à l'unité.

7. Le résultat obtenu à la question 6b. est-il vraisemblable ? Justifier la réponse.

8. Pour un moteur constitué de plusieurs cylindres, la cylindrée est le produit de la cylindrée unitaire par le nombre de cylindres.
   D'après Kévin, cette moto a une cylindrée de 500 cm^3. A-t-il raison ? Justifier la réponse.

Compétences	Capacités	Questions
S'approprier	Rechercher, extraire et organiser l'information.	2 ; 3 ; 4a ; 6a
Analyser, raisonner	Émettre une conjecture, une hypothèse. Proposer une méthode de résolution, un protocole expérimental.	1
Réaliser	Choisir une méthode de résolution, un protocole expérimental. Exécuter une méthode de résolution, expérimenter, simuler.	4b ; 5a ; 5b ; 6b
Valider	Contrôler la vraisemblance d'une conjecture, d'une hypothèse. Critiquer un résultat, argumenter.	7 ; 8
Communiquer	Rendre compte d'une démarche, d'un résultat, à l'oral ou à l'écrit.	1 ; 7 ; 8

Préparation au CCF Rentabilité d'une installation de panneaux photovoltaïques

Durée : 30 minutes

Capacités	- Déterminer rapidement un ordre de grandeur. - Lire un tableau numérique. - Placer dans un plan des points dont les coordonnées sont des couples de nombres présentés dans un tableau. - Déterminer graphiquement l'ordonnée d'un point d'une courbe, son abscisse étant donnée. - Traiter des problèmes relatifs à deux suites de nombres proportionnelles. - Vérifier qu'une situation est de type linéaire en réalisant une représentation graphique. - Résoudre algébriquement une équation du type $ax + b = c$.
Connaissances	- **Calcul numérique :** calcul mental. - **Repérage :** tableaux numériques, repérage dans le plan, représentations graphiques. - **Proportionnalité :** suites de nombres proportionnelles, fonction linéaire. - **Situation du 1er degré :** équation du 1er degré à une inconnue.
Attitudes	- L'ouverture à la communication. - Le goût de chercher et de raisonner. - La rigueur et la précision. - L'esprit critique.

Problématique

M. Tallet investit 21 000 € (crédit d'impôt déduit) dans une installation de 20 m^2 de panneaux photovoltaïques sur le toit de son habitation afin de produire de l'électricité.
EDF rachète l'électricité produite 0,30 € le kilowattheure.
M. Tallet prétend que son installation sera rentable au bout de 15 ans. Est-ce le cas ?

1. Proposer une méthode pour vérifier l'affirmation de M. Tallet. Rédiger une proposition.

Appel n° 1 : Communiquer au professeur, en utilisant un vocabulaire scientifique adapté, votre compréhension de la problématique ainsi que la méthode que vous pensez mettre en œuvre pour résoudre le problème.

• Étude du coût de l'installation de panneaux photovoltaïques

2. L'installation d'un mètre carré de panneau photovoltaïque coûte 1 050 €. Déterminer la somme dépensée par M. Tallet pour l'installation de 20 m^2 de panneaux photovoltaïques.

• Revente de l'électricité produite par l'installation

3. M. Tallet revend l'énergie électrique fournie par ses panneaux à EDF. Le prix de vente d'un kilowattheure est de 0,30 €. On note E l'énergie en kilowattheures produite par les panneaux et P le prix de vente en euros.

Recopier et compléter le tableau de proportionnalité.

Énergie E (en kWh)	1 000	2 000	...	4 000	6 000
Prix P (en €)	...	600	900	...	1 800

(× 0,30)

4. a. Placer et relier les points du tableau dans un repère orthogonal du plan :
– en abscisses : 1 cm pour 1 000 kWh ;
– en ordonnées : 1 cm pour 300 €.

Appel n° 2 : Faire vérifier la représentation graphique.

b. En laissant apparents les traits utiles à la lecture, utiliser la représentation graphique pour déterminer le montant versé par EDF à M. Tallet pour une production énergétique annuelle de 5 000 kWh.

• Rentabilité de l'installation

M. Tallet a investi 21 000 € pour l'installation de ses panneaux photovoltaïques et chaque année, EDF lui verse 1 500 € pour racheter sa production d'électricité.

5. Résoudre l'équation $1\,500 \times x = 21\,000$.

6. Indiquer le nombre d'années nécessaires à M. Tallet pour rentabiliser l'investissement de son installation.

7. Le résultat obtenu confirme-t-il l'affirmation de M. Tallet ? Justifier.

Compétences	Capacités	Questions
S'approprier	Rechercher, extraire et organiser l'information.	4b ; 6
Analyser, raisonner	Émettre une conjecture, une hypothèse. Proposer une méthode de résolution, un protocole expérimental.	(Appel) 1
Réaliser	Choisir une méthode de résolution, un protocole expérimental. Exécuter une méthode de résolution, expérimenter, simuler.	2 ; 3 ; (Appel) 4a ; 5
Valider	Contrôler la vraisemblance d'une conjecture, d'une hypothèse. Critiquer un résultat, argumenter.	7
Communiquer	Rendre compte d'une démarche, d'un résultat, à l'oral ou à l'écrit.	(Appel) 1 ; 7

Préparation au CCF Fréquentation d'un centre aquatique

Durée : 30 minutes

Capacités	– Identifier le caractère étudié et sa nature. – Lire les données d'une série statistique représentées graphiquement. – Déterminer le maximum d'une série numérique. – Calculer des fréquences. – Mesurer un angle. – Traiter des problèmes de pourcentage de la vie courante. – Effectuer un calcul isolé faisant intervenir des nombres décimaux. – Déterminer la valeur arrondie à 10^n d'un nombre.
Connaissances	– **Statistique descriptive :** statistiques à une variable. – **Géométrie plane :** angle. – **Calcul numérique :** valeur arrondie, comparaison de nombres en écriture décimale. – **Proportionnalité :** suites de nombres proportionnelles.
Attitudes	– L'esprit critique vis-à-vis de l'information disponible. – Le goût de chercher et de raisonner. – La rigueur et la précision. – Le sens de l'observation.

Problématique

Un centre aquatique vient d'ouvrir ses portes au public. Louise, chargée aux affaires sportives de la ville, reçoit pour mission de dresser un premier bilan de fréquentation du centre aquatique.

Pour cela, elle a relevé le nombre d'entrées quotidiennes pendant une semaine et les a représentées par le graphique suivant qu'elle donne au directeur du centre.

Doc. 1 : Fréquentation du centre aquatique selon le jour de la semaine

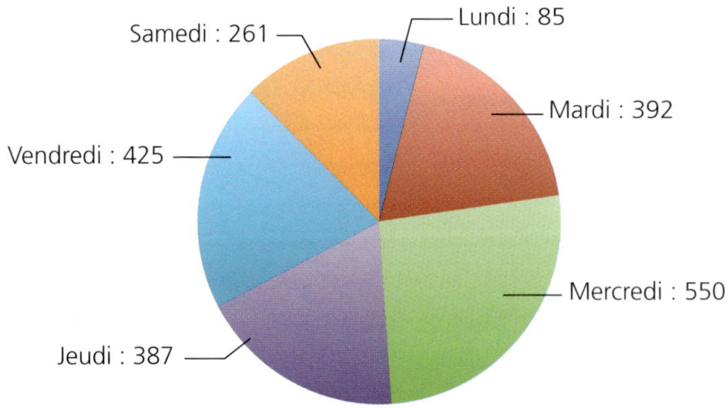

Au vu des données recueillies lors de cette enquête statistique, le directeur du centre affirme que la fréquentation est maximale le mercredi et représente 30 % des entrées de la semaine. A-t-il raison ?

1. Proposer une méthode permettant à Louise de savoir si les affirmations du directeur sont exactes.

Appel n° 1 : Communiquer au professeur, en utilisant un vocabulaire scientifique adapté, votre compréhension de la problématique ainsi que la méthode que vous pensez mettre en œuvre pour résoudre le problème.

2. Parmi les caractères suivants, choisir et recopier celui étudié par Louise.
   a. L'âge du public
   b. Le jour de la semaine
   c. Le prix d'entrée

3. Indiquer si le caractère est qualitatif ou quantitatif.

4. Nommer la représentation graphique présentée par Louise.

5. Mesurer le secteur angulaire correspondant au nombre d'entrées du mercredi. Arrondir la mesure à l'unité.

6. Justifier que le mercredi est bien le jour de la semaine pour lequel la fréquentation du centre est maximale.

7. a. Recopier le tableau et reporter à l'aide des informations du graphique (Doc. 1) le nombre d'entrées.

Jour	Lundi	Mardi	Mercredi	Jeudi	Vendredi	Samedi	Total
Nombre d'entrées	…	392	550	…	425	…	…
Fréquences (en %)	4,1	18,7	…	18,4	…	12,4	100

   b. Déterminer le nombre total d'entrées lors de cette semaine d'enquête et l'inscrire dans la colonne « total » du tableau.
   c. Calculer le taux de fréquentation du centre aquatique le mercredi. Arrondir le résultat au dixième.

Appel n° 2 : Faire vérifier le taux de fréquentation.

   d. Finir de compléter la ligne « Fréquences (en %) » du tableau.

8. Louise admet que le mercredi est le jour où le taux de fréquentation est maximal et qu'il atteint 30 % des entrées de la semaine. Qu'en pensez-vous ? Argumenter la réponse.

Compétences	Capacités	Questions
S'approprier	Rechercher, extraire et organiser l'information.	4 ; 7a
Analyser, raisonner	Émettre une conjecture, une hypothèse. Proposer une méthode de résolution, un protocole expérimental.	1
Réaliser	Choisir une méthode de résolution, un protocole expérimental. Exécuter une méthode de résolution, expérimenter, simuler.	2 ; 5 ; 7b ; 7c ; 7d
Valider	Contrôler la vraisemblance d'une conjecture, d'une hypothèse. Critiquer un résultat, argumenter.	3 ; 6 ; 8
Communiquer	Rendre compte d'une démarche, d'un résultat, à l'oral ou à l'écrit.	1 ; 8

Préparation au CCF Financement d'un scooter

Durée : 30 minutes

Capacités	—o Effectuer un calcul isolé faisant intervenir des nombres décimaux. —o Déterminer la valeur arrondie à 10^n d'un nombre. —o Calculer la valeur numérique d'une expression littérale. —o Traiter des problèmes de pourcentage de la vie courante. —o Calculer le montant d'une taxe. —o Calculer le montant d'un intérêt simple et une valeur acquise.
Connaissances	—o **Calcul numérique :** valeur arrondie, comparaison de nombres en écriture décimale. —o **Repérage :** tableaux numériques. —o **Proportionnalité :** suites de nombres proportionnelles. —o **Intérêts :** intérêts simples.
Attitudes	—o L'esprit critique vis-à-vis de l'information disponible. —o Le goût de chercher et de raisonner. —o La rigueur et la précision.

Problématique

Alain veut s'acheter un scooter valant 2 999 €.
Il dispose de 1 600 € placés depuis un an sur un livret Jeune au taux annuel de 2,5 %.
Comme son épargne ne couvre pas la totalité du coût du scooter, il se fait embaucher dans un restaurant en CDD (contrat à durée déterminée) à temps plein pour le mois d'août. Il recevra un salaire brut de 1 445,38 € (montant brut du SMIC).
Son employeur lui offre l'opportunité de l'employer à temps partiel par la suite pour finir de financer son projet d'achat.

Aider Alain à savoir s'il disposera de la somme nécessaire à l'achat de son scooter à la fin du mois d'août ou s'il devra accepter un contrat supplémentaire à temps partiel.

1. Proposer une méthode permettant à Alain de savoir s'il devra ou non poursuivre son travail à temps partiel. Rédiger une proposition.

Appel n° 1 : Communiquer au professeur, en utilisant un vocabulaire scientifique adapté, votre compréhension de la problématique ainsi que la méthode que vous pensez mettre en œuvre pour résoudre le problème.

• Étude du CDD d'Alain

Alain travaille au restaurant du mardi au samedi selon les horaires suivants.

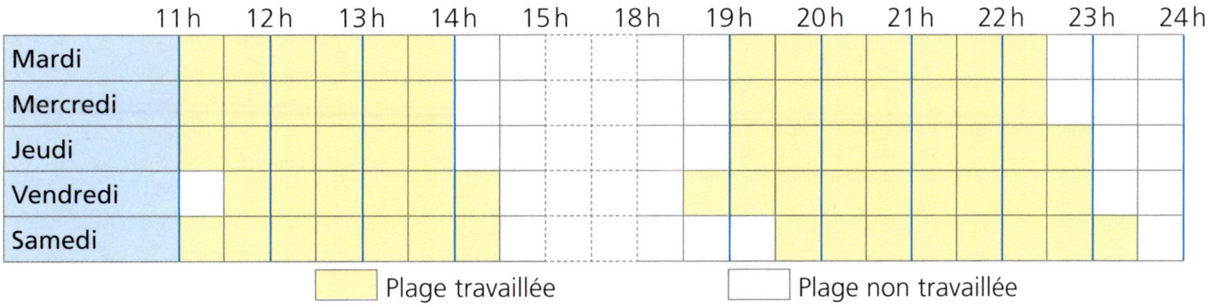

2. Déterminer son temps de travail en heures le mardi.

3. Alain travaille-t-il 35 heures par semaine comme le prescrit la législation du travail ? Justifier la réponse par un calcul.

4. À la fin du mois, Alain percevra un salaire correspondant au Smic brut, soit 1 445,38 €. Le Smic net est calculé en enlevant les charges salariales qui s'élèvent à 22 %.

a. Calculer le montant des charges salariales en €. Arrondir au centime d'euro.

b. Vérifier que le salaire net perçu par Alain sera de 1 127,40 €.

• Étude du placement

Alain a épargné 1 600 € sur son livret Jeune aux conditions suivantes :

> **Swing jeunes !**
> Taux de placement de **2,5 %** par an

5. Calculer les intérêts perçus au bout d'un an. Arrondir au centime d'euro.
On donne la formule : $I = C \times t \times n$.

6. Alain prétend disposer de 1 640 € au bout d'un an. A-t-il raison ? Justifier la réponse.
On donne la formule $A = C + I$.

7. En déduire la somme d'argent dont Alain dispose à la fin du mois d'août.

Appel n° 2 : Faire vérifier le montant dont Alain disposera à la fin du mois d'août.

8. Alain doit-il saisir l'opportunité qui lui est faite de prolonger son emploi par un contrat à temps partiel ? Justifier la réponse.

Compétences	Capacités	Questions
S'approprier	Rechercher, extraire et organiser l'information.	2 ; 7
Analyser, raisonner	Émettre une conjecture, une hypothèse. Proposer une méthode de résolution, un protocole expérimental.	(Appel) 1
Réaliser	Choisir une méthode de résolution, un protocole expérimental. Exécuter une méthode de résolution, expérimenter, simuler.	4a ; 5 ; (Appel) 7
Valider	Contrôler la vraisemblance d'une conjecture, d'une hypothèse. Critiquer un résultat, argumenter.	3 ; 4b ; 6
Communiquer	Rendre compte d'une démarche, d'un résultat, à l'oral ou à l'écrit.	(Appel) 1 ; 8

Préparation au CCF
Devis de clôture

*Durée :
30 minutes*

Capacités

- Identifier dans une figure un triangle isocèle, un rectangle.
- Traiter un problème relatif à deux suites proportionnelles.
- Tracer un triangle, un rectangle à une échelle donnée.
- Calculer la longueur d'un côté d'un triangle rectangle.
- Calculer le périmètre d'une figure simple.
- Effectuer un calcul isolé.
- Déterminer la valeur arrondie à 10^n d'un nombre.

Connaissances

- **Géométrie plane :** polygones usuels, unités de longueurs.
- **Propriétés de la géométrie plane :** propriété de Pythagore.
- **Calcul numérique :** calcul mental, notation $\sqrt{a}$, valeur arrondie.
- **Proportionnalité :** suites de nombres proportionnelles.

Attitudes

- Le sens de l'observation.
- Le goût de chercher et de raisonner.
- L'esprit critique vis-à-vis de l'information disponible.
- La rigueur et la précision.

Problématique

Anaïs, paysagiste, doit réaliser un devis pour clôturer le terrain d'un client dont le budget maximal s'élève à 2 400 €.
Pour établir le devis, Anaïs a relevé les dimensions réelles du terrain sur le croquis ci-dessous.

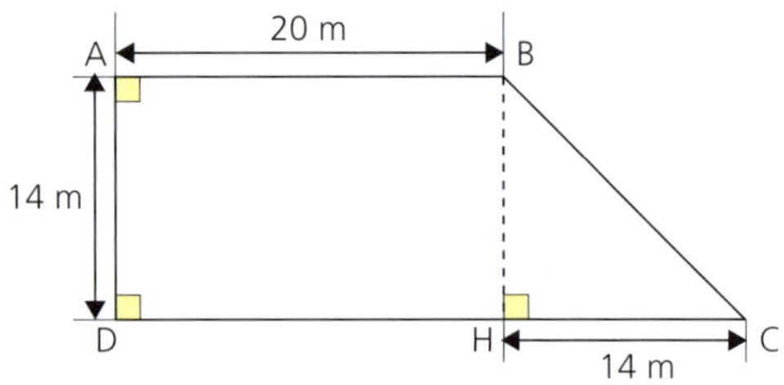

Les proportions ne sont pas respectées

Voici un extrait de son devis.

Désignation	Caractéristiques	Prix unitaire TTC en €	Quantité	Prix total TTC en €
Panneau grillagé	2 m de long × 1,50 de hauteur	32,90	…	…
			Pose et fournitures	850,00
			Net à payer	…

Anaïs pense respecter le budget de 2 400 € du client. Est-ce le cas ?

1. Proposer une méthode permettant de déterminer si le devis d'Anaïs sera accepté par son client. Rédiger une proposition.

Appel n° 1 : Communiquer au professeur, en utilisant un vocabulaire scientifique adapté, votre compréhension de la problématique ainsi que la méthode que vous pensez mettre en œuvre pour résoudre le problème.

• Étude géométrique du terrain

2. Quelles figures géométriques simples composent le croquis d'Anaïs ?

3. Anaïs doit réaliser le schéma du terrain à l'échelle 1/250, c'est-à-dire que 1 cm sur le dessin représente 250 cm dans la réalité.

a. Recopier et compléter le tableau de proportionnalité.

Dimension mesurée sur le plan (en cm)	…	…	1
Dimension réelle (en cm)	2 000	1 400	250

b. Réaliser sur une feuille le schéma du terrain à l'échelle 1/250.

• Détermination du coût de la clôture

4. À l'aide de la propriété de Pythagore, calculer la longueur BC du terrain. Arrondir à l'unité supérieure.

5. Anaïs a mesuré 20 m pour la longueur BC.
Vérifier, par un calcul, que 88 m de grillage sont nécessaires pour délimiter le terrain ABCD.

6. Le client choisit de clôturer son terrain avec des panneaux grillagés de 2 m de long au prix unitaire TTC de 32,90 €.

a. Montrer qu'il faut 44 panneaux pour clôturer ce terrain.

b. Calculer le coût TTC en € de cette clôture. Arrondir au centime d'euro.

Appel n° 2 : Faire vérifier le coût de la clôture.

• Rédaction du devis

7. Recopier et compléter le devis d'Anaïs comprenant la pose et les fournitures. Arrondir au centime d'euro.

8. Est-il probable que le client d'Anaïs accepte son devis ? Justifier la réponse.

Compétences	Capacités	Questions
S'approprier	Rechercher, extraire et organiser l'information.	2 ; 7
Analyser, raisonner	Émettre une conjecture, une hypothèse. Proposer une méthode de résolution, un protocole expérimental.	1
Réaliser	Choisir une méthode de résolution, un protocole expérimental. Exécuter une méthode de résolution, expérimenter, simuler.	3a ; 3b ; 4 ; 6b
Valider	Contrôler la vraisemblance d'une conjecture, d'une hypothèse. Critiquer un résultat, argumenter.	5 ; 6a
Communiquer	Rendre compte d'une démarche, d'un résultat, à l'oral ou à l'écrit.	1 ; 8

Calcul numérique

1 Effectuer des opérations sur les nombres en écriture décimale

Les quatre opérations :
- **Addition : la somme de deux nombres a et b est notée $a + b$ (ou $b + a$).**
- **Soustraction : la différence de deux nombres a et b est notée $a - b$.**
- **Multiplication : le produit de deux nombres a et b est noté $a \times b$ (ou $b \times a$).**
- **Division : le quotient d'un nombre a par un nombre b est noté a/b ou $\frac{a}{b}$.**

Application

1 Un alpiniste part faire de l'escalade. Dans son sac à dos de 1,2 kg (à vide), il a mis une corde de 3,6 kg, une gourde pleine de 2,5 kg et du petit matériel (mousquetons, pitons) pour un total de 3,85 kg.
Calculer la masse portée par l'alpiniste.

2 **Deux multiplications ont pour produit 691,8. Les recopier parmi les propositions suivantes.**

a. 115,3 × 6 b. 1 153 × 6 c. 2 306 × 3
d. 345 × 18 e. 172,9 × 4 f. 230,6 × 3

3 Pour effectuer une réparation de plomberie, Moussa utilise un tube de cuivre de 4 m de longueur. Il coupe un premier morceau de 1,25 m, puis un second de 0,86 m et enfin un dernier de 1,05 m.
Quelle longueur de tube de cuivre lui reste-t-il ?

4 **Diviser par 10 et par 100 les nombres suivants.**
15,258 ; 1 247,1 ; 748 ; 0,4 ; 879,45

2 Déterminer rapidement un ordre de grandeur

Pour toute opération, il est important d'avoir une idée approximative du résultat à trouver.

EXEMPLE :
Pour donner un ordre de grandeur de l'opération 19 × 32, on procède de la manière suivante : 19 est proche de 20 et 32 est proche de 30.
Donc 19 × 32 sera proche de 20 × 30, soit 600. En effet, 19 × 32 = 608.

Application

Sans calculatrice, donner un ordre de grandeur des opérations suivantes.

a. 102 × 798 b. 820/485 c. 589 – 304 d. 2 011 + 1 995
e. 1,05 × 108 f. 204/405 g. 7,85 – 2,04 h. 5,01 + 17,89

3 Convertir des mesures de temps

Le temps s'exprime en heures, minutes et secondes avec :
1 h = 60 min ; 1 min = 60 s et 1 h = 3 600 s. C'est le système sexagésimal.
L'écriture décimale 4,5 h représente 4 h 30 min.

À la calculatrice :

	Casio fx-92 Collège 2D+	TI-Collège Plus
Système sexagésimal → système décimal	2 °''' 4 5 °''' EXE °'''	2 2nde π entrer 4 5 2nde π ⊙ entrer entrer
Système décimal → système sexagésimal	2 , 7 5 EXE SECONDE ← °'''	2 , 7 5 2nde angle π DMS entrer entrer

EXEMPLE :
2 h 45 min = 2,75 h.

Application

Recopier et compléter le tableau suivant avec la calculatrice.

Système décimal	…	1,4	…	0,89
Système sexagésimal	8 h 25 min 50 s	…	2 h 54 min	…

4 Comparer des nombres en écriture décimale

Un nombre décimal comporte une partie entière et une partie décimale.

EXEMPLE :
Le nombre 25,68 admet 25 comme partie entière et 68 comme partie décimale.

Pour comparer des nombres, on procède par étapes :
– en premier, on repère la partie entière ;
– en second, on considère la partie décimale.
On utilise des symboles mathématiques pour écrire ces comparaisons :

- $<$ **signifie « inférieur » ou « plus petit que » ;**
- $>$ **signifie « supérieur » ou « plus grand que » ;**
- $=$ **signifie « égal à ».**

EXEMPLE :
Soit les deux nombres : 11,52 et 11,51.
La partie entière des deux nombres étant égale à 11, on passe à la partie décimale. 52 étant plus grand que 51, on en déduit que 11,52 est supérieur à 11,51, soit : $11{,}52 > 11{,}51$.

Application

Recopier et écrire le symbole mathématique qui convient pour chacune de ces comparaisons.

a. 25,05 … 25,50
b. 4,21 … 4,23
c. 5,78 … 4,79
d. 9,4 … 9,40
e. 78,456 … 78,356
f. 45 … 45,01

Pour ordonner une liste de nombres dans l'ordre croissant, il faut les ranger du plus petit au plus grand.
Pour ordonner une liste de nombres dans l'ordre décroissant, il faut les ranger du plus grand au plus petit.

EXEMPLE :
Les nombres 4,5 ; 7,8 ; 7,84 ; 2,1 ; 6,41 et 0,54 peuvent être rangés dans :
– l'ordre croissant : $0{,}54 < 2{,}1 < 4{,}5 < 6{,}41 < 7{,}8 < 7{,}84$;
– l'ordre décroissant : $7{,}84 > 7{,}8 > 6{,}41 > 4{,}5 > 2{,}1 > 0{,}54$.

Application

1. Soit la liste de nombres : 45,14 ; 74,12 ; 41,41 ; 65 ; 73,54 ; 84,569.
Ranger ces nombres dans l'ordre décroissant puis dans l'ordre croissant.

2. **Ranger dans l'ordre décroissant les performances réalisées par 10 athlètes au lancer de poids féminin aux Jeux Olympiques de 2012.**
19,42 m ; 19 m ; 18,47 m ; 19,02 m ; 19,18 m ; 20,70 m ; 20,22 m ; 19,63 m ; 20,45 m ; 18,80 m.

5 Calculer le carré, le cube d'un nombre

Le carré d'un nombre a se note a^2 et est égal à : $a \times a$.
Le cube d'un nombre a se note a^3 et est égal à : $a \times a \times a$.

Avec la calculatrice :

	Casio fx-92 Collège 2D+	TI-Collège Plus
Carré d'un nombre	4 x^2 EXE	4 x^2 entrer
Cube d'un nombre	7 x^3 EXE	7 x^y 3 entrer

EXEMPLE :
$4^2 = 4 \times 4 = 16$.
$7^3 = 7 \times 7 \times 7 = 343$.

Application

Recopier et compléter le tableau.

x	0,5	1,3	5	7,2	34
x^2	…	…	…	…	…
x^3	…	…	…	…	…

6 Calculer une racine carrée

Soit a un nombre positif. Il existe un nombre positif dont le carré est égal à a.
Ce nombre est appelé « racine carrée de a » et se note $\sqrt{a}$.

Avec la calculatrice :

Casio fx-92 Collège 2D+	TI-Collège Plus
SECONDE $\sqrt{}$ x^2 8 EXE S⇔D	2nde x^2 8 entrer aff

EXEMPLE :
$\sqrt{8} = 2{,}83$ (arrondie à 0,01).

Application

▸ **Recopier et compléter le tableau en arrondissant à 0,01 si nécessaire.**

x	169	13	– 10	67	100
$\sqrt{x}$	…	…	…	…	…

7 Écrire un nombre en notation scientifique

Un nombre positif écrit en notation scientifique est sous la forme $a \times 10^n$ où :
– a est un nombre décimal tel que $1 \leqslant a < 10$ (c'est-à-dire que a s'écrit avec un seul chiffre différent de 0 avant la virgule) ;
– n est un nombre entier relatif.

Avec la calculatrice :

Casio fx-92 Collège 2D+	TI-Collège Plus
2 5 6 EXE SECONDE a×10ⁿ x	2 5 6 2nde ▸ a·10ⁿ (entrer

EXEMPLE :
$256 = 2{,}56 \times 10^2$.

Application

▸ **Recopier et compléter le tableau.**

Écriture décimale	0,84	1 412,5	600	588,5	0,0004
Écriture scientifique	…	…	…	…	…

8 Arrondir un résultat

Arrondir un résultat, c'est en donner une valeur approchée selon la précision demandée.
En fonction du nombre de chiffres souhaité, on regarde la valeur de celui qui est juste après :
– si le chiffre qui suit est 0, 1, 2, 3 ou 4, on garde le chiffre précédent ;
– si le chiffre qui suit est 5, 6, 7, 8 ou 9, on augmente le chiffre précédent de une unité.

EXEMPLE :
Le nombre 71,7458 admet comme valeur arrondie :
– à l'unité : 72
– à 0,1 : 71,7
– à 0,01 : 71,75
– à 0,001 : 71,746

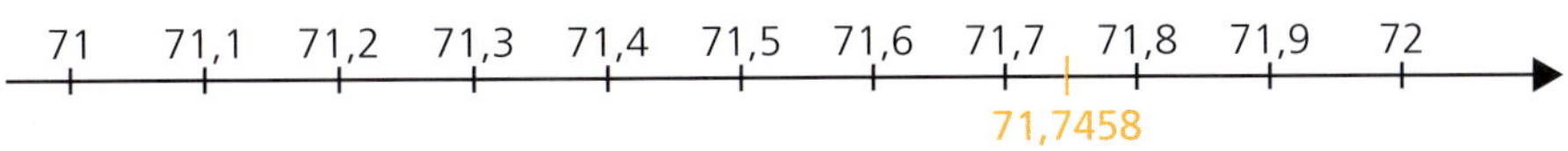

Application

▸ **Recopier et compléter le tableau en arrondissant les deux nombres.**

	Arrondir à 0,1	Arrondir à l'unité	Arrondir à 0,001	Arrondir à 0,01
7,5347	…	…	…	…
41,7529	…	…	…	…

9 Déterminer la valeur d'une fraction

Une fraction est le quotient de deux nombres entiers.
Ainsi, $\frac{a}{b}$ est le quotient de *a* par *b* (avec $b \neq 0$).
Le nombre *a* représente le numérateur, le nombre *b* le dénominateur et le trait de fraction symbolise l'opération « division ».
Pour déterminer la valeur d'une fraction, il faut effectuer une division.

EXEMPLE :
$\frac{3}{4} = 0,75$ (valeur exacte) ; $\frac{6}{7} = 0,86$ (valeur arrondie à 0,01).
Une valeur exacte est une valeur qui n'a pas été arrondie.

Application

Recopier et compléter le tableau en donnant la valeur exacte ou la valeur arrondie à 0,01 des fractions.

Fraction	$\frac{4}{5}$	$\frac{12}{9}$	$\frac{12}{15}$	$\frac{256}{145}$	$\frac{1}{3}$
Valeur	…	…	…	…	…

10 Multiplier un nombre par une fraction

Prendre une fraction d'un nombre, c'est multiplier cette fraction par ce nombre.

EXEMPLE :
Prendre $\frac{2}{5}$ de 120, c'est calculer $\frac{2}{5} \times 120$.

Pour le calcul, on applique la formule : $\frac{a}{b} \times c = \frac{a \times c}{b}$ avec $b \neq 0$.

EXEMPLE :
$\frac{2}{5} \times 120 = \frac{2 \times 120}{5} = \frac{240}{5} = 48$.

Application

Recopier et calculer mentalement les expressions suivantes.

Expression	$110 \times \frac{1}{2}$	$20 \times \frac{1}{3}$	$\frac{1}{5} \times 60$	$40 \times \frac{6}{10}$	$9 \times \frac{2}{3}$
Valeur	…	…	…	…	…

11 Simplifier une fraction

Un nombre en écriture fractionnaire ne change pas lorsqu'on multiplie ou lorsqu'on divise son numérateur et son dénominateur par un même nombre non nul.
Si *a*, *b* et *c* désignent trois nombres décimaux, avec $b \neq 0$ et $c \neq 0$, alors $\frac{a \times c}{b \times c} = \frac{a}{b}$.

EXEMPLE :
$\frac{10}{6} = \frac{2 \times 5}{2 \times 3} = \frac{5}{3}$ en simplifiant par 2.

Quand on ne peut plus simplifier une fraction, on dit qu'elle est irréductible.

Avec la calculatrice :

Casio fx-92 Collège 2D+	TI-Collège Plus
Simplification de $\frac{4}{8}$ en CONFIG MthI0 et SIMP Manuel  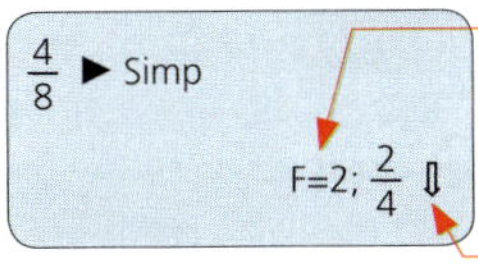 indique que le facteur commun est 2 *lecture* → $\frac{4}{8} = \frac{2}{4}$ flèche qui indique que la fraction est encore simplifiable Une nouvelle pression sur la touche Simp permet de simplifier encore la fraction.	Simplification de $\frac{4}{8}$ en mode AFFNATUREL et SIMPMAN 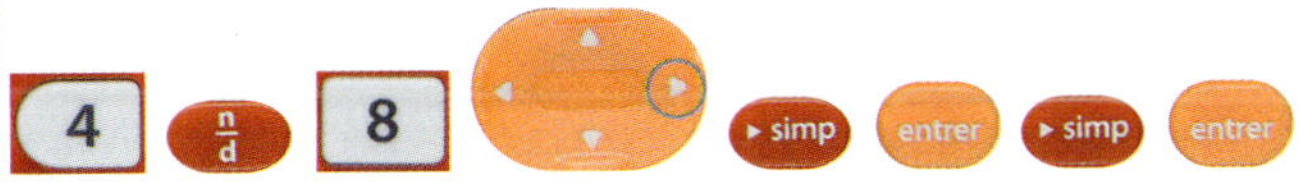 indique que le facteur commun est 2 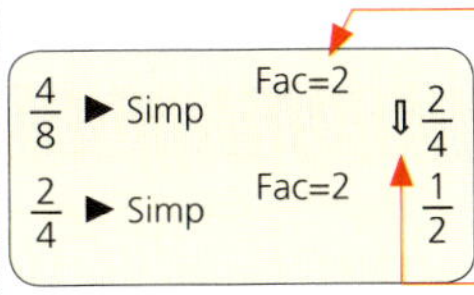 *lecture* → $\frac{4}{8} = \frac{1}{2}$ flèche qui indique que la fraction est encore simplifiable

Application

- **Simplifier les fractions suivantes en fraction irréductible.** $\frac{145}{35}$ $\frac{14}{21}$ $\frac{150}{180}$ $\frac{21}{36}$

Voici un moyen pour vérifier qu'une simplification est correcte, si deux fractions sont égales : $\frac{a}{c} = \frac{b}{d}$, alors $ad = bc$.

EXEMPLE : $\frac{10}{6} = \frac{5}{3}$ (simplification par 2) et $10 \times 3 = 5 \times 6 = 30$.

Application

- **Vérifier que $\frac{24}{28}$ est égale à $\frac{6}{7}$.**

12 Déterminer la valeur numérique d'une expression littérale

Déterminer la valeur numérique d'une expression littérale, c'est remplacer chaque grandeur (représentée par une lettre) par sa valeur.
Quand on a une suite d'opérations, on effectue dans l'ordre :
– les calculs entre parenthèses ;
– les puissances ;
– les multiplications et les divisions ;
– les additions et les soustractions.

EXEMPLE : L'indice de masse corporelle (IMC) se calcule à l'aide de la formule : $\text{IMC} = \frac{\text{Masse (kg)}}{(\text{Taille (m)})^2}$.
Pour une personne de 1 m 63 faisant 55 kg, l'IMC est égal à :
$\text{IMC} = \frac{55}{1{,}63^2}$; IMC = 20,7 (valeur arrondie à 0,1).

Application

Soit un triangle ABC tel que $c = 8$ cm, $b = 7$ cm et $a = 4$ cm.
Le mathématicien Héron d'Alexandrie (Ier siècle ap. J.-C.) a trouvé une formule permettant de calculer l'aire d'un triangle. En notant a, b, c les longueurs des trois côtés et p son périmètre, l'aire $\mathcal{A}$ du triangle est donnée par la formule $\mathcal{A} = \sqrt{\frac{p}{2}(\frac{p}{2} - a)(\frac{p}{2} - b)(\frac{p}{2} - c)}$

1. **Calculer le périmètre p du triangle ABC.**
2. **Calculer à l'aide de la formule de Héron l'aire du triangle ABC.**

Tableurs Excel et Calc

1 Présentation générale

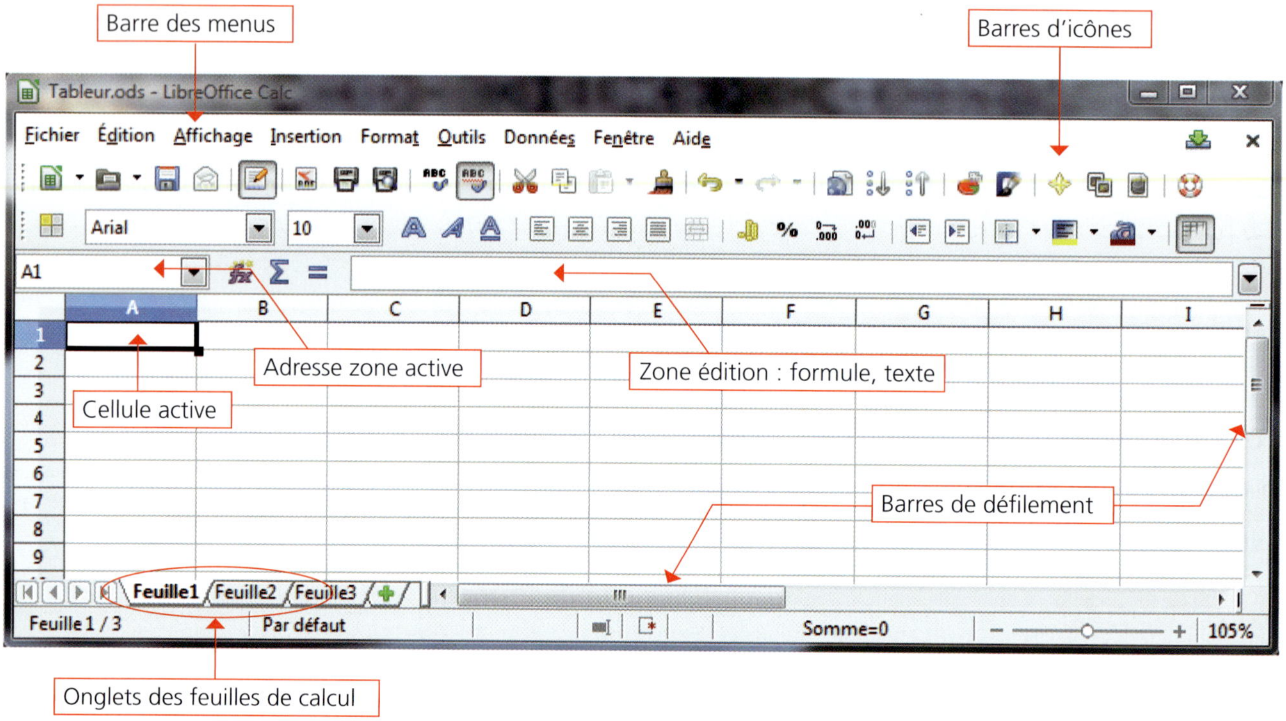

2 Références relatives et absolues

La lettre et le nombre formant le nom d'une cellule sont des références relatives à la position de la formule. Si on copie-colle une formule dans une autre cellule, les références qui sont relatives se trouvent modifiées en conséquence.

En revanche, une référence précédée du symbole $ est verrouillée. C'est une référence absolue : elle reste inchangée lors d'un copier-coller. Ainsi :

$A1 fera toujours référence à la colonne A ;
A$1 fera toujours référence à la ligne 1 ;
A1 fera toujours référence à la cellule A1.

3 Plage de données

Pour faire référence à une série de cellules, on utilise le « deux-points » : . Ainsi la formule =SOMME(A2:A5) fait la somme des nombres contenus dans les cellules A2, A3, A4 et A5.

De la même manière, A2:B4 fait référence à l'ensemble des cellules A2, A3, A4, B2, B3 et B4.

4 Onglets

Un fichier de tableur est un classeur. Chaque onglet contient une nouvelle feuille de calcul. Les feuilles de calcul sont indépendantes, mais il est possible de faire référence à une autre feuille de calcul que la feuille active. La syntaxe n'est pas tout à fait la même dans Calc et dans Excel.

- Dans Excel : Feuille2!A3 désigne la cellule A3 de la feuille de calcul baptisée « Feuille2 ».
- Dans Calc : la syntaxe est Feuille2.A3.

5 Ma première formule : $y = 0{,}25x$

- Écrire les différentes valeurs de x dans la colonne A.
- Sélectionner la cellule **B2** pour le calcul.
- Écrire la fonction :

– cliquer sur le signe = ;

– *x* est remplacé par le nom de la cellule, ici A2 ;

– * signifie multiplier.

- Terminer par **Entrée** pour l'exécution du calcul.
- Copier la formule dans les autres cellules de **B3** à **B5** (en **B5**, la formule de calcul est : =0,25*A5).

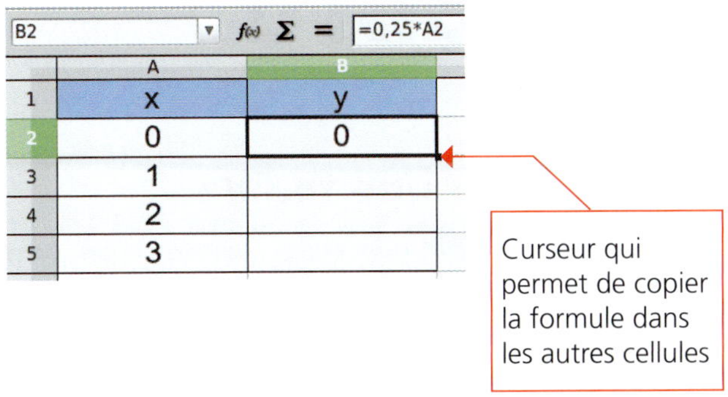

6 Assistant de représentation graphique

Une présentation en tableau n'est pas toujours la manière la plus conviviale d'analyser des données.
Avec un tableur, on peut aussi les représenter sous forme de courbe, d'histogramme, de diagramme en bâtons…
Pour cela, aller dans le menu **Insertion**. Puis cliquer sur l'option dans Calc

ou sur une des représentations graphiques proposées  dans Excel.

Dans ces deux logiciels, un assistant guide pas à pas pour la mise en œuvre de la représentation graphique choisie.

7 Fonctions utiles pour les formules

Action	Nom de la fonction	Exemple de programmation
Additionner	SOMME Σ	=SOMME(A1:A6)
Trier dans l'ordre croissant		
Afficher un nombre aléatoire	ALEA.ENTRE. BORNES(minimum;maximum)	=ALEA.ENTRE.BORNES(1;6) (nombre aléatoire entre 1 et 6 compris = lancement d'un dé)
Afficher l'effectif d'une valeur, réaliser un compteur	NB.SI(plages;critères)	=NB.SI(C$2:C2;«5») (compte le nombre de fois où le 5 sort dans la colonne **C**)
Introduire une condition	SI(condition;faire;sinon)	=SI(A2=B2;«OUI»;«NON») (compare deux cellules et affiche oui ou non)
Calculer une moyenne	MOYENNE	=MOYENNE(A2:A17) (calcul de la moyenne sur les cellules **A2** à **A17**)

Logiciel de géométrie GeoGebra

1 Préparer une feuille

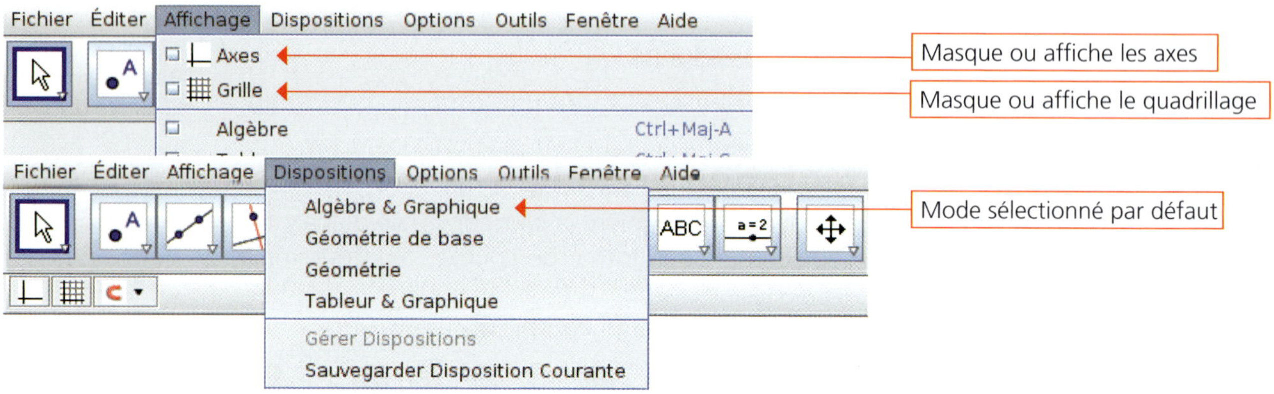

2 Placer un point

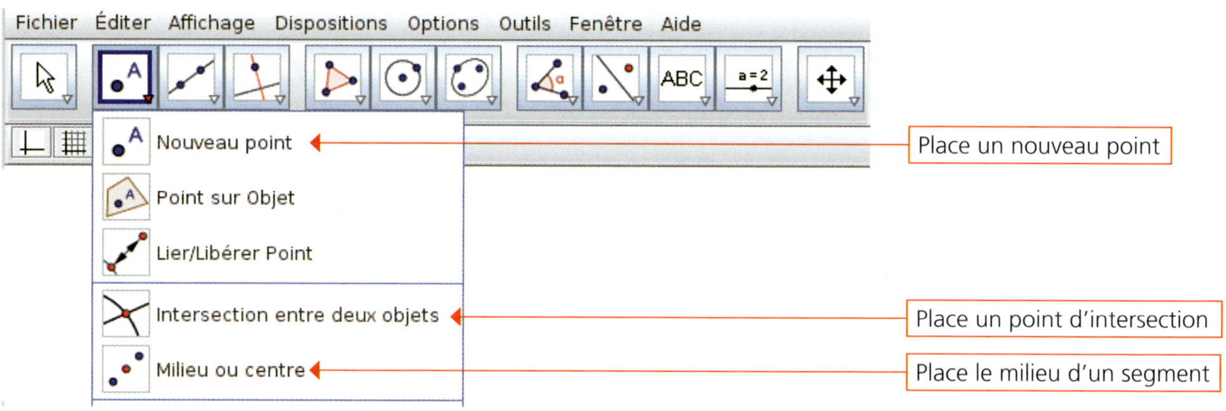

3 Tracer une droite, une demi-droite, un segment

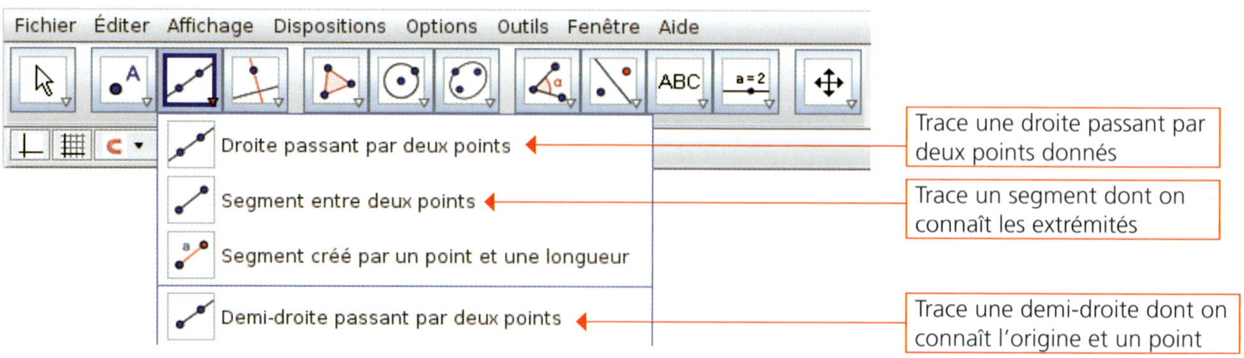

4 Relier des points par un polygone

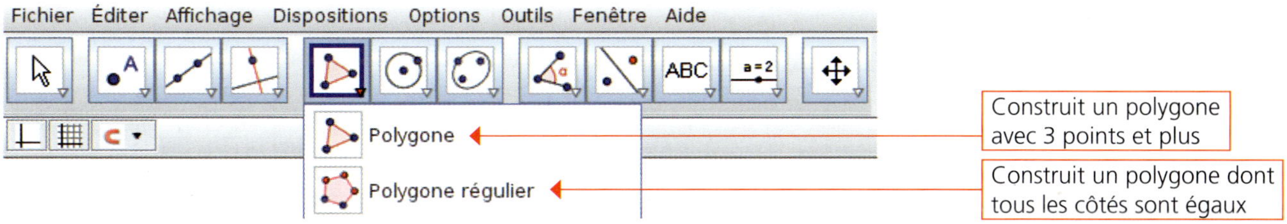

5 Tracer une droite particulière

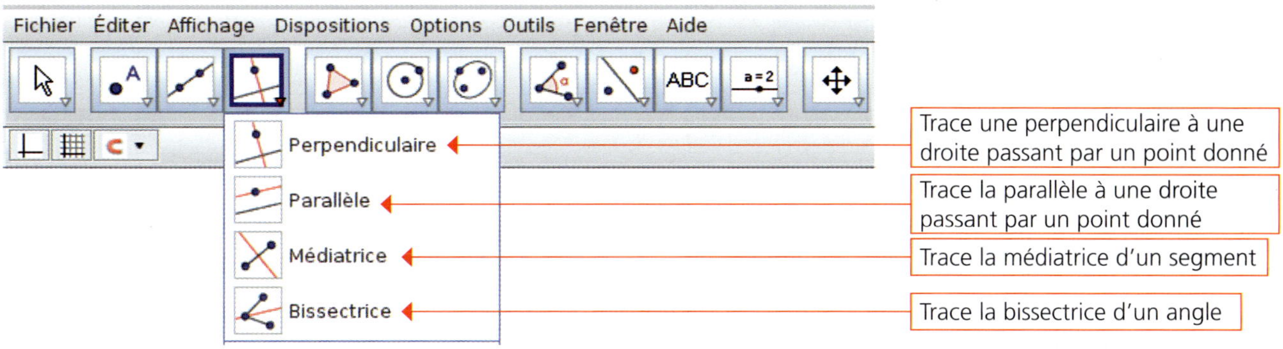

6 Tracer le symétrique d'un point

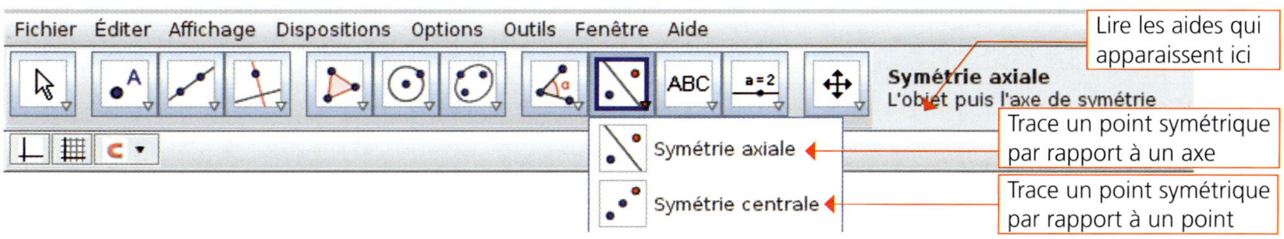

7 Mesurer

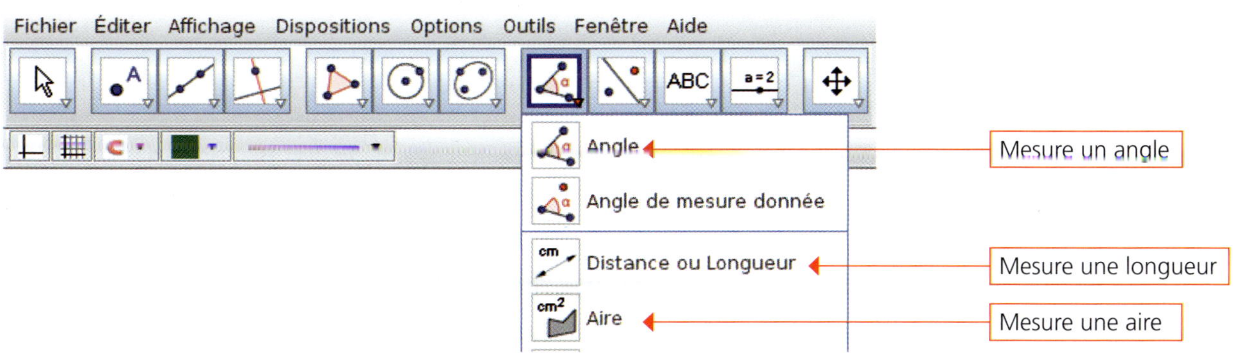

8 Construire un solide avec GeoGebra 3D

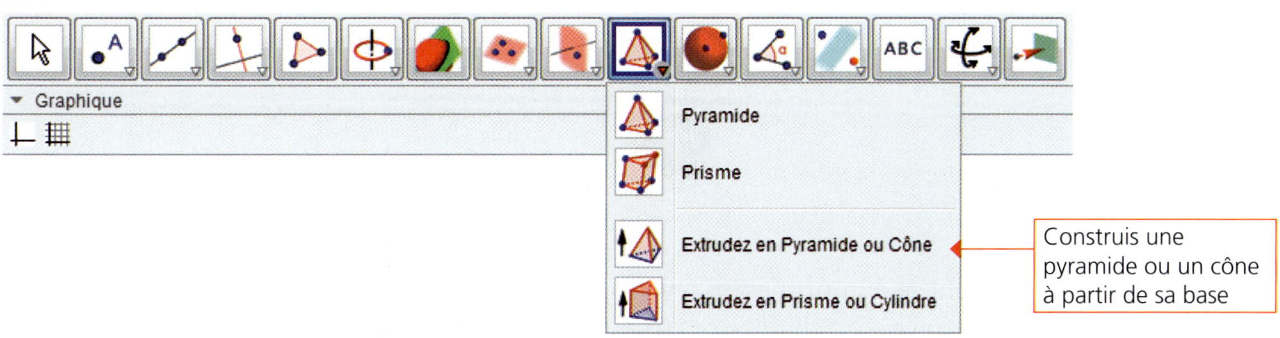

Corrigé des QCM

Questions	1			2			3			4			5			6			7			8		
Chapitre 1	a	**b**	**c**	a	**b**	c	a	**b**	**c**	**a**	b	c	a	**b**	**c**	**a**	b	c	a	b	**c**	**a**	b	c
Chapitre 2	a	**b**	c	**a**	b	c	a	**b**	c	a	b	**c**	a	b	**c**	**a**	b	c	**a**	b	**c**	**a**	b	c
Chapitre 3	a	b	**c**	**a**	**b**	c	a	b	**c**	a	b	**c**	a	**b**	c	**a**	b	**c**	a	b	**c**	**a**	b	c
Chapitre 4	a	**b**	c	a	**b**	c	**a**	b	c	a	**b**	c	**a**	b	c	a	**b**	c	**a**	b	**c**	a	**b**	c
Chapitre 5	**a**	**b**	**c**	a	**b**	**c**	**a**	b	**c**	**a**	**b**	**c**	a	**b**	c	a	**b**	**c**	**a**	b	c	a	**b**	**c**
Chapitre 6	a	b	**c**	a	**b**	c	**a**	**b**	**c**	a	**b**	**c**	**a**	**b**	c	**a**	**b**	c	a	b	**c**	a	**b**	c
Chapitre 7	**a**	b	**c**	**a**	**b**	**c**	**a**	b	c	**a**	b	c	a	b	**c**	**a**	**b**	c	a	**b**	c	a	**b**	**c**
Chapitre 8	a	**b**	c	a	**b**	c	**a**	**b**	**c**	a	**b**	**c**	a	**b**	c	**a**	b	c	**a**	b	c	**a**	b	**c**
Chapitre 9	a	**b**	c	**a**	b	c	a	**b**	c	a	**b**	c	**a**	**b**	**c**	a	**b**	c	a	**b**	c	a	b	**c**
Chapitre 10	a	**b**	c	a	**b**	c	**a**	**b**	c	**a**	b	c	a	b	**c**	a	**b**	c	a	b	**c**	**a**	b	c
Chapitre 11	**a**	b	**c**	a	b	**c**	a	**b**	c	a	b	**c**	**a**	b	c	a	**b**	c	**a**	b	c	a	b	**c**
Chapitre 12	**a**	**b**	c	a	b	**c**	a	**b**	c	a	b	**c**	**a**	b	c	**a**	b	c	a	**b**	c	**a**	b	c
Chapitre 13	a	b	**c**	a	b	**c**	a	**b**	**c**	a	**b**	c	**a**	b	**c**	**a**	b	c	a	**b**	c	a	**b**	**c**
Chapitre 14	a	**b**	c	a	**b**	**c**	a	b	**c**	**a**	b	c	**a**	b	c	a	b	**c**	**a**	b	c	a	**b**	c
Chapitre 15	**a**	b	c	a	b	**c**	a	**b**	c	**a**	b	c	**a**	b	c	a	b	**c**	a	**b**	c	**a**	b	c

Crédits photographiques

Achevé d'imprimer en février 2014 par Bona SpA
Éditions Delagrave – N° d'éditeur : 2014_0402 – Dépôt légal : mars 2014